KB064340

OtvN 프리미엄 특강쇼
어쩌다 어른 2

OtvN 프리미엄 특강쇼

어쩌다 어른

2

〈어쩌다 어른〉 제작팀 지음

교보문고

난생처음 어른이 된 우리에게
지혜의 빛을 밝혀주는 책

작가 로버트 풀검Robert Fulghum은 "내가 정말 알아야 할 모든 것은 유치원에서 배웠다"라고 말하며 그때의 경험을 책으로 써내려갔습니다. 그의 말처럼 어린 시절 배우고 익혔던 대로만 행동한다면 우리는 모두 세월이 흘러도 변함없이 바르고 지혜롭게 살아갈 수 있을 것입니다. 하지만 어른이 된 우리의 삶은 녹록지 않습니다. 대부분 아무런 준비도 없이, 어쩌다 보니, 세월이 흘러, 나이 들어 어른이 되어버렸기 때문입니다. 게다가 배운 대로만 살아가기에 이 세상은 너무 복잡합니다.

어린 시절 배운 것과 달리 세상은 너무도 빨리 변하고 있고 '난생처음' 어른이 된 우리에게 그 속도를 따라가며 산다는 것은 결코 쉽지만은 않은 일입니다. 그러는 사이 내 소중한 삶의 방향성도 알지 못한 채 그저 앞으로만 나아가고 있습니다. 다른 사람들이 만들어 놓은 제도 안에서, 다른 사람들이 만들어놓은 물건을 사용하면서, 다른 사람들이 만들어놓은 정보를 받아들이며 살아가는 것입니다. 저 역시 그러한 길을 걷고 있는 것 같습니다. 어른이 되면 더 많은 것을 깨닫고, 이해하고, 해낼 수 있게 될 것이라는 기대와 달리 '어쩌다' 어른이 된 우리는 살아갈수록 혼란스러움을 느낍니다.

OtvN 프리미엄 특강쇼 〈어쩌다 어른〉은 '어른'이라는 타이틀을 처음 차지하게 되면서 우물쭈물 갈팡질팡하던 사람들을 위한 길잡이가 되었습니다. 다양한 분야에서 지식과 혜안을 겸비한 현자들의 강연을 통해 잠시 잊고 살았던 지혜의 불빛을 밝혀준 것입니다. 그리고 생각보다 많은 이 시대의 어른들이 그 불빛을 반겨주었고, 그 불빛을 따라 함께 걸어주었습니다.

그동안 함께 걸어온 지혜의 발자국을 모아 OtvN 프리미엄 특강쇼 〈어쩌다 어른〉의 두 번째 책이 세상의 빛을 보게 되었습니다. 책 속에 담긴 수많은 이야기를 통해 여러분들의 넉넉한 지혜의 창고를 가득 채우길 바랍니다. 더불어 이 책이 빠르고 복잡한 세상을 헤쳐 나가는 삶의 내비게이션이 되었으면 합니다. 마지막으로 프로그램을 기획하고 만들어온 선배로서 〈어쩌다 어른〉 제작진에게 감사와 존경의 마음을 전합니다.

김석현 tvN 기획제작 총괄

'어쩌다' 어른에서
'비로소' 어른이 될 시간

우리는 모두 '어쩌다 어른'이 되었습니다. 행복한 인생, 스스로에게 만족하는 인생을 사는 방법 대신 국영수 위주의 입시 교육에 밀려 성장한 까닭에 시간에 떠밀리듯 어른이 된 것입니다. 때문에 살면서 삶에 대한 근원적인 물음이 생겼을 때, 사람과 사람 사이에 갈등이 붉어졌을 때, 중요한 결정을 해야 하는 순간을 맞이했을 때 무엇이 올바른 것인지 알지 못해 떠밀려 어른이 되었듯이 떠밀려 선택을 하고 맙니다. 이는 시간이 지나 '후회'라는 결정체가 되어 다시 우리를 찾아옵니다.

OtvN 프리미엄 특강쇼 〈어쩌다 어른〉은 이러한 후회를 모아 만들어졌습니다. 어른이라 불리는 나이가 되었기 때문에 어른이 되는 것이 아니라 살아가는 가치를 느끼는 진짜 어른이 되어 비로소 나이 드는 사람이 되길 바라는 마음을 담았습니다. 사람과 사람 사이, 우리가 사는 이 세상, 수많은 사람들이 지나온 과거가 남긴 위대한 유산에 관한 다채로운 강의를 통해 조금씩 진짜 어른으로 성장해나가는 여러분을 응원합니다.

〈어쩌다 어른〉이 대표적인 인문학 프로그램으로 자리매김하고 책이라는 콘텐츠로 재생산되기까지는 많은 이들의 노력이 존재했습니다. 3년 동안 한결같이 편안한 진행으로 우리를 맞아준 진행자 김상중 님, 늘 새로운 시각과 흥미로운 접근 방식으로 '지식'과 '깨달음'의 즐거움을 알려준 여러 강연자분들, 우리 시대 새로운 지식인을 발굴하고 편안한 구성과 편집으로 강연 프로그램을 진화시킨 정민식 PD와 오현주 작가, 어딘가 헛헛하게 비어 있는 어른들에게 울림 깊은 지식을 전달하는 프로그램을 만들자는 좋은 의도와 가능성을 믿어준 tvN 이명한 본부장님과 김석현 총괄 CP님이 그들입니다. 그리고 마지막으로 매주 어린아이와 같은 시선으로 즐겁게 〈어쩌다 어른〉을 지켜봐주신 시청자 여러분의 공감과 응원이 프로그램이 성장하는 데 가장 큰 역할을 했습니다. 모든 분들께 더할 나위 없는 큰 감사를 드립니다.

박종훈 tvN 인사이트 크리에이티브랩 총괄

2부 오래된 미래를 만나는 시간

3부 나와 마주하는 시간

4부 행복을 배우는 시간

1부

새로움을 찾는 시간

• 조승연 •

뉴욕 대학교 스턴 비즈니스 스쿨과 프랑스 에꼴 드 루브르에서 공부했다. 영어, 불어, 이탈리아어에 능통하고 독일어, 라틴어는 독해가 가능하다. 해박한 세계사 지식과 언어 능력을 기반으로 세계문화전문가로 다방면에서 왕성하게 활동 중이다. 저서로 《이야기 인문학》《비즈니스의 탄생》 등이 있다.

창의성은 어디에서 오는가?

편찬에 걸린 시간 71년,

수록된 어휘 41만 4,825개,

수록된 인용문 182만 7,306개,

수록된 전체 활자의 길이 285km,

20세기에 영어로 쓰인 가장 위대한 책.

1928년 초판이 발간된《옥스퍼드 영어 사전》을 가리키는 수식어
입니다. 지금처럼 인터넷이 발달하기 전까지만 해도 학생들이 교과
서보다 더 자주 본 책이기도 합니다. 1천여 명의 학자가 무려 70년
이 넘는 시간에 걸쳐 완성한 이 최고 권위의 책이 완성되는 데 가
장 크게 기여한 사람이 미치광이 살인자였다는 사실을 알고 있습

니까?

사전을 만드는 데 평생을 바친 편집장 제임스 머리James Murray 교수는 사전 편찬에 참여한 자원봉사자 중에서도 유독 빼어난 자료를 보내주던 윌리엄 마이너William Minor를 수차례 옥스퍼드로 초대했지만 번번이 거절당했습니다. 그러던 어느 날 마이너가 살인을 저지르고 정신병원에 수용돼 있으며 편지도 그곳에서 온 것이라는 사실이 알려집니다. 사전 편찬에 가장 큰 영향을 끼친 자원봉사자가 미치광이 살인자였던 것입니다. 세계적인 저널리스트이자 논픽션 작가인 사이먼 윈체스터Simon Winchester가 쓴 《교수와 광인》은 이 두 사람의 이야기를 담고 있습니다.

이 책의 제목은 중의성을 가지고 있습니다. 제목 그대로 사전을 만드는 데 큰 영향력을 준 제임스 머리 교수와 광인 윌리엄 마이너의 이야기이기도 하지만, 교수와 광인이 한 인물로 해석되기도 합니다. 교수가 될 사람이 따로 있고 광인이 될 사람이 따로 있는 것이 아니라, 비슷한 재능을 가져도 어떤 환경을 만들어가느냐에 따라 '교수'와 '광인'이라는 전혀 다른 길을 걷는다는 사실을 보여주기 때문입니다.

흔히 창의성을 기르려면 어릴 때부터 책을 많이 읽어야 한다고 합니다. 《교수와 광인》은 제게 인생의 전환점을 가져다준 책이자 '창의성'에 관해 새로운 가치관을 만들어준 책입니다. 책을 읽다 보면 창의성이 교수와 광인이라는 완전히 다른 결과로 나타나는 것은 결국 한 끗 차이라는 것을 알게 됩니다. 그러므로 나에게 맞는 교육 환경을 찾아 나서는 인생을 살아야 한다는 깨달음을 얻고 그렇게 살기 위해 노력하고 있습니다.

누구나 한 번쯤은 어린 시절 숙제를 검사하는 선생님이나 그림 일기를 본 부모님으로부터 "창의력 대장"이라는 말을 들어보았을 것입니다. 그런데 어른이 되고 난 뒤에는 좀처럼 같은 말을 듣기 어렵습니다. 보고서를 만들어 제출하면 부장님이 "좀 창의적인 아이템 없어?" 하고 되묻기 일쑤입니다. 왜 그럴까요? 우리가 어렸을 때만 해도 분명 창의성을 가지고 있었는데 어쩌다 어른이 되고 나니 어디로 갔는지 모르게 되었습니다. 지금부터 우리가 잃어버린 창의성을 찾아서 함께 여행을 떠나보고자 합니다.

우리에겐 특별해질 무언가가 필요하다

먼저 다음 페이지의 사진을 보시기 바랍니다. 어떤 장면처럼 보이나요?

중국의 취업박람회 모습입니다. 중국도 우리나라처럼 청년의 취업난이 극심한 상황입니다. 사진 속에 보이는 모든 사람들은 모두 대학을 졸업하고 원하는 일자리를 얻기 위해 고군분투하고 있습니다. 입사 원서를 제출하고 인사 담당자에게 눈도장을 찍기 위해 몰려온 것입니다. 이들 중 원하는 직장에 들어갈 수 있는 사람은 극

—— 중국의 취업박람회

소수에 불과합니다. 그만큼 취업은 그야말로 하늘의 별 따기와 마찬가지입니다.

그런데 그 조그마한 기회마저 잡기 위해서는 박람회장에 들어가기 전부터 경쟁을 해야 합니다. 중국은 인구가 워낙 많다 보니 누구보다 먼저 일어나 앞자리에 줄 선 학생만이 박람회장에 들어갈 수 있습니다. 취업 경쟁만 과열된 것이 아니라 박람회 입장부터 과열을 보이는 것입니다. 이렇게 실낱같은 기회조차 잡기 힘든 현실은 우리나라도 마찬가지입니다.

청년 실업만 심각한 게 아니라 취업에 성공해 잘 나가는 것처럼 보이는 사람들도 걱정이 태산입니다. 지금 다니고 있는 회사에서 언제 쫓겨날지 모른다는 불투명한 미래에 대한 두려움 때문입니다.

20

미래가 불안한 이유는 여러 가지가 있겠지만 그칠 줄 모르는 엄청난 경쟁이 한몫하는 것이 사실입니다.

그렇다면 우리 앞에 놓인 경쟁이 얼마나 심한지 한번 객관적으로 짚고 넘어가 보겠습니다. 중국의 한 신문기사는 2017년 중국에서 대학을 졸업하는 사람의 수가 795만 명일 것이라고 예측했습니다. 이를 약 800만 명으로 계산하면 현재 중국에서 4년제 대학을 다니는 사람만 3,200만 명이라는 뜻입니다. 중국의 대학생 숫자가 우리나라 경제활동 인구수인 2,700만 명을 훌쩍 뛰어넘었습니다. 글로벌 시대에 이들은 모두 우리의 경쟁자입니다.

상황이 이러하니 취업 경쟁률과 실업률이 높고 살기 힘들어지는 것은 어찌 보면 너무도 당연한 일입니다. 게다가 청년들의 선망인 글로벌 기업은 국경을 따지지 않습니다. 보다 인건비가 저렴하고 뛰어난 인재가 많은 곳으로 옮겨 다닙니다. 결과적으로 우리나라의 청년들은 점점 취업이 어려운 상황을 돌파해나가야 하는 상황에 놓이고 말았습니다. 게다가 중장년층도 자신의 자리를 지키기 어렵다는 걱정을 안고 살아갑니다.

예전에는 대학만 나와도 먹고살 걱정이 없었습니다. 대학 졸업장만 있으면 어디서든 특별 대우를 받았기 때문입니다. 시골 동네에서는 누군가 서울에 있는 대학에 합격했다는 소식을 들으면 현수막을 걸고 동네잔치를 벌였습니다. 대학이라는 간판만으로도 특별한 사람이 되었습니다. 조금 더 과거로 들어가 보면 대학까지 갈 필요도 없습니다. 옛날 드라마에서는 고등학교 교복이 곧 권력의 상징이었습니다. 금색 단추가 달린 교복을 입은 학생들이 중국집에서 짜장면을 먹고 계산을 하려 하면 주인아저씨가 학생들에게 돈을 받지 않거나 가격을 깎아주곤 했습니다. 학생이라는 것 자체가 귀하고 특별한 존재일 정도로 고학력자가 드물었기 때문입니다. 그러니 대학 졸업자는 더욱 특별할 수밖에 없었습니다. 그들은 특별한 사람에 걸맞은 대접을 받았습니다.

그런데 지금은 대학 졸업이 더 이상 특별한 일이 아닙니다. 오히려 대학 졸업만으로는 부족하다고 생각합니다. 아시아에서만 해도 매년 대학 졸업자가 4,000만 명이 넘으니 그들 중 한 사람에 불과할 뿐입니다. 때문에 우리는 다른 방법으로 특별해져야 합니다. 그렇다면 더 좋은 대학을 가면 해결될까요?

지금 미국에서는 하버드 대학교, MIT, 버클리 대학교 같은 해외 명문대학의 강의를 무료로 수강할 수 있는 웹사이트가 유행하고 있습니다. 20여 년 전만 해도 유학생은 어디에서나 인정받는 존재였습니다. 한국에서 배울 수 없는 것을 배우고 돌아왔기에 특별한 대접을 받았습니다. 그런데 지금은 유학파와 국내파의 격차가 점점 줄어들고 있습니다. 시간이 지날수록 유학 경험자도 불안한 미래를 걱정하기는 마찬가지입니다. 그만큼 시대가 변했습니다.

결국 우리는 대학을 졸업했다거나 남들보다 더 좋은 학교를 나왔다는 사실만으로는 특별해질 수 없습니다. 전혀 다른 방식으로 나를 특별하게 만들어주는 것을 찾아야 합니다. 그것은 무엇일까요? 남과 다르게 행동하고 남과 다른 삶을 사는 '차별성'입니다. 그렇다면 남과 다른 행동과 삶은 어디에서 나올까요? 당연히 남과 다른 생각에서 나옵니다. 우리는 지금 실력으로 경쟁할 수 없는 시대, 남과 다른 나만의 것을 가져야 하는 시대를 살고 있습니다.

역사와 어원으로 알아보는 창의성의 원천

우리가 원래부터 창의성을 가지고 태어났다는 사실은 매일 실천하고 사용하는 언어라는 것을 통해 확인할 수 있습니다. 우리가 어떻게 언어를 창의적으로 사용하는지를 이해한다면 그것을 얼마든지 다른 분야에 적용할 수 있습니다. 그럼 지금부터 언어에 대한 이해와 고찰을 통해 나만의 창의성을 찾아보겠습니다.

혹시 대한민국에서 가장 창의적인 단어 중 하나가 무엇인지 알고 있습니까?

저는 '개사이다'라는 단어를 꼽고 싶습니다. 10대들이 만들어낸 신조어 중 하나입니다. 이 단어는 정말이지 시적이고도 아름답습니다. '개사이다'라는 말은 '개'라는 동물과 직접적으로 관계가 없으며 '청량음료'와도 상관이 없습니다. 그런데 머릿속에 두 개의 그림, 즉 개라는 그림과 사이다라는 그림을 나란히 두는 순간 대한민국의 수많은 사람들이 매우 시원한 기분을 떠올립니다. 참 희한한 일입니다. 김소월 시인이 사랑을 진달래꽃에 비유한 것과 대한민국의 10대들이 속 시원한 기분을 사이다에 비교한 것 모두 문학적이고 창의적인 행동입니다. 우리가 10대였을 때 유행했던 말이나 은어 등을 떠올려 보면 그때의 우리는 새로운 단어를 만들어낼 정도로 창의적이었다는 사실이 다시 한번 증명됩니다. 우리는 누구나 문학적이고 창의적인 행동을 할 줄 압니다. 다만 그 능력이 어쩌다 어른이 된 지금 어딘가에 갇혀 있을 뿐입니다. 이제 그것을 꺼내기만 하면 됩니다.

그래서 우리의 언어 사용방식을 통해 창의성의 원천을 알아보고자 합니다. 저는 다양한 언어를 공부한 편입니다. 그런데 언어 회로라는 것을 파고들어가 보니 우리가 사용하는 단어 중 우리 스스로 발명한 단어가 없다는 사실을 알게 되었습니다. 우리는 주로 말을 통해 자신의 생각을 표현합니다. 따라서 창의적인 생각을 하려면 먼저 단어를 배워야 합니다. 그런데 이 단어조차도 저절로 만들어진 것이 아니라 남에게서 배운 결과물입니다.

우리 민족뿐 아니라 모든 민족의 창의성을 집대성한 것이 사전입니다. 우리 조상이 새로운 생각을 할 때마다 사전에 새로운 단어가 등록되었습니다. 그런데 그 많은 단어들이 어디에서 왔는지를 살펴보면 깜짝 놀랄 수밖에 없습니다. 우리가 일상에서 자주 사용하는 '케첩'이라는 단어는 어느 나라 말일까요?

영어입니다. 그런데 영어사전을 아무리 찾아봐도 케첩이라는 단어의 정확한 어원을 쉽게 찾을 수 없었습니다. 어원학자들이 본격적으로 케첩이라는 단어가 언제 영어에 합류했는가를 살펴보기 시작했습니다. 여러 기원설 중 하나는 서유럽 국가들이 새로운 바닷길을 통해 새로운 땅을 찾아 나섰던 15~17세기의 대항해 시대로 거슬러 올라갑니다. 큰 범선을 타고 말레이시아를 오가던 영국의 선원들이 이 단어를 처음 사용했다는 기록이 남아 있는 것입니다. 그렇다면 선원들이 아시아 어딘가에서 그 단어를 배워왔다는 이야기가 됩니다. 학자들이 조금 더 연구해보니 말레이시아 사람들이 배에서 요리할 때 지금 우리가 알고 있는 멸치액젓 같은 것을 가지고 다니며 사용했다고 합니다. 배에서 장시간 생활하는 환경에서 요리 시간을 단축하기 위해 생선 젓갈을 조미료처럼 사용한 것입니다. 그 젓갈을 '연어 규(鮭)' 자에다 '즙 즙(汁)' 자를 사용해 '규즙(鮭汁)'이라고 불렀습니다. 그런데 이 규즙이라는 한자어를 말레이시아식으로 발음하면 변형이 발생해 '큐츕'이 됩니다. 영국 선원들은 요리에 유용한 큐츕을 영국으로 가지고 돌아갑니다. 그 과정에서 '큐츕'은 다시 발음 변형을 겪으면서 '케첩'이라는 단어로 발전했다는 설이 있습니다.

이후 일부 영국인들이 북아메리카대륙으로 건너가 미국에 식민지를 건설합니다. 이때 미국에 있는 독특한 식물을 접하게 되는데 바로 '토마토'입니다. 영국인들은 처음 보는 토마토에 매력을 느꼈고 규즙과 토마토의 환상적인 궁합에 눈을 떴습니다. 토마토를 빻아서 함께 젓갈을 담궜고 우리가 미국 음식으로 알고 있는 '토마토케첩'이 탄생한 것입니다. 이 케첩은 다시 지구를 돌고 돌아 우리나라와 중국에 소개됩니다.

그런데 중국은 원래부터 규즙이라는 단어를 사용하고 있었습니다. 즉 동양에서 탄생한 규즙이 서양을 들러 다시 동양으로 건너오니 전혀 알아보지 못하는 다른 음식이 되어 있는 것입니다. 그래서 중국에서는 케첩을 두 가지 이름으로 부릅니다. 하나는 '규즙(鮭汁)'으로 케첩의 원래 어원을 적용한 것입니다. 다른 하나는 가즙(茄汁)입니다. 케첩을 부르기 위해 중국인들이 새로 만든 한자(광둥어)입니다. 鮭汁(규즙) → ketchup → 케첩 → 茄汁(가즙)이라는 과정을 거쳐 탄생한 단어입니다. 이렇듯 우리는 '케첩'을 미국의 언어라고 생각했지만 파고들어 살펴보면 전혀 다른 곳에서 시작된 단어임을 알 수 있습니다. 이러한 고정관념은 우리 주변 곳곳에 널려 있으며 우리의 창의력을 가로막는 제한점이 됩니다.

영어를 사용할 때 매우 유용한 숙어가 있습니다.

'Long Time No See', 그리고 'No Can Do'.

Long Time No See는 '오랫동안 못 봤다(오랜 만이야)'라는 뜻이고, No Can Do는 '내 능력 밖이다(할 수 없어)'라는 뜻입니다. 그런데 이 두 문장은 모두 미국 어법에 맞지 않습니다. 영어 문법으로는 절대로 이러한 문장이 나올 리 없습니다. 그런데 왜 어법에 맞지 않는 문법을 사용하게 된 걸까요? 사실 이들 문장은 모두 미국으로 건너간 중국 이민자들의 말투였습니다. 오랫동안 보지 못했다는 뜻의 중국어는 '好久不见'입니다. 이들 한자를 한 단어씩 영어로 옮기면 Long Time No See가 됩니다. 그리고 할 줄 모른다는 뜻의 중국어는 '不会做'인데 이들 역시 한 단어씩 영어로 옮기면 No Can Do가 됩니다.

적에게서 배우는 것은 매우 옳은 일이다

지금까지 한 이야기는 중국 것, 미국 것, 한국 것, 외국 것, 우리 것처럼 '내 것'과 '네 것'을 나누다 보면 생각의 폭이 좁아지고 창의적인 사람이 되기 어렵다는 것을 보여줍니다. 우리는 심지어 배움까지 제한을 둡니다. 자신보다 사회계급이 높고 교육수준이 높은 사람에게서는 배울 점이 많다고 생각하지만, 자신보다 열등한 사람에게서는 배울 점이 없다고 생각합니다. 엄마들이 자녀에게 "공부 잘하는 친구랑 같이 다녀야 하나라도 더 배운다"고 말하는 것은 아이들에게 이러한 고정관념을 주입하는 행동입니다. 이 외에도 우리보다 선진국이거나 우호적 국가의 문화를 수용하는 것에는 관대하지만 상대적으로 후진국이거나 적대적 국가의 문화는 배척하는 경향을 보이기도 합니다. 그런데 세계적으로 강성한 나라들의 역사를 살펴보면 그들은 모두 상대를 가리지 않았습니다. 심지어는 적으로부터 배움을 얻기도 했습니다.

유럽 문화의 원류라고 하면 '로마제국'이 가장 먼저 떠오릅니다. 콜로세움, 거대한 수로와 같은 위대한 로마의 문명은 어떻게 탄생했을까요? 고대 로마의 유명한 시인 오비디우스Ovidius는 이런 말을 했습니다.

"Fas est et ab hoste doceri(적에게서 배우는 것은 매우 옳은 일이다)."

하지만 적에게서 배우는 것은 결코 쉬운 일이 아닙니다. 죽기 살기로 싸우는 상대의 장점을 그대로 받아들이기는 어렵습니다. 그럼에도 로마인은 아이들에게 싫어하는 사람이라도 배울 점이 있다면 배워야 한다고 가르쳤습니다.

그림은 로마인이라고 하면 가장 먼저 떠오르는 이미지 중 하나인 전투사의 모습입니다. 영화 〈글래디에이터〉를 보면 이들 같은 차림을 한 사람들이 많이 나옵니다. 그림 속 사람이 입은 것은 말하자면 로마 스타일의 갑옷입니다. 그런데 자세히 살펴보면 로마 스타일이라고 할 수 있는 것이 하나도 없습니다.

예를 들어 로마인의 상징이라고 할 수 있는 글라디우스gladius를 살펴보겠습니다. 라틴어로 검劍을 뜻하는 이 칼은 로마인의 주 무기가 아니었습니다. 로마인은 원래 그리스인처럼 창을 들고 싸웠습

—로마 시대의 전투사

니다. 즉 그들의 주 무기는 방패와 긴 창이었습니다. 그런데 로마 군대가 지금의 이베리아반도인 히스파니아로 원정을 나갔습니다. 그들은 당연히 주 무기인 방패와 창을 들었는데 상대편은 짧은 칼을 하나씩 가지고 있었습니다. 싸움이 시작되자 상대편은 창 사이로 몸을 비집고 들어와 칼로 찔렀고 로마군은 상당한 치명타를 입고 맙니다. 이 싸움으로 로마인들은 글라디우스를 짧게 개량해 사용하게 됩니다. 로마 전투사의 상징과도 같은 칼은 이렇게 보급된 것입니다.

그림에서 전투사가 쓰고 있는 투구도 원래는 저러한 모양이 아니었습니다. 고대 로마의 투구는 원래 그리스의 투구와 같은 모양으로 목덜미 부분까지 덮여 있지 않았습니다. 그러던 어느 날 로마군이 지금의 그리스보다 조금 더 북쪽에 있는 트라키아와 전쟁을 하게 됩니다. 트라키아에는 매우 비열한 무기가 있었는데 마치 손잡이가 긴 낫처럼 생겼습니다. 로마인은 갑옷을 입고 방패를 쥐며 적을 무찌를 만반의 준비를 했지만 트라키아인이 낫을 내밀어 목 뒤에서 휘감아 앞으로 쑥 당겨버리면 적을 향해 전진하는 도중임에도 목이 싹둑 잘리고 말았습니다.

전혀 예상하지 못한 새로운 기술에 놀란 로마인은 트라키아인의 무기를 분석했습니다. 오래전부터 이 무기를 사용한 트라키아인이지만 자기들끼리 싸울 때는 이 무기를 사용하지 않았습니다. 왜냐하면 트라키아인은 이 무기에 대비해 이미 목덜미까지 보호하도록 투구를 개량해 사용하고 있었기 때문입니다. 로마인들은 이를 놓치지 않고 배웠습니다. 원래 사용하던 투구를 조금 더 아래쪽으로 길게 만들어 목덜미를 보호했습니다.

결과적으로 로마제국의 우수한 군사력은 다른 나라와 싸우면서 적을 통해 배운 것에서 만들어졌습니다. 덕분에 유럽의 역사에 큰 족적을 남기고 고대 최강국이 되었습니다. 로마인의 놀라운 인문학적 지혜 또한 적에게서 배운다는 생각에서 출발합니다.

기원전 146년, 로마는 그리스를 정복했습니다. 전쟁에서 승리한 대부분의 나라는 자신이 멸망시킨 나라를 가르치려고만 할 뿐 그들로부터 배울 것이 없다고 생각합니다. 우리나라의 일제강점기를 떠올려보면 빠르게 이해할 수 있습니다. 일본은 우리에게 조선어 사용을 금지하고 창씨개명으로 이름까지 바꾸도록 강요했습니다. 이것이 정복 국가의 본능적 특징입니다.

그런데 로마는 상식적으로 이해되지 않는 행동을 합니다. 그들이 바라본 그리스는 건축 기술이 훌륭하고 상당히 수준 높은 책이 많은 우월한 문화 수준을 가지고 있었습니다. 이에 로마는 다양한 기술을 갖춘 그리스인을 로마로 대거 이주시킵니다. 그러고는 로마 귀족의 선생으로 고용해 그리스어 등을 가르치도록 합니다. 아마 전 세계 역사를 살펴봐도 전쟁에서 승리한 나라가 패배한 나라 사람을 선생으로 고용해 자신의 아이들에게 글을 가르치게 한 사례는 없을 것입니다. 누구라도 쉽게 이해되지 않는 상황입니다. 하지만 로마는 아리스토텔레스와 플라톤의 글을 읽고, 위대한 조각가들의 스타일을 배우고, 그리스 건축의 장점을 배우며 문화 수준을 상당히 끌어올렸습니다.

실제로 우리가 지금 읽고 있는 《그리스 로마 신화》를 살펴보면 로마의 문화가 얼마나 성장했는지 알 수 있습니다. 그리스 문화를 접하기 전의 로마 신화와는 내용이 상당히 다릅니다. 당시 신화라는 것은 곧 그들의 역사를 뜻했습니다. 민족의 정체성인 것이죠. 그런데 상대적으로 우수한 그리스 신화의 매력에 푹 빠진 로마는 같은 내용에 이름만 바꿔 넣어 새롭게 로마 신화를 만들고 맙니다. 결과적으로 후손들은 그리스 신화와 로마 신화를 구분하기 어려워졌습니다.

물론 그리스 문화에 빠진 로마인에게 일침을 가하는 사람도 있었습니다. 전쟁에서 명백하게 승리했음에도 그들의 문화를 찬양하며 그리스어를 사용하고 플라톤과 아리스토텔레스의 책을 읽는 모습을 비판한 것입니다. 호라티우스Horatius라는 로마의 시인은 "그리스는 정복당했지만 오히려 야만적인 그 승리자를 정복했다(Graecia capta ferum victorem cepit)"라고 말했습니다. 이렇듯 특별한 공생 관계에서 그리스 로마 문명이라는 우리가 알고 있는 유럽 문명의 원류가 태어난 것입니다.

신발의 패러다임을 바꾼 부족의 정체는?

자세히 관찰하면 누구에게든 배울 것이 있다는 생각은 서구의 인문학적 전통으로 계속해서 후세에 전파되었습니다. 그에 관한 재미있는 사례가 있습니다. 제가 고등학교에 다닐 때만 해도 운동화란 클수록 멋있는 것이었습니다. 특히 에어맥스가 달린 운동화의 인기는 대단했습니다. 그런데 언제부터인가 커다란 운동화는 촌스러운 것이 되었습니다. 요즘에는 양말처럼 신은 듯 신지 않은 듯한 가벼운 운동화를 선호합니다. 요즘 유행하는 가볍고 단순한 디자인의 운동화가 탄생한 배경은 무엇일까요?

이런 질문을 하면 실리콘 밸리에 있는 미국 대기업의 인체공학 연구소에서 과학자들이 머리를 짜내서 만든 거창한 연구의 결과일 것으로 생각하기 쉽습니다. 사실 가벼운 운동화를 신고 뛰어야 한다는 생각의 발상은 멕시코의 '타라우마라tarahumara'라는 인디언 부족에게서 나왔습니다. 이들 부족은 달리기를 매우 좋아합니다. 마라톤은 우습다는 듯 그들이 달리는 거리는 무려 100마일, 즉 160km나 됩니다. 더 놀라운 사실은 160km 달리기를 젊고 건강한 사람만 하는 게 아니라 전 부족이 함께 뛴다는 것입니다. 대부분의 서양인들은 그들을 보며 자신들과는 체질이 다르며 뛸 수밖에 없는 환경에서 자랐기 때문이라며 남의 일로 치부해버렸습니다.

그런데 종군기자 출신 스포츠 칼럼니스트 크리스토퍼 맥두걸

Christopher McDougall은 달리기에 강한 타라우마라 부족의 비밀을 알아내기 위해 그들을 관찰하기 시작했습니다. 확실히 그들에겐 남들과 다른 점이 있었습니다. 바로 신발입니다. 넉넉하지 않은 그들은 사진에서 보는 것처럼 폐타이어의 고무 조각을 잘라서 얇은 가죽 샌들처럼 만들어 발목에 묶고 달리기를 했습니다. 이 신발을 신고 100마일을 뛴 50~60대 중 무릎이 나가거나 다리에 쥐가 난 사람은 한 명도 없었으며, 모두가 끄떡없이 달리기를 마쳤습니다.

대부분의 사람들은 마라톤을 하기 전에 영양을 보충하고, 스트레칭으로 몸을 풀고, 호흡 조절을 합니다. 마라톤 중간에는 물도 꼭 마셔줘야 합니다. 하지만 타라우마라 부족은 이런 과정이 전혀 없음에도 아프거나 다치는 사람 없이 너무나 잘 뛰었습니다.

크리스토퍼 맥두걸은 타라우마라 부족을 보고 '우리가 뛰는 데 있어 너무 많은 것을 장착하는 것이 오히려 방해된다'는 사실을 깨

—— 타라우마라 부족의 신발

달았습니다. 그는 타라우마라 부족에게서 얻은 달리기에 관한 깨달음을 정리해 《본 투 런》이라는 책을 쓰고 테드 강연을 통해 세상에 알리기 시작했습니다. 남에게서 배우는 자세를 몸소 실천한 것이죠. 덕분에 그의 강연을 본 전 세계 스포츠 용품 기업은 발상의 전환을 시도했습니다. 운동화에 에어맥스를 달거나 다양한 기능을 추가하는 것이 정답이 아닐 수도 있겠다는 생각을 하게 된 것입니다. 그 후 스포츠 업계에는 미니멀리즘 열풍이 불었습니다.

비록 가난하고 교육 수준이 낮은 나라일지라도 우리와 다르기 때문에 분명히 배울 점이 있다는 사고방식이 새로운 변화를 이끌어낸 것입니다. 따라서 창의성을 이끌어내기 위한 첫 번째 법칙은 바로 '남의 것은 무조건 배운다'입니다. 편견을 깨고 나와 다름을 인정한다면 그 속에 반드시 배움이 있습니다. '내 것'과 '네 것'이 따로 있지 않고, '나'와 '남'을 구분하지 않으며, 나와 다른 행동에는 반드시 배울 것이 있다는 정신에서 창의성은 폭발합니다.

문화의 혼합은 창의성을 만든다, 섞어라

우리 안에 숨어 있는 창의성을 이끌어낼 두 번째 법칙은 '섞는 것'입니다.

서양 인문학사에서 가장 창의적인 시대를 손꼽는다면 앞서 이야기한 그리스 로마 시대에 이어 르네상스 시대가 가장 많은 선택을 받습니다. 르네상스 시대는 다빈치, 미켈란젤로, 라파엘로 같은 위대한 예술가들이 활동한 창의성이 부글부글 끓어오르던 문화의 황금기였습니다. 그런데 왜 하필이면 수많은 나라 가운데 이탈리아에서 가장 다양한 문화가 꽃핀 것일까요?

이탈리아는 지중해 중심부에 위치합니다. 따라서 교역을 할 때 이탈리아는 반드시 거쳐야 하는 관문과 같았습니다. 칼리아리 파올로 베로네세Caliari Paolo Paolo Veronese의 작품 〈가나의 혼인 잔치Les Noces de Cana〉는 르네상스 시대를 대표하는 유명한 그림입니다. 왼쪽 위 기둥 주변의 벽을 보면 많은 그릇이 붙어 있습니다. 이는 '마요르카 그릇'으로 스페인의 마요르카라는 섬에서 만든 것입니다. 마요르카 그릇은 비록 남의 문화에서 탄생한 예술이지만 이탈리아는

—— 〈가나의 혼인 잔치〉

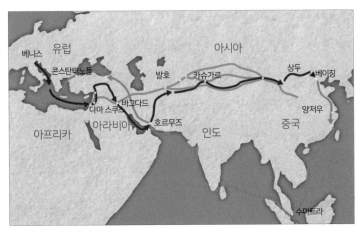

── 마르코 폴로의 이동 경로

그것을 가지고 있음을 굉장히 자랑스럽게 여깁니다. 또한 그림 속 사람들의 모습을 보면 유대인 모자를 쓰고 있거나 터번을 두른 사람도 눈에 띕니다. 그림은 화가가 살던 16세기 이탈리아 베네치아를 배경으로 하고 있습니다.

베네치아는 이탈리아에서도 교류가 매우 활발했던, 수많은 사람들이 오가는 곳이었습니다. 《동방견문록》으로 유명한 마르코 폴로가 바로 베네치아 출신 상인입니다. 그는 교통수단이 없던 시절임에도 낙타와 말 등을 이용해 수없이 많은 곳을 다녀왔습니다. 그림 속 그의 이동 경로를 보면 세계지도도 없던 당시에 어떻게 저 먼 거리를 이동할 생각을 했을지 궁금해집니다.

그가 그토록 긴 거리를 이동할 수 있었던 비결은 남의 것을 배우고 싶다는 생각에서 탄생한 어느 연결고리라 할 수 있습니다. 아주 오래전부터 동양과 서양 사이에는 서로 다른 남의 것을 배우고 싶다는 생각이 존재했습니다. 덕분에 양쪽을 오간 사람들이 만든 '실크로드'라는 동서양의 연결고리가 만들어졌습니다. 실크로드를 타고 동방의 수많은 물건과 문화가 서양으로 들어왔습니다. 그들 중 가장 귀한 물건은 무엇일까요? 학창 시절 교과서는 우리에게 향신료, 비단, 도자기 등을 매우 진귀한 물건이라고 설명했지만 실크로드를 타고 들어온 가장 소중한 것은 '책'이었습니다.

당시 아랍인들은 수학과 과학의 전성기라 할 정도로 뛰어난 실력을 자랑했습니다. 특히 과학은 타의 추종을 뛰어넘었는데 그 이유는 이슬람교도의 율법 덕분이었습니다. 하루에 5번씩 이슬람의 성지인 메카 방향으로 기도를 해야 하는데 당시에는 나침반이 없었습니다. 따라서 낙타를 타고 사막을 건너던 중에도 기도할 시간이 되면 해와 달의 위치만 보고도 메카 방향을 알 수 있는 과학지식이 있어야만 살 수 있었습니다. 또한 아랍은 동서 무역의 주요 거점이었던 만큼 상업이 활발하게 이루어졌습니다. 상거래를 하려면 각자 물건의 가치를 따져야 하는데 당시에는 화폐가 존재하지 않고 금으로 거래를 했습니다. 금은 어떻게 조각을 내느냐에 따라 무게가 달랐기 때문에 저울 사용은 매우 중요한 기술이었습니다. 저울을 잘 사용하는 방법을 기록한 책은 유럽에 전파되었고 유럽인은 아랍인으로부터 많은 과학적 지혜를 얻었습니다.

과학을 공부하기 위해서는 숫자를 알아야 합니다. 지금 우리가 사용하는 숫자는 '아라비아 숫자'라고 불립니다. 서양인들이 아라비아, 즉 아랍에서 숫자를 배워왔기 때문에 아라비아 숫자라고 칭하는 것입니다. 그런데 아랍인들은 아라비아 숫자가 아닌 '인도 숫자'라고 부릅니다. 고대 인도의 브라흐미Brahmi 숫자를 힌두Hindu 문명이 배워왔고, 힌두 문명이 쓰던 숫자를 다시 아랍인Arabic들이 배웠으며, 그 숫자를 중세Medieval 유럽인이 실크로드를 통해 배웠으며, 이들 숫자가 현대Modern 숫자가 되어 우리에게 전해진 것입니다 (Brahmi → Hindu → Arabic → Medieval → Modern).

지금 우리가 아라비아 숫자라고 하는 것은 서양이 아라비아, 즉 아랍의 영향으로 숫자를 배운 표현을 그대로 따라 부르는 것입니다. 우리는 수학과 과학을 서구 문명이라고 알고 있지만 사실은 누

Brahmi ⬇		−	=	≡	+	ﻉ	ℓ	۲	ҁ	ʔ
Hindu ⬇	ο	٤	۲	३	४	५	६	७	८	९
Arabic ⬇	·	١	٢	٣	٤	٥	٦	٧	٨	٩
Medieval ⬇	0	I	2	3	૪	५	6	٨	8	9
Modern ⬇	0	1	2	3	4	5	6	7	8	9

── 숫자의 변천사

구의 문명도 아닙니다. 인류 전체의 산물인 것입니다. 뉴턴Newton이나 코페르니쿠스Copernicus가 과학사에 길이 남을 위대한 발견을 한 것은 서구 사회의 특별한 환경 덕분이 아니라 과거에 쌓아온 지식과 현재의 지식이 섞인 결과입니다. 유럽인의 투철한 신학적 논리와 아랍인의 관찰 정신이 섞여서 태어난 것이 바로 서구 문명의 가장 중요한 가지라고 보는 과학입니다. 이처럼 문화의 섞임은 창조적인 아이디어를 만들어내는 원동력이며, 숫자와 과학은 섞임의 긍정적인 부분을 알 수 있는 좋은 사례입니다.

인간은 혼합의 문화를 통해 살아가는 존재입니다. 그러므로 섞이면 순수성이 파괴된다는 이분법적인 사고방식을 버려야 합니다. 우리가 어른이 되면서 자신도 모르는 사이에 갖게 되는 이러한 선입견은 어린 시절 넘쳐 흐르던 창의성을 가둬버리고 말기 때문입니다.

완벽한 정보는 창의성의 가장 큰 적

세 번째 창의성의 법칙은 재해석입니다. 다시 언어의 세계로 돌아가 보겠습니다. 새로운 문물이 처음 들어왔을 때 그에 관한 단어를 만들어내는 것은 매우 재미있는 과정입니다. 가령 조선 시대에는 달구지를 이용해 무거운 물건을 이동시켰습니다. 그런데 개화기에 기차汽車라는 것이 들어옵니다. 이것의 이름은 어떻게 만들어졌을까요? 달구지는 소가 끌면 '우차牛車', 말이 끌면 '마차馬車', 양이 끌면 '양차洋車'라고 불렀습니다. 그런데 새로 들어온 녀석은 끌어주는 동물이 없습니다. 대신 지나갈 때마다 김이 퍽퍽 올라옵니다. 아하, 말수레(마차), 소수레(우차), 양수레(양차)가 아니라 김이 나니까 김수레(기차)라고 부르자 해서 기차가 된 것입니다.

김이 나던 수레에 기차라는 이름이 붙여진 순간은 인간의 창의성이 폭발하는 순간입니다. 그런데 기차는 우리나라에만 들어온 것이 아닙니다. 중국인들도 똑같은 경험을 했습니다. 그들은 기차 안에서 기관사가 연료통에 나무를 집어넣고 불을 때는 것을 목격합니다. 그래서 불차, 즉 화차火車라고 부릅니다. 이처럼 하나의 물건이나 현상이 다른 사람에 의해서 보여질 때 저마다 다른 의미에 중점을 두며 그에 따라 이 세상에 없던 새로운 이름이 만들어집니다.

이 모든 과정이 재해석입니다. 원래 기관차는 영어로 'locomotive'라고 합니다. 그것이 우리나라에 들어오면서 새 언어로 탄생했습니다. 기차(김수레)가 된 것입니다. 그리고 중국에서는 화차가 되었습니다. 같은 물건이지만 창의성의 세 번째 원칙인 누가 재해석하느냐에 따라 서양인, 한국인, 중국인이 보는 기준에 의해 저마다 다른 단어로 불립니다.

우리가 자주 마시는 '카푸치노'의 탄생도 재해석과 관련한 재미있는 이야기를 가지고 있습니다. 카푸치노는 터키와 오스트리아 문화가 섞이면서 태어났습니다. 카푸치노를 발명한 사람은 게오르그 콜시츠키Georg Kolschitzky일 것이라고 여겨집니다. 그가 세계에서 처음으로 카페를 차렸다는 기록이 있습니다.

터키는 17세기 오스만 제국 시절 엄청난 강대국이었습니다. 오스만 군대는 유럽의 중심부이자 서구 세계와 이슬람 세계의 경계라 할 수 있는 오스트리아의 비엔나를 공격하기로 합니다. 이에 수많은 유럽 국가의 용병이 기독교 연합군을 구성해 비엔나를 도왔고, 덕분에 오스트리아는 오스만 제국을 물리쳤습니다. 당시 터키 사람들은 커피를 좋아했는데 오스만 군대가 비엔나로 원정을 올 때도 원두를 가지고 올 정도였습니다. 하지만 쓰라린 패배를 경험한 그들에게 원두는 짐 덩어리일 뿐이었습니다. 전쟁에서 패배한 오스만 군대는 커피 원두를 놓고 쓸쓸히 도망갔습니다.

커피가 무엇인지 모르던 비엔나 사람들은 원두를 먹지도 못하는 썩은 콩이라 여겼습니다. 쓸모없다고 생각해 원두를 버리려는 찰나 비엔나로 파병된 폴란드 용병 출신 게오르그 콜시츠키가 그것이 커피 원두임을 알아보았습니다. 터키에 다녀온 경험이 있는 그는 원두를 자신에게 달라고 부탁합니다. 그렇게 얻은 원두로 비엔나에 최초의 커피 하우스를 차립니다. 우리가 알고 있는 비엔나커피가 탄생한 시초입니다.

그런데 터키에서 커피를 마시는 방법은 조금 달랐습니다. 원두를 볶아서 갈아낸 다음 그 위에 뜨거운 물을 부어 가루 채로 마셨습니다. 이는 커피를 정말 사랑하는 사람이 아니라면 적응하기 힘든 방식입니다. 게오르그 콜시츠키도 처음에는 터키에서 마셨던 방식으로 커피를 판매했고 역시나 손님의 취향을 저격하지는 못했습니다. 터키에서 커피가 엄청나게 인기를 얻었으니 비엔나에서도 대박 날 것이란 꿈을 꾸었지만 그곳 사람들이 받아들이기 어려운 생소한 방식 때문에 점점 쪽박의 길로 접어들었습니다. 당시 비엔나에서 커피를 팔던 곳의 사정이 모두 그러했습니다.

이대로 무너질 수 없던 사람들은 다양한 방식으로 커피에 관해 연구하기 시작했습니다. 비엔나 사람들의 입맛에 맞는 커피를 만들어야 살아남을 수 있다고 생각한 것입니다. 그들의 식생활을 가만히 살펴보니 비엔나 사람들은 모든 음식에 우유를 넣어서 먹었습니다. 파스타에도 우유를 넣고, 고기와 먹는 소스에도 우유를 넣었습니다. 그래서 커피에 우유를 넣고 좀 더 고급스러워 보이게 우유 거품까지 얹어 보았습니다. 우리가 알고 있는 비엔나커피는 이렇게 탄생했습니다. 터키와 오스트리아의 문화가 적절히 섞인 결과물입니다.

그런데 이때는 카푸치노라는 이름이 만들어지기 전이었습니다.

— 카푸친 수도승

카푸치노라는 단어는 당시 비엔나를 떠돌던 수도승의 이름에서 따온 것입니다. 그림과 같은 옷을 입고 다니는 사람을 카푸친 수도승이라고 부릅니다. 카푸친capuchin은 후드가 달린 코트를 말하는데, 그 어원을 따져보면 우리가 알고 있는 단어인 Cap, 즉 뚜껑 또는 모자라는 뜻에서 시작되었습니다. Cap이라는 단어는 머리와 관련이 있는데 비행기나 배의 우두머리를 캡틴captain이라고 부르는 것도 같은 맥락입니다. 따라서 모자 달린 망토인 케이프cape를 쓰고 다니며 선구자적인 역할을 하는 사람을 카푸친 수도승이라 불렀습니다. 그런데 커피에 우유를 넣고 보니 그 색깔이 수도승이 입고 다니는 옷과 비슷해 카푸치노cappuccino라는 명칭을 사용하는 재해석이 일어났습니다.

같은 커피라도 이것을 음료라는 틀에서만 한정 짓는다면 맛으로 접근해 이름을 붙였을 것입니다. 그런데 비엔나 사람들은 코나 입이 아닌 눈으로도 커피를 느끼고 카푸친 수도승의 옷 색깔에 빗대 음료를 불렀습니다. 이것이 바로 재해석입니다. 당시 그 음료가 얼마나 큰 인기를 얻었는지는 우리가 오늘날에도 커피에 우유를 넣고 우유 거품을 올린 음료를 카푸치노라고 부르는 것만 봐도 알 수 있습니다.

사실 재해석은 우리가 의도하지 않아도 늘 우리 주변에서 일어나고 있습니다. '동아시아 고유 문화'라고 하면 가장 먼저 도자기가 떠오릅니다. 그런데 도자기도 엄청나게 많은 재해석의 산물입니다. 사진 속 도자기는 어느 나라 작품일까요? 대개 중국에서 만들

— 18세기 프랑스 도자기

어졌을 것으로 생각합니다. 그러나 사진 속 도자기는 1700년대 프랑스 작품입니다. 그것도 중국에 한 번도 가지 않았을 것으로 추정되는 사람의 작품입니다. 도자기 속 사람은 분명 프랑스 여성이며 중국인의 얼굴이 아닙니다.

이는 상상을 가미했기에 나올 수 있는 재해석의 결과물입니다. 중국에 관한 부정확한 정보의 나머지를 상상력으로 채웠기 때문에 만날 수 있는 작품입니다. 만일 이 도자기를 만든 작가가 중국을 잘 알았다면 재해석은 불가능했을 것이고 이와 같은 새로운 표현도 없었을 것입니다.

재해석을 방해하는 가장 큰 적은 '완벽한 정보'입니다. 우리가 무엇을 만들어야 할 때 인터넷에서 관련 정보를 검색해 정확한 원료부터 표현 방식까지 알고 나면 더 뛰어난 것을 만들 수 있을까요? 그보다는 약간의 정보에 상상을 더했을 때 진짜 내 것이 만들어지며 창의적인 결과물이 나올 수 있습니다. 미리 얻은 정보에만 의존한 것은 모방에 불과합니다. 따라서 사진 속 도자기는 중국이 아닌 프랑스 작품이 되는 것입니다.

프랑스가 중국 도자기를 재해석하는 것을 본 독일의 아우구스트 2세는 도자기 개발에 뛰어듭니다. 자신이 다스리던 독일 동부의 도시 '마이센'에 중국 도자기를 서구화하는 특화된 공장을 차렸고 유럽 최초로 자기를 구워내는 요업장이 탄생했습니다. 그것이 바로 지금까지 많은 사랑을 받는 '마이센 자기'입니다. 마이센 자기는 일본 고급 백화점 혼수 코너에서 상당히 높은 가격으로 판매되고 있습니다. 원래 중국 것이었던 도자기를 독일에서 재해석해 마이센이라는 자기를 만들었고, 이것이 다시 일본으로 수출돼 사람들을 매료시킨 것입니다. 이렇게 주고받으며 돌고 도는 흐름이야말로 인간 교류의 특징입니다.

안타깝게도 우리 선조들은 아시아의 도자기가 이렇게 큰 인기를 얻을 줄 몰랐습니다. 그런데 옆 나라 일본은 그 가치를 일찌감치 파악했습니다. 우리는 임진왜란을 일본이 조선을 침략한 사건으로 알고 있지만 이는 '도자기 전쟁'이라고도 불렸습니다. 일본은 조선 도공을 납치하겠다는 정확한 목적을 가지고 왔습니다.

실제로 도자기로 유명한 일본 사가현의 '아리타'라는 동네는 조선 시대에 이주해온 도공들에 의해 그곳의 도자기 문화가 시작되었고 그들의 기술에 힘입어 마침내 꽃을 피웠다고 이야기합니다. 물론 정확한 표현은 '이주'가 아닌 '납치'입니다. 게다가 일본은 한국 도공의 후예가 만든 도자기를 유럽인들에게 판매하기 위해 독일의 대표적 바로크 건축물인 츠빙거 궁전을 재현한 거대 테마파크를 세우기까지 합니다. 그곳에 우리 조선 도공의 후예가 만든 도자기를 빼곡히 전시했습니다. 런던 만국 박람회, 파리 만국 박람회, 바르셀로나 만국 박람회 등에서 수상하며 인정받은 도자기도 있습니다. 일본은 우리의 도자기 기술을 가져다가 번 돈으로 강대국이 되어 다시 우리나라를 침략했습니다. 이러한 사실을 떠올려본다면 도자기의 재해석이 무엇을 만들어내고 어떤 결과를 가져왔는지 새로운 시각에서 깨닫게 될 것입니다. 더불어 세계 곳곳에서 일어나는 재해석과 이로 인한 변화가 우리에게 얼마나 큰 영향을 주는지 모르는 채 산다는 것은 이렇듯 위험한 일이라는 사실도 알게 될 것입니다.

재해석의 달인, 한국인

다음 단어들은 공통점을 가지고 있습니다. 어떤 공통점일까요?

사회	우편
민주주의	자동차
자유	철도
심리	전화
철학	연설
회사	토의
회계학	문학
노동	소설

자세히 보면 한국어이지만 우리나라에서 개발된 개념을 설명하는 용어는 하나도 없다는 것을 알 수 있습니다. 모두 외국 서적을 번역하는 과정에서 우리 학계에 들어온 개념입니다.

앞서 공통점을 이야기한 단어들은 사실 일본 학자들이 만든 것

46

이 많습니다. 일본은 매우 일찍 서양 학문에 관심을 가지고 열심히 배우기 시작했습니다. 그런데 서양 어휘를 일본어로 번역할 때 그들의 고유 언어로 번역하기에는 한계가 너무 많았습니다. 학생들이 잘 이해하지 못할 정도로 번역이 순탄하지 않았습니다. 이에 한자어를 이용해 개념을 풀어보기로 합니다. 일본의 입장에서 보면 영어와 한자어 모두 외국어입니다. 서구에서 들어온 개념을 중국에서 들어온 한자를 이용해 여러 과정을 거치며 재조합해 번역했고 그 결과 새로운 단어가 탄생한 것입니다. 이들 단어는 다시 중국과 한국 학자들에 의해 또다시 재해석되고 변형되면서 이제는 우리 언어라고 해도 과언이 아닐 정도로 오늘날 우리가 자주 사용하는 단어로 자리 잡았습니다. 누구보다 뛰어난 재해석 능력을 갖춘 한국인들은 이들 단어를 사용해 자유롭게 소통하면서 상상력과 지평을 넓혀 왔습니다.

한국인이 가진 재해석의 힘을 가장 잘 실감할 수 있는 것은 신조어 창조입니다. 앞서 이야기한 '개사이다'라는 단어만큼이나 독창적인 단어가 '재테크'입니다. 표준국어대사전에도 등록된 이 신조어는 두 나라의 단어가 합쳐진 말입니다. 먼저 우리 조상들은 재산(財)이라는 한문 단어를 중국에서 가져왔습니다. 그다음에 'technology'라는 영어 단어를 미국에서 가져와 더했습니다. 그러자 '재테크'라는 중국 단어도 미국 단어도 아닌 새로운 단어가 태어났습니다. 이 단어는 외국에 가서 사용하면 아무도 알아듣지 못합니다.

여러 어원을 가진 '스킨십'도 비슷한 형태의 단어 중 하나입니다. 피부라는 뜻을 가진 'skin'이라는 단어와 친구 관계를 뜻하는 'friendship'이라는 단어를 더해 'skinship'이라는 단어가 만들어졌습니다. 외국인에게 이 단어를 아는지 물어보면 정확한 뜻은 모르지만 어딘지 모르게 야한 단어인 것 같다고 대답합니다. 같은 말이라도 사람에 따라 저마다 다르게 표현되는 것, 이게 바로 재해석입니다.

예식장 사진을 보시기 바랍니다. 이런 곳에서 결혼식을 올리는 것은 어느 나라의 문화일까요? 예식장 결혼은 다른 나라에는 없는 대한민국 문화입니다. 외국은 결혼식만을 위한 상업시설이 없습니다. 특히 유럽이나 미국은 주로 교회나 관공서에서 결혼을 합니다. 예식장이라는 장소에 지인들을 두루두루 초대해 축의금을 걷는 것은 우리나라 결혼식의 특징입니다.

—— 한국의 예식장

누구보다 우리의 것을 중시하는 한국인들은 재해석, 혼합에 관해 정서적으로 거부감을 가지고 있다고 생각하는 사람이 많습니다. 그런데 사실은 누구보다 혼합을 잘하는 게 한국인의 특징입니다. 예식장도 혼합의 결과물입니다. 예식장이 탄생하기까지 얼마나 많은 혼합이 이루어졌는지 살펴보겠습니다.

—— 다양한 형태로 발전한 교차 볼트

사진 속 예식장 인테리어를 미술사학적으로 분석해보면 굉장히 많은 문화가 섞여 있는 것을 알 수 있습니다. 가장 먼저 메소포타미아와 그리스 일대에서 사용되기 시작한 아치 앤 볼트arch and vault라는 형태의 건축 구조가 보입니다. 로마인들은 이 아치를 가로와 세로로 교차시키면 더 튼튼할 것이라고 생각해 교차 볼트라는 형태로 발전시켰습니다. 이후로도 다양한 형태로 발전해 중세에는 위의 사진처럼 복잡한 모양을 보여주기도 합니다.

그러던 중 19세기 영국이 세계 각지에 식민지를 건설하면서 많은 곳에 서양의 건축 양식을 전파하게 됩니다. 세계적으로 서양식 건축 스타일이 유행하면서 고급스러운 예식 공간이나 호텔 등이 점차 증가합니다. 예식장은 그렇게 탄생했습니다. 게다가 신부가 입장할 때 울려 퍼지는 단골 음악 역시 독일 작곡가 멘델스존Mendelssohn

의 <결혼 행진곡>입니다. 다시 말하면 서양의 건축 미술이 고스란히 반영된 공간에 독일 음악이 결합한 방식으로 한국식 결혼이 재탄생한 것입니다. 다른 문화를 받아들임으로써 우리만의 문화로 재해석했고, 그 과정에서 창의력이 상승한 결과라고 할 수 있습니다.

이처럼 한국인은 재해석의 달인입니다. 홍대 거리를 조금만 걸어도 여러 나라의 문화를 한데 모아서 재해석한 것을 볼 수 있습니다. 19세기 풍 프랑스를 연상시키는 카페와 21세기 미국 최신 건축가가 지은 건물, 그리고 체코의 분위기를 물씬 풍기는 고풍스러운 건물이 공존하는 그곳은 한국인만 만들 수 있는 공간입니다. 우리에게는 조상들로부터 물려받은 옛 고유문화의 정서와 홍대 거리처럼 여러 나라의 문화를 위화감이나 어색함 없이 결합할 수 있는 두 가지 정서가 있습니다. 이러한 한국인의 힘을 풀어내는 것이 바로 창의력입니다.

결국 창의력은 먼 곳에 있는 게 아니라 누구나 가지고 있는 인간 본연의 능력입니다. 따라서 창의력은 키우는 것이 아니라 풀어주어야 하는 것입니다. 그렇다면 우리도 모르는 사이 숨어버린 창의력은 대체 어디에 갇혀 있는 걸까요?

남에게서 배우고, 마구 뒤섞고, 똑같은 것이라도 다른 눈으로 보는 것이 창의력이라면 아마도 창의력은 우리 마음속 깊은 곳 세 가지 창살에 갇혀 있다고 생각합니다. 첫 번째 창살은 우리 것과 남의 것이 따로 있다며 다른 것을 배척하는 사고방식입니다. 두 번째

50

는 순혈과 혼혈을 나누며 순수한 것만을 지향하는 사고방식입니다. 세 번째는 전통적인 것이 아니면 진짜가 아니라며 원조만을 고집하는 사고방식입니다.

우리는 창의성을 갖기 위해서는 호기심이 필요하다고 이야기합니다. 하지만 나와 다른 나라 사람이니까, 나와 다른 인종이니까, 나와 다른 성별이니까, 나와 다른 학교를 나왔으니까라고 선을 긋는 것은 호기심을 짓누르는 행위입니다. 많은 사람의 생각과 경험이 내 안으로 들어와 내가 가진 생각과 섞였을 때 재해석이라는 창의력이 탄생합니다. 어린 시절 끊임없이 엄마에게 "이게 뭐야?" "저게 뭐야?" 하면서 질문을 던진 호기심 넘치던 자유분방한 아이의 모습이 다시 나올 수 있도록 생각의 빗장을 풀고 본연의 모습을 다시 찾길 바랍니다. 남을 배척하고, 순수한 것만을 지향하며, 원조만을 고집하는 세 가지 빗장을 풀고 문을 여는 순간 우리 머릿속에는 다시 수많은 아이디어가 떠오르고 새로운 시각으로 세상을 볼 수 있는 길이 열릴 것입니다.

· 문경수 ·

서울과학기술대학교에서 컴퓨터공학을 공부한 뒤 프로그래머를 거쳐 기자로 일했다. 과학을 주제로 한 탐험에 매료되어 서호주, 몽골, 고비사막 같은 지질학적 명소들을 탐험했다. 2010년에는 아시아인 최초로 NASA 우주생물학 그룹과 함께 과학 탐사를 했다. 현재는 과학탐험가로 활동하며 무수한 호기심을 탐구하고 있다. 저서로 《35억 년 전 세상 그대로》《문경수의 제주 과학 탐험》이 있다.

잃어버린 호기심을 찾아서

저는 과학을 주제로 탐험을 하고 있습니다. 우주과학 분야를 탐험할 때는 직접 우주에 갈 수는 없으니 화성 탐사를 준비하는 NASA 과학자들과 함께 지구에서 화성과 풍경이 비슷한 곳으로 떠납니다. 공룡과 같은 고생물 분야를 탐험할 경우에는 공룡 화석의 보고인 몽골 고비사막에서 티라노사우르스, 브라키오사우르스 같은 공룡 화석을 발굴하기도 합니다.

어린 시절 즐겨 본 모험 영화 속 주인공 인디아나 존스는 성궤를 손에 얻으면 세계를 정복할 수 있다고 믿었습니다. 아마도 그 성궤는 인디아나 존스가 오전부터 꿈꿔온 호기심을 상징하는 것이 아닐까요? 때문에 꼭 먼 곳으로 떠나지 않아도 마음속에 호기심만 가지고도 얼마든지 일상을 탐험지로 만들 수 있다고 생각합니다. 어쩌면 탐험이라는 것은 우리에게 내재된 본성일지도 모르겠습니다.

탐험은 내 안에 있다

탐험은 정해진 인원이 제한된 자원을 가지고 일정 기간 안에 미션을 끝내는 과정입니다. 따라서 탐험을 떠나기 전에 수많은 예행연습이 필요합니다. 그럼에도 막상 현장에서 탐험을 시작하면 계획과 달리 돌발상황의 연속입니다. 늘 새로운 상황에 직면하고 눈앞의 문제를 해결하는 과정이 벌어지는데, 시행착오를 넘어서고 나면 지금껏 보지 못했던 세상을 발견하게 됩니다.

10년 전 저는 탐험 동호회를 조직해 70명을 이끌고 호주 사막으로 탐험을 떠나기로 했습니다. 혹시 모를 사고를 방지하기 위해 저

── 10년 전 호주 탐험

는 후배와 함께 사전 답사를 가기로 했습니다. 답사를 마치고 시간이 남은 두 사람은 넘치는 호기심에 좀 더 깊숙한 지역으로 들어갔다가 조그만 웅덩이에 자동차가 빠지는 바람에 오도 가도 못하게 되었습니다. 어쩔 수 없이 자동차를 놔두고 걸어서 길을 떠나기로 했습니다. 지도를 살펴보니 70km 떨어진 곳에 고속도로가 있었습니다. 두 사람 모두 군대에서 행군하던 기억을 떠올려보니 하루 반나절이면 충분히 갈 수 있다고 생각했고, 무엇보다 호주 지도에 대한 믿음이 확고했습니다. 호주는 오지 환경이 많은 지역 특성상 상당히 세밀하게 지도를 제작합니다. 저와 후배는 생존에 필요한 최소한의 짐인 침낭, 버너, 카메라, 노트북만 챙긴 채 길을 떠났습니다. 자동차를 타고 그곳을 지나려 했던 탓에 비상식량을 준비하지 못해 먹을 것이라고는 간식으로 남겨둔 오렌지 하나가 전부였습니다.

오후 1시에 길을 떠나 세 시간가량 걷다 보니 후배에게 탈진 증세가 찾아왔습니다. 한낮 기온이 40~45℃에 육박하는 찜통더위에 오랜 시간을 걸었으니 그럴 만도 했습니다. 후배에게 오렌지를 까서 먹이니 그제야 기운을 차렸습니다. 점점 날은 어둑해지고 더는 걸을 수 없는 상황이 되자 GPS를 이용해 이동 과정을 중간 점검했습니다. 결과는 암담했습니다. 동쪽으로 가야 고속도로가 나오는데 동북쪽으로 14km를 걸어온 것입니다. 힘들어도 왔던 길을 다시 돌아갈 수밖에 없는 상황에 좌절한 두 사람은 일단 잠부터 자기로 했습니다.

그런데 새벽 3시쯤 동물이 울부짖는 소리에 잠이 깨고 말았습니다. 호주에는 딩고Dingo라는 야생 개가 살고 있습니다. 캥거루를 공격할 만큼 공격적인 딩고 떼의 거친 포효에 저와 후배는 서로의 사진을 한 장씩 찍었습니다. 그것이 영정사진이 될 수도 있다고 직감했기 때문입니다. 이대로 죽을 수는 없다는 생각에 우선 불을 피워 방호벽을 만들기로 했습니다. 불을 때자마자 여명을 기다리며 왔던 길로 돌아갈 채비를 시작했습니다. 노트북에서는 하드디스크만 분리하고 카메라에서는 메모리카드만 뺏습니다. 더 버릴 것을 찾다가 마지막으로 침낭 주머니를 버렸습니다. 그리고 지도에 이렇게 적었습니다.

"○월 ○일 ○시에 두 명의 아시아인이 이곳에서 ○○ 방향으로 걷기 시작했습니다. 그런데 목적지가 없습니다. 그러니 만약 이 편지를 발견한다면 우리를 찾아주세요."

글을 쓴 뒤 길을 나섰고, 결론부터 말하자면 두 사람은 나흘 만에 200km가 넘는 거리를 걸어서 호주의 원주민 마을에 도착해 목숨을 건졌습니다. 서울에서 전주까지의 거리를 걷는 것도, 비록 사흘 반나절 만에 14kg이나 빠질 만큼의 배고픔도, 밤마다 딩고가 울어대는 두려움도, 낮과 밤이 너무 다른 일교차도 모두 견딜 만했습니다. 하지만 하루 종일 걸어도 바뀌지 않는 풍경은 우리 두 사람을 절망으로 빠트리기 충분했습니다. 새벽에 출발해 점심때까지 걸어도 아까 본 유칼립투스 나무가 또 보였습니다. 멈추지 않고 저

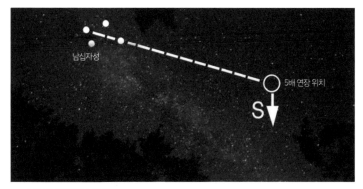
── 남십자성과 정남 방향

녁때까지 걸으니 몇 시간 전에 본 바오밥 나무가 같은 자리에 또 있었습니다. 반복되는 풍경에 패닉 상태에 빠질 즈음 가까스로 원주민 마을에 도착했습니다.

무사히 한국에 돌아온 지 얼마 지나지 않아 뉴스에서 한 여행객이 같은 지역에서 조난당해 사망했다는 소식을 들었습니다. 경찰이 궤적을 추적해보니 그가 사망한 지점에서 불과 1km 떨어진 거리에 마을이 있었지만 그는 계속해서 제자리걸음만 반복했다고 합니다.

저와 후배는 다행히도 별자리라는 작은 지식 덕분에 생존할 수 있었습니다. 일반적으로 우리는 방향을 찾아주는 길잡이 별자리를 북극성이나 북두칠성으로 삼습니다. 그런데 호주는 남반구이기 때문에 위도가 낮아 그 별들을 관측할 수 없습니다.

대신 남반구의 길잡이인 남십자성이라는 별의 가운데 공간만큼 수직 방향으로 5배 연장하면 정남 쪽이라는 지식을 활용했습니다.

── 조난 중 만난 풍경들

낮에는 방향이 확실하지 않아 힘들었지만 밤마다 남십자성을 보며 생존을 확신했습니다. 결과적으로 두 사람이 무사히 살아남은 것은 과학의 힘이었습니다.

저와 후배는 조난을 계기로 인생의 전환점을 맞이했습니다. 저는 사진 속 풍경으로 인해 남은 인생을 다시 생각하게 됐습니다. 끝없이 펼쳐진 갈대밭에 오롯이 서 있는 바오밥 나무, 드넓은 평원에 우뚝 선 붉은 개미집을 보면서 미지의 세계에 대한 환상을 갖게 되었습니다. 그리고 내가 살고 있는 이곳 지구를 좀 더 알고 싶다는 열망이 조금씩 차올랐습니다. 함께했던 후배는 어렸을 때부터 우주를 좋아해 로켓을 만드는 엔지니어가 되겠다는 생각으로 항공우주공학을 전공했습니다. 하지만 조난을 겪으며 인간의 뇌에 대해 궁금증을 느끼기 시작했습니다. 첫날은 힘들지만 값진 경험이라고 생각했으나 둘째 날부터는 아무리 긍정적인 생각을 해도 살아남을 수 없을 것 같다는 조바심을 버릴 수 없었던 것입니다. 체력적으로 벼랑 끝에 선 후배는 '왜 인간의 의식은 제어가 어려운 것일까?'라는 질문과 마주했습니다. 그는 결국 한국에 돌아가 뇌공학을 공부하기 시작했고 지금은 인공지능 벤처기업의 CEO로 새로운 삶을 살아가고 있습니다. 어찌 보면 그날의 조난은 두 사람에게 새로운 삶을 살게 해준 최고의 시행착오이자 그동안 알지 못했던 새로운 감각을 깨워준 기회가 아니었나 싶습니다.

우주에 가지 않고 우주를 연구하는 방법

2017년 5월, 지구에서 가장 오래된 약 35억 년 전 생명체의 화석이 호주 사막에서 발견되었다는 기사가 보도되었습니다. 사실 저는 이 기사의 내용을 1년 전에 이미 알고 있었습니다. 화석을 발견한 현장에 있었기 때문입니다. 저는 과학을 전공하지 않았지만 매년 탐험가 자격으로 NASA 과학자들의 연구에 참여해 탐험을 계속하고 있습니다.

다음 페이지의 사진 속 사람들은 NASA 우주생물학자들로 그들이 손가락으로 가리키는 것이 바로 35억 년 전 지구에 살았던 미생물 스트로마톨라이트Stromatolite의 화석 기록이 남아 있는 바위입니다. NASA와 함께 발견한 이 화석은 정식 반입 허가를 받아 서대

── NASA 우주생물학자들과의 서호주 탐험

문 자연사박물관에 기증하기도 했습니다.

NASA 과학자들이 서호주 지역을 탐험하는 이유는 지구에서 화성과 지형 구조가 가장 유사하기 때문입니다. 화성 탐사에 필요한 탐사 로봇이나 우주복 등의 테스트를 진행하는 훈련장인 셈입니다.

생물학은 지구상 생물의 구조와 기능을 연구하는 것입니다. 여기에 '우주'라는 단어가 추가된 우주생물학은 태양계 안팎의 행성에 살았거나 지금도 살고 있을지 모르는 생명체를 연구하는 것입니다. 문제는 우주 생명체를 연구하기 위해 우주에 갈 수 없다는 것입니다. 따라서 우주에 가지 않고도 우주 생명체를 연구할 방법을 찾아야 합니다.

61쪽의 사진 속에 해답이 있습니다. 뜨겁고, 깊고, 추워서 생명체

—— 극한 지구 환경

가 살기 어려울 것 같은 극한의 환경을 가진 장소입니다. 지구의 이런 공간에 생명체가 산다면 우주 공간에도 생명체가 존재할 것이라는 가설을 세울 수 있습니다.

오른쪽 위의 사진은 미국 옐로스톤 국립공원 내 위치한 가장 큰 온천인 '그랜드 프리즈매틱 스프링Grand Prismatic Spring'입니다. 온천의 한가운데는 100℃가 넘을 정도로 뜨겁습니다. 인간은 절대로 생존할 수 없는 환경이지만 이곳에는 다양한 생명체가 바글바글하게 살고 있습니다. 특정한 온도에서만 번식할 수 있는 진화된 미생물이 그것입니다. 미생물의 색깔에 따라 물 색깔도 좌우되기 때문에 저렇게 다양한 색상을 보여줍니다.

오른쪽 아래 사진은 심해 열수구로 태평양 심해 5,000m에서 화산이 분출하는 장면입니다. 물속이긴 해도 화산이 분출했으므로 온도는 300℃가 넘습니다. 게다가 빛도 없고 산소도 없습니다. 이런 극한 환경에도 생명체가 존재합니다. 심해 열수구는 지구 초기의 생명체가 탄생한 곳으로 추측되며 생물 연구의 보고라고 할 수 있습니다. 온천에 살고 있는 미생물뿐 아니라 우리에게 익숙한 물고기 형태의 생명체 등 다세포 생물이 서식하고 있습니다. 해양학자인 김웅서 박사는 프랑스의 유인잠수함을 타고 태평양 심해 5,000m 탐사에 성공했습니다. 무려 5시간을 구부린 자세로 불을 끈 채 하강한 뒤 심해 열수구에 도착한 그의 눈에 가장 먼저 들어온 것은 눈과 입이 없는 물고기 한 마리가 유유히 지나가는 풍경이었다고 합니다. 빛이 들지 않아 칠흑같이 어두운 곳이니 눈이 필요 없고, 지상보다 400배나 높은 압력 때문에 입이 있어도 다물어지지 않을 테니 입도 필요 없을 것입니다. 대신 물고기들은 새로운 형태로 에너지를 섭취하며 열악한 환경에 적응하며 살아가고 있습니다.

윗줄 왼쪽 사진은 화성에 탐사 로봇을 보내 과거에 생명체가 살았던 흔적이 있는지를 조사하는 모습입니다.

화성에 관한 거의 모든 것

화성 이야기가 나왔으니 이제부터 잠시 화성으로 여행을 떠나보겠습니다. 지구와 화성은 약 2억km 떨어져 있습니다. 2년 4개월 주

390,300,600 KM
191,020,000 KM
55,758,000 KM
8 1/2 MONTH

—— 지구와 화성의 거리

기로 지구와 화성의 거리가 가장 가까워지는 시기가 찾아오는데 이
때의 거리는 약 5,500만km로 지구 1천 바퀴를 돌 수 있는 거리입
니다. 이 시기에 지구에서 화성을 향해 우주선을 발사합니다. 우주
선이 화성까지 도착하기까지 8개월 하고도 보름이 걸립니다.

그런데 화성에 도착하는 것과 착륙하는 것은 전혀 다른 문제입
니다. 지난 50년간 화성으로 발사한 우주선 중 화성 표면에 착륙한
탐사 로봇은 5대밖에 되지 않습니다. 그만큼 착륙 과정이 어렵습니
다. 화성에 도착한 우주선이 본격적으로 착륙 과정에 들어가면 외
부 온도가 수천 ℃에 이르는 상태에서 KTX의 약 180배 속도로 하
강하기 시작합니다. 이때는 NASA와도 통신이 되지 않습니다. 따
라서 자체 내장된 프로그램에 따라 자동 착륙을 시도하는데 대기

권 돌입부터 착륙까지 공포의 7분 구간을 견뎌야 합니다. 그런데 이 속도 그대로 착륙하면 우주선은 그대로 박살 날 수 있으므로 지름 17m의 낙하산을 펼쳐서 착륙 속도를 절반으로 떨어뜨립니다. 그럼에도 여전히 착륙하기에는 빠른 속도입니다. 이때 '스카이 크레인'이라는 역추진 로켓이 달린 우주선이 탐사 로봇이 착륙 가능한 수준으로 속도를 완전히 떨어뜨려 줍니다.

기존에 착륙한 탐사 로봇은 무게가 185kg 정도로 상대적으로 크기가 작고 가벼워 에어백 보호막을 이용해 착륙했습니다. 그러나 새로운 탐사 로봇의 무게는 약 900kg이나 됩니다. 때문에 착륙 과정에서 충격을 받게 되면 내부의 실험장치가 파손될 위험이 있으므로 안정적이고 정교하게 착륙해야 합니다. 700kg 이상의 무게 차이를 극복하기 위해 빨랫줄처럼 휘어지는 고강도 케이블을 이용해 탐사로봇을 착륙시킵니다. 8개월 보름의 모험이 마무리되는 순간입니다. 참고로 탐사 로봇을 배달한 우주선은 착륙하는 데 모든 에너지를 사용했기 때문에 화성 표면 어딘가에 떨어져 우주 쓰레기로 전락합니다.

무사히 착륙한 탐사 로봇은 몇 년간 화성의 생명체 존재 여부를 확인하는 미션을 수행합니다. 이때 쓰이는 동력원은 원자력 전지입니다. 기존의 탐사 로봇은 태양 전지를 통해 전기를 만들었습니다. 그런데 화성의 극심한 일교차로 초속 100m의 모래폭풍이 발생하면 먼지가 태양전지를 덮어버려 에너지 공급이 끊기기 일쑤였습니다. 영화 〈마션〉에서도 이 같은 장면이 등장합니다. 더욱 안정적인 공급을 위해 대체한 원자력 전지는 약 10년간 에너지를 공급합니다. 앞으로 화성뿐 아니라 다른 행성을 탐사하기 위해서는 전지의 안정화와 최소화가 중요합니다. 그래서 최근 NASA에서 주목받는 전문가가 있습니다. 바로 종이접기 전문가입니다. 대체 NASA와 종이접기에는 어떤 연관성이 있을까요.

왼쪽 사진의 동그란 패널은 5년 뒤 발사할 화성 탐사 로봇에 들어갈 태양전지입니다. 전지는 작을수록 좋은데 탐사 로봇에 싣기에는 너무 큽니다. 이때 종이접기 원리를 이용해 오른쪽 사진처럼 전지의 크기를 최소화할 수 있습니다. 저 조그마한 것을 펼치면 다시 원래대로 넓어집니다. 종이접기라는 것은 자신의 생각을 빠른 시간 안에 모델링할 수 있는 도구이므로 최근에는 기계공학이나 로봇공학, 의료공학 등 다양한 산업 분야에서 응용을 시도하고 있습니다. 때문에 전문적으로 종이접기를 한다면 충분히 NASA에 입사할 수 있습니다. 단 전제 조건이 있습니다. NASA에 가려면 매뉴얼이 없

—— 화성 탐사를 위한 태양전지의 변화

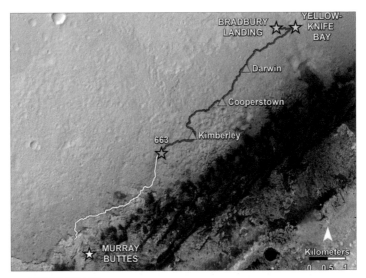

—— 탐사로봇 이동 경로

는, 이 세상에 존재하지 않는 물체를 접어낼 만큼 독창적인 접기를
할 수 있어야 합니다.

그럼 이제부터 무사히 착륙한 탐사 로봇이 지난 5년간 얼마나 움
직였는지 보겠습니다. 위의 사진 속 빨간색으로 표기한 부분이 탐
사 로봇이 이동한 경로입니다. 거리를 재보니 약 14.5km 정도였습
니다. 탐사 로봇을 만드는 데 들어간 비용이 2조 4,000억 원 가까
이 됩니다. 그렇게 어마어마한 제작비를 들인 로봇이 5년간 고작
15km 남짓밖에 이동하지 못했습니다.

탐사 로봇이 이토록 느리게 움직인 것은 화성 표면이 울퉁불퉁
하기 때문입니다. 67쪽의 사진은 탐사 로봇이 자신의 손에 달린 카

—— 탐사 로봇의 셀피

메라로 셀피를 찍어 NASA에 전송한 것입니다. 바퀴 밑을 유심히 살펴보면 조그마한 돌부리가 보입니다. 이럴 때 로봇은 절대 앞으로 나가지 않고 상황 사진을 찍어 NASA로 전송합니다. 사진을 확인한 NASA는 화성과 같은 모래 지형 위에 똑같은 크기의 돌을 제작해 똑같은 탐사 로봇으로 탈출 실험을 진행합니다. 이 실행은 탐사 로봇의 바퀴가 돌부리를 넘을 때까지 계속됩니다. 마침내 돌부리를 넘을 수 있다는 확신이 200% 이상 들었을 때 전진 버튼을 누릅니다. 작은 변수로 자칫 실패라도 할 경우에는 수조 원이 공중분해 되기 때문입니다. 이처럼 우주로 발사한 우주선과 탐사 로봇은 모두 지구에 복제품이 존재합니다.

화성 탐사를 다룬 영화 〈마션〉에서 주인공 마크 와트니는 지구

—— 화성에 보낼 드론

와 통신을 하기 위해 오래된 무인 화성 탐사선인 패스파인더를 주워다 교신을 시도합니다. 이에 지구에 있는 과학자들이 창고에서 먼지 쌓인 옛 통신기구를 꺼내 교신을 시도합니다. 같은 기종끼리만 통신할 수 있기 때문에 지구에 있는 복제품을 작동시킨 것입니다.

결국 탐사 로봇도 내비게이션이 필요한 기계이므로 장애물에 대비하는 요령이 중요합니다. 3년 뒤 NASA는 기존 탐사선을 보완한 새로운 탐사선을 발사할 예정입니다. 여기에는 정찰용 드론이 탑재됩니다. 이 드론은 반경 1km를 탐색하면서 길 도우미 역할을 톡톡하게 해낼 것입니다.

그런데 문제가 있습니다. 아무리 작은 비행체라도 상승과 하강을 하려면 유체 속을 운동하는 물체에 운동 방향과 수직 방향으로 작용하는 '양력揚力'이라는 힘이 필요합니다. 이것은 대기를 통해 얻는 힘이 있어야만 가능합니다. 허나 애석하게도 화성은 대기 밀도가 지구의 1%밖에 되지 않기 때문에 지구에서 쓰는 드론을 화성에 가져가도 비행이 불가능합니다. 따라서 68쪽 사진처럼 드론에 두 개의 프로펠러를 달아 서로 반대 방향으로 회전시켜 인공적으로 양력을 만들어 상승시킵니다.

이 모든 과정에 천문학적인 자금이 필요합니다. 이 때문에 2000년 대 초반에는 화성 탐사가 중단 위기에 놓이기도 했습니다. 불황이 라는 현재 실정에 맞지 않아 다시 검토해볼 필요가 있다는 것입니다. 그때 한 장의 사진이 관측되면서 중단 위기의 화성 탐사가 재개 되었습니다.

아래는 화성 대기에 있는 메탄가스의 농도를 관측한 사진입니다. 빨간색으로 표기된 부분이 메탄가스 농도가 짙은 부분이고 초록색으로 갈수록 메탄가스 농도가 옅어집니다. 우리에게 가장 익숙한 메탄가스는 방귀입니다. 실제로 지구에 존재하는 메탄가스의 80%는 동물이 내뿜는 방귀나 트림, 그리고 식물의 유기물이 부패할 때 발생하는 가스로 만들어집니다. 따라서 화성에서 메탄가스가 관측되었다는 것은 무언가가 존재할 가능성을 의미합니다. 생명체가 살고 있다고 단정 짓기는 어렵습니다. 중요한 것은 지속적으로 메탄

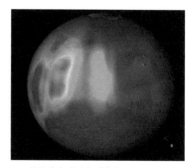

— 화성에서 발견된 메탄가스

가스를 생성하는 구조가 확실히 존재한다는 것입니다.

다시금 화성 탐사를 가능하게 해준 사진은 누가 찍었을까요? 우주 공간에 떠 있는 허블우주망원경이 1차로 관측한 뒤 데이터를 지구의 거대 천체망원경으로 수신합니다. 이를 확인한 천체망원경은 그 지역을 집중적으로 관측합니다. 그럼 지금부터 이렇게 귀한 사진을 촬영한 천문대가 있는 하와이로 떠나보겠습니다.

우주를 보는 인류의 또 다른 눈, 망원경

하와이는 아직도 화산 활동이 진행 중인 살아 있는 섬입니다. 그중 빅아일랜드라는 화산섬에는 해발 4,206m의 '마우나케아'라는 산이 있습니다. 그곳의 정상에 화산의 메탄가스를 관측한 거대 천체망원경이 있습니다. 지구에서 가장 높은 산은 해발 8,848m의 에베레스트입니다. 그런데 지표면 기준인 해발이 아니라 해저면 바다 밑에 있는 지각을 기준으로 했을 때 지구에서 가장 높은 산이 바로 높이 1만 200m의 마우나케아입니다.

마우나케아산은 높고 춥기 때문에 황량합니다. NASA 과학자들은 그런 풍경을 활용한 다양한 연구를 진행합니다. 사진 속 모습도 그러한 연구 중 하나입니다. 뒤편에 보이는 비닐하우스처럼 생긴 돔 안에 6명의 우주인 후보를 1년간 가둬놓는 가상의 고립 실험입니다.

—— NASA의 가상 고립 실험

　우주인들은 화성에 도착하기까지 8개월 반, 착륙 후 2년간 화성살이, 그리고 다시 8개월 반을 거쳐 지구로 돌아옵니다. 화성과 지구를 오가는 시간 동안 아주 작은 밀폐된 공간에서 6명이 서로의 얼굴만 바라보며 지내야 하므로 장기 우주 탐사에 대비해 다양한 상황을 미리 훈련하는 것입니다. 예비 우주인들은 실제로 화성에서 생활하듯 지냅니다. 모든 의식주와 연구 활동은 물론 외출 시에는 무조건 우주복을 착용합니다. 이 고립 실험을 통과한 과학자만 화성으로 가는 티켓을 손에 넣을 수 있습니다. 다행히 모든 과학자가 무사히 실험을 마쳤으며 현재 5번째 실험이 진행 중입니다.

　눈이 쌓여 있는 마우나케아산 봉우리에 올라서면 세계 각국의 천문대가 모여 있습니다. 그중 가장 먼저 생긴 것이 30여 년 전에

—— 스바루 천체망원경

일본이 건설한 아시아 최초 대규모 천체망원경인 '스바루 천체망원
경'입니다. 스바루라는 말은 플레이아데스 성단이라는 의미를 담고
있습니다. 일본은 본토가 아닌 약 7,000km가량 떨어진 하와이의
빅아일랜드에 국립 천문대를 세웠지만 매년 1만 5,000명의 일본인
이 이 천문대를 보기 위해 방문한다고 합니다. 달리 생각하면 이는
단순한 관광객 수치가 아니라 일본의 기초과학 수준을 나타내는
지표라 할 수 있습니다.

이렇듯 천문대를 방문해 별을 보고 과학적 호기심을 자극하며
지적 영감을 얻어 돌아간 뒤에 그 관심이 사회 전반으로 확산된다
면 천문대는 단순히 연구를 위한 공간을 넘어 과학의 대중화를 불
러일으킬 매우 중요한 기폭제 역할을 할 것입니다.

허블우주망원경이 우주에 간 지 올해로 28년이 됐습니다. 1990년
우주로 발사한 이래 지금까지 모두 5번 수리를 했습니다. 영화 〈그

—— 허블우주망원경

래비티〉의 첫 장면에서 주인공 스톤 박사가 수리하던 것이 바로 허블우주망원경입니다. 이 망원경에 문제가 생겼다는 고장이 신고되면 우주인들은 우주왕복선에 부품을 싣고 우주로 간 뒤 허블우주망원경을 낚아채서 수리합니다. 여기까지 보통 일주일이 소요됩니다. 그런데 그 일주일에 들어가는 비용만 1조 원이 넘습니다. 지난 10년간 수리비용으로만 총 11조 원이 사용됐습니다. 사실 이 정도 금액이라면 허블우주망원경보다 성능이 훨씬 좋은 최첨단 우주망원경을 만들 수 있습니다. 그럼에도 NASA는 특별한 문제가 없는 한 계속 수리하며 망원경을 유지하겠다는 입장입니다.

왜냐하면 이 허블우주망원경이야말로 우주에 대한 인식과 지평을 넓혀준 천문학 발전의 일등공신이기 때문입니다. 허블우주망원경이 우주에 가기 전과 우주에 간 후 우주를 바라보는 인류의 시선이 완전히 달라졌습니다. 그 전까지 우리가 보아온 우주는 흐릿하고 아득했습니다. 그런데 대기권의 영향에서 자유로운 허블우주망원경이 우주의 이미지를 선명하고 생생한 모습으로 전달해주면서 우리에겐 새로운 우주가 만들어졌습니다. 허블우주망원경은 우주를 보는 제3의 눈 역할을 하는 셈입니다.

NASA 탐험 들여다보기

저는 과학 탐험가가 되기 위해 호주로 떠나기 전까지 한국에서 과학잡지 기자 생활을 했습니다. 그런 제가 어떻게 NASA 우주생물학자들과 탐험할 수 있었을까요? 저는 본격적인 과학 탐험을 위해 기자를 그만두고 호주로 날아갔습니다. 탐험을 하려면 사막 지형을 잘 알아야 하기에 호주 여행사의 문을 두드렸습니다. 낮에는 가이드로 활동하며 일이 끝나면 매일같이 도서관으로 가 보고 싶었던 책을 봤습니다. 그리고 바로 옆의 박물관으로 가 책에서 본 것을 실제로 만져보면서 즐겁게 공부했습니다.

매일 도서관에 가다 보니 자연스레 사서와 친구가 됐습니다. 그러던 어느 날 사서가 제가 좋아할 것 같다며 새로 나온 책 한 권을 추천해줬습니다. 책을 받아드는 순간 온몸에 전율이 느껴졌습니다. 제가 즐겨 보는 과학 다큐멘터리에서 사륜구동 자동차를 타고 등장해 지구 대기에 산소가 만들어진 원리를 설명하던 과학자가 쓴 책이었습니다. 책 속 프로필을 보니 그가 마침 NASA에서 근무하던 중 호주의 연구소로 파견을 나왔다는 사실을 알게 되었습니다. 저는 용기를 내 그에게 이메일을 보냈습니다. 구글 번역기의 힘을 빌렸지만 8년 전 번역기의 성능은 형편없기에 문장은 엉망이었습니다. 그리고 저는 그로부터 만나자는 답장을 받았습니다.

일주일 뒤 만나기로 한 약속을 앞두고 매일 저녁 한 가지 의식을 치렀습니다. 과학자가 일하는 연구소를 찾아가는 연습을 한 것입니다. 약속 당일에 길을 잘못 찾아 늦는 일이 없도록 예행연습을 했습니다. 드디어 약속한 날이 찾아오고 저는 '마틴 반 크라넨동크Martin Van Kranendonk'라는 NASA의 우주생물학자를 만났습니다. 다시는 오지 않을지도 모를 기회를 놓치기 싫어 미리 준비한 질문을 주고받으며 한 시간가량의 인터뷰를 마쳤습니다. 헤어지기 전 마틴 박사에게 감사를 전하자, 그가 뜻밖의 제안을 해왔습니다. 30분 뒤 일을 마치면 연구소 내부를 보여주겠다는 것입니다. 그와 두 시간에 걸쳐 연구소를 둘러보며 과학자들의 곳간이라 불리는 샘플 보관실에서 수십억 년 전의 희귀 미생물들의 화석 표본을 현미경으로 살펴보는 황홀한 경험을 했습니다. 지금껏 다큐멘터리에서만 보던 모습이 눈앞에 펼쳐진 꿈 같은 현실을 맞이한 것입니다.

이번에야말로 진짜 마지막이라는 아쉬움에 인사를 건넸더니 마틴 박사는 더 놀라운 제안을 한 가지 더 건넸습니다. 보름 뒤 각 대륙을 대표하는 NASA 우주생물학자들이 이 도시에서 콘퍼런스를 한 뒤 탐험을 떠날 예정인데 같이 가지 않겠냐는 것입니다. 이런 우연한 기회에 여행사 가이드였던 저에게 본격적인 과학 탐험의 시발점이 열렸습니다.

탐험 첫날 트럭을 타고 캠핑을 했습니다. 23명의 과학자들은 모두 다양한 분야에서 엄청난 능력을 발휘하는 사람들이었습니다. 아웃백 전문 여행 가이드인 프랭크는 저와 더불어 탐험에 참여한 비과학자로 탐사 차량의 운전사였습니다. 그는 8t 트럭을 오프로드 주행용 버스로 개조해 탐사에 이용했습니다. 한 번의 주유로 1,500km를 이동할 수 있고 23인의 과학자가 열흘간 먹을 식량과 화장실까지 갖춘 어마무시한 버스입니다. 그래서 과학자들은 이 버스를 우주왕복선이라고 불렀습니다. 몸은 지구에 있지만 마음만은 이미 우주에 있는 것처럼 탐험하듯 이 자동차가 우리를 미지의 세계로 데려다주기 때문입니다.

독일에서 온 우주생물학자인 미셸은 탐사에서 얻은 미생물 표본을 국제우주정거장으로 운반할 예정이라고 했습니다. 우주 방사선에 노출시켜 살아남는 미생물을 집중적으로 연구해 화성 탐사에 가져간다는 것입니다. 미생물이 국제우주정거장에서 생존했다는 것은 화성에서도 생명체가 존재할 수 있다는 가설로 이어집니다. 그리고 우리가 화성에 갈 때 많은 짐을 가져갈 수 없는데 화성 탐사 우주인의 생리작용을 미생물을 통해 처리하는 방법을 연구할 수도 있습니다.

미국의 우주생물학자 브루스는 독특한 연구를 하는 과학자입니다. 우주 탐험에서 연료는 매우 중요합니다. 무작정 많은 양을 싣고 갈 수도 없고 주유소가 있는 것도 아니라 중간에 충전도 불가능합니다. 브루스는 화성과 목성 사이를 떠도는 소행성을 포착해 우주 탐사에 필요한 연료와 에너지를 얻자는 아이디어를 냈습니다. 황당한 것 같은 그의 생각은 실제로 채택되어 현재 연구가 진행 중입니다.

호주 국립대학에 근무하는 천체물리학자 루치나는 남편과 함께 탐험에 참여했습니다. 그녀의 남편 마르셀은 남자들의 영원한 로망인 할리 데이비슨의 바이크 재킷을 디자인합니다. 마르셀은 저에게 단 한 번도 똑같은 패턴의 옷을 만든 적이 없다며 자랑했습니다. 어떻게 그런 일이 가능한지 묻자 과학자 아내 덕분이라는 대답이 돌아왔습니다. 천체물리학자인 아내를 따라 전 세계의 유명한 천문대는 두루 섭렵했는데 그곳에서 본 성운, 성단, 별, 은하수 등 광활한 우주의 풍경에서 영감을 얻어 디자인에 투영시킨다는 것입니다. 그에게서 과학과 예술의 콜라보를 보면서 무궁무진한 과학의 세계를 다시금 깨달았습니다.

일반적으로 과학자라고 하면 떠오르는 이미지는 흰 가운, 더벅머리, 두꺼운 안경, 그리고 수학을 잘할 것 같은 고정관념에서 출발합니다. 저 역시 과학자들과 탐험을 하면 분주하게 화석 표본을 뽑고 그것을 현미경으로 들여다보면서 대부분의 시간을 보낼 것이라 생각했습니다. 그런데 탐험하는 동안 어느 과학자도 그런 모습을 보이지 않았습니다. 그들이 가장 많이 한 행동은 산책이었습니다. 하염없이 바닷가를 걷다가 스트로마톨라이트가 있는 인도양의 수평선을 지그시 바라보며 "아름답다" "환상적이다"라는 감탄사를 내뱉는 게 전부였습니다.

그동안 생각했던 과학자의 이미지가 완전히 무너진 것입니다. 그들에게 연구는 언제 하느냐고 묻자 지금 연구 중이라는 대답이 들려왔습니다. 대체 무슨 말인가 싶었는데 며칠을 함께 지내보니 자신이 관찰하려는 대상에 대한 애정의 깊이만큼 연구에 임하는 자세도 다르다는 것을 깨닫게 되면서 그 말이 이해됐습니다.

존 밸리라는 과학자는 탐험이 끝날 때까지 무려 5권의 탐험 노트를 적어냈습니다. 그에게 어차피 연구소에 가서 다시 노트북에 옮겨적을 텐데 왜 처음부터 노트북에 입력하지 않느냐고 물었습니다. 그는 디지털 장비로 기록을 남겼는데 장비에 문제가 생기면 어떡하느냐고 말했습니다. 자신이 관찰하는 대상을 직접 손으로 만져보고 그 느낌을 볼펜으로 꾹꾹 눌러 노트에 기록했을 때 온전히 자신의 연구가 된다는 것입니다. 최첨단 연구를 진행하는 NASA 과학자이지만 외부 탐사를 기록할 때는 150년 전 노트에 진화론을 기록한 찰스 다윈의 방식과 다를 게 없었습니다.

존 밸리는 저에게 탐험 노트를 기록하는 효율적인 방법을 알려주었습니다. 연필로 기록하는 노트 필기보다 폴라로이드 카메라를 추천했습니다. 무언가를 발견했다면 폴라로이드로 촬영한 뒤 그 밑에 두 가지만 적으면 됩니다. 먼저 사진 속 대상에 대한 팩트, 가령 암모나이트 화석이라는 명칭과 같은 것을 기록한 다음

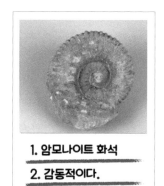

1. 암모나이트 화석
2. 감동적이다.

—— 탐험 노트 기록법

그것을 발견했을 때의 감상을 적는 것입니다. 이것을 연구소 벽에 붙여놓고 필요할 때마다 보면 발견했을 당시의 감정을 떠올리며 온전히 자신의 것으로 만들 수 있다고 합니다.

화성과 지형이 비슷한 서호주에서는 다양한 실험이 이루어지고 있습니다. 80쪽의 사진은 2030년 화성 탐사에서 착용할 우주복을 실험하는 모습입니다. 이때 주변의 원주민 마을에 사는 꼬마가 놀러 와 그 앞에 덥석 앉더니 "아저씨 뭐 하는 거예요?"라고 물었습니다. 아이의 질문에 우주인은 훈련을 멈추고 우주복 헬멧을 열었습니다. 그리고 "우리는 NASA에서 왔는데 앞으로 20년 뒤에 화성에 갈 거야. 그런데 너희 동네가 지구에서 화성이랑 제일 비슷해. 그렇기 때문에 우리가 이런 훈련과 연습을 하러 온 거야"라며 15분이 넘도록 설명했습니다. 아이는 무슨 말인지 이해하지 못하는 눈치였

—— 화성 탐사 우주복 실험

습니다. 우주복 테스트를 하려면 무려 15명의 스태프가 움직여야 합니다. 그런데 원주민 꼬마의 호기심에 답변해주기 위해 15명의 세계적인 과학자가 묵묵히 기다려주었습니다. 그 모습이 너무도 인상적이었습니다.

　내가 가진 지식의 가치는 이처럼 누군가와 나눌 때 더 커지는 것이 아닐까요? 내가 알고 있는 것을 누군가에게 알려주고 그것을 들은 사람들이 또 다른 사람한테 나의 어떤 지식을 알려준다면 지식이 문화가 되는 것도 그리 어렵지는 않을 것입니다. 짧은 시간이었지만 NASA 직원들을 통해 많은 것을 깨닫게 된 값진 경험이었습니다.

과학자들이 서호주로 가는 이유는?

지구는 산소가 풍부한 행성입니다. 공기의 20%를 산소가 차지하기 때문에 수많은 사람들이 호흡하며 사는 데 문제가 없습니다. 그런데 초기 지구는 대기 중에 산소가 없었습니다. 산소가 없으니 육상에는 생명체도 없었습니다. 당시 생명체라고는 바닷속 미생물뿐이었습니다. 이 미생물은 바닷속 유기물을 먹고 살았는데 어느 순간 먹이 경쟁이 벌어졌습니다. 생존 경쟁에서 도태된 미생물은 식량난을 해결하기 위해 빛을 이용해 영양분을 만드는 광합성을 하기 시작했습니다. 일반적으로 광합성은 식물이 하는 것으로 알려졌지만 그 이전에 미생물이 태양에너지를 이용해 시도했습니다. 광합성으로 에너지원을 섭취하고 그 찌꺼기로 산소가 만들어지는데 이것이 대기 중으로 올라오면서 산소 농도가 점점 높아지고 본격적으로 육상 생물이 출현하게 된 것입니다.

미생물의 광합성은 화성 탐사 연구에도 매우 중요한 의미를 가집니다. 미래에 인류가 화성에 갈 때 가장 필요한 것 두 가지만 꼽는다면 물과 산소입니다. 다행히도 화성의 극지방에는 다량의 얼음층이 있어 이를 활용하면 물을 확보할 수 있습니다. 그런데 산소는 문제가 다릅니다. 물론 지금의 과학기술로 이산화탄소에서 산소를 분리해낼 수 있지만 여러 명이 호흡하기에는 양이 너무 적습니다. 그래서 1990년대 초에 '테라포밍Terraforming'이라는 개념이 등장했습니

— 스트로마톨라이트

다. 박테리아처럼 산소를 만드는 미생물을 화성에 이식하면 수세대 뒤에는 지구 생태계와 흡사하게 변해 화성의 대기가 오늘날 지구처럼 산소가 풍부해질 것이라는 생각입니다. 테라포밍은 대지(terra)와 형성(forming)이라는 단어를 합쳐 만든 말로 지구 생물이 거주할 수 있도록 행성을 개조하는 것입니다. 최근 화성 탐사가 다시 주목받으면서 테라포밍을 다시 구체적으로 연구하기 시작했습니다.

그런데 23명의 과학자들은 왜 서호주 사막을 탐험 장소로 선택한 것일까요? 서호주 지역이 지구상에서 화성과 가장 유사한 지형을 가진 것도 이유가 되지만 또 다른 관점에서 중요한 것이 있습니다. 사진 속 버섯처럼 생긴 저 돌 때문입니다. '스트로마톨라이트'라는 저 돌의 별명은 숨 쉬는 바위입니다. 언뜻 평범해보이는 바위지

—— 스트로마톨라이트 화석

만 이는 지구 생명체의 기원을 이해하는 중요한 단서입니다.

　NASA 과학자들은 물속에서 스트로마톨라이트가 공기방울을 뿜어내는 것을 관측해 표본을 뽑습니다. 이는 아직도 광합성으로 산소를 만들어내는 미생물이 이 암석에 살고 있다는 뜻이기 때문입니다. 스트로마톨라이트는 햇빛을 잘 받아 광합성을 하기 위해 주로 수심이 얕은 해안가에 군락을 이루고 있습니다.

　화성과 지형이 유사한 서호주에서 NASA 과학자들의 연구를 단적으로 보여주는 것이 위의 사진입니다. 서호주에는 80m가 넘는 수직절벽이 있습니다. 여기에는 스트로마톨라이트 화석이 도배되어 있습니다. 해변가에 있는 스트로마톨라이트를 반으로 뚝 자르면 이러한 단면을 볼 수 있습니다. 스트로마톨라이트 화석이 이런 내륙지방에서 발견된 것은 과거 이 지역이 얕은 해안가였음을 뜻합니다. 이 화석을 분석해보면 수십억 년 전의 환경 조건이나 당시 존재했던 미생물을 유추할 수 있습니다.

NASA 본부 행성과학자로 호주에서 화성 탐사 로봇 프로젝트를 주도하고 있는 미치 슐티 박사에게 인간이 이렇게까지 화성에 가고 싶어 하는 이유를 물었습니다. 그는 이렇게 대답했습니다.

"인류는 항상 우리 세계 밖의 것에 대해 호기심을 가지고 있습니다. 호기심은 인간의 본성입니다. 그 호기심은 유럽인이 탐험을 떠나 신대륙을 찾아 나서게 한 원동력이었습니다. 화성에서도 이곳 서호주와 같이 암석에서 생명체의 증거를 발견할지도 모릅니다."

미치 박사는 탐사 마지막 날 저에게 화성에 가본 적이 있냐고 물었습니다. NASA도 못 가본 제가 화성에 가봤을 리 없습니다. 화성은 못 가봤지만 우리나라에 화성이라는 도시가 있다며 농담을 건넸습니다. 그러자 그는 씩 웃으며 "무슨 소리야, 여기가 화성이잖아!"라고 말했습니다. 85쪽의 사진을 보면 어느 곳이 화성이고 어느 곳이 지구인지 헷갈릴 것입니다.

두 사진의 차이는 하늘 색깔밖에 없습니다. 지구 대기에는 산소가 있기 때문에 푸른색을 띤다는 것 외에는 오늘날의 화성과 다를 게 전혀 없습니다. 우리가 타임머신을 개발해 과거의 지구로 돌아간다면 화성처럼 대기에 산소가 없어서 잿빛을 띠고 있는 모습과 크게 다르지 않을 것입니다.

—— 지구(상)와 화성(하)의 차이는?

탐험이 만든 새로운 문화

과거에 탐험은 소수만 누릴 수 있었던 특권이었습니다. 정부가
주도하는 프로젝트에 참여하거나 돈이 많아야 가능하던 일이 기술

의 발달과 네트워크의 확장으로 누구나 탐험할 수 있는 시대가 도래했습니다. 그 포문을 연 대표적 인물이 프랑스의 해양탐험가 '자크 쿠스토Jacques Cousteau' 선장입니다. 스킨스쿠버 장비를 개발해 스쿠버다이빙의 아버지로 불리기도 하는 그는 제2차 세계대전이 끝나고 칼립소 호라는 폐전함을 한 대 매입했습니다. 그리고 1년에 한 번씩 프랑스 국민을 대상으로 탐사대원을 모집해 해양 탐사를 떠났습니다. 놀라운 것은 1년간 전 세계 바다를 탐험한 자료를 모두 공개한다는 것입니다.

덕분에 그는 해양 탐사 대중화에 기여한 것은 물론 프랑스 국민의 과학지식을 넓혀준 대표적인 인물로 추앙받고 있습니다. 한때는 프랑스 대통령 후보로 거론되기도 했습니다. 프랑스 국민들은 진정한 리더는 정치를 잘하는 정치꾼이 아니라 우리의 의식과 우리의 지적 수준을 높이고 앞으로 나아가야 할 방향을 알려줄 때 자격을 가질 수 있다고 생각합니다. 자크 쿠스토가 오래도록 칭송받는 이유가 여기 있습니다.

최근에는 다양한 사람들이 탐험을 통해서 새로운 인사이트와 문화를 만들어가고 있습니다. 우리는 제임스 캐머런James Cameron을 영화감독으로만 알고 있습니다. 사실 그는 〈내셔널 지오그래픽〉의 공인 탐험가입니다. 그는 영화 〈타이타닉〉으로 전 세계의 흥행사를 갈아엎은 뒤 차기작 〈아바타〉를 내놓기까지 7년간 행방이 묘연했습니다. 집요한 기자들이 추적 끝에 밝혀낸 것은 직접 잠수함을 만들어 NASA 과학자들과 지구에서 가장 깊은 1만 5,000m 깊이의 마리아나 해구 탐사에 성공했다는 사실입니다.

— 제임스 캐머런이 제작한 잠수함

그런데 그가 자체 제작한 잠수함 때문에 잠수함계에 일대 혁신이 일어났습니다. 지난 150년간 잠수함은 바닥 면적이 넓은 탓에 물의 저항을 받아 속도가 느리고 지표에 닿는 순간 모래 먼지가 일어 앞이 보이지 않았습니다. 이는 탐사에 치명적 약점입니다. 이에 제임스 캐머런은 접촉면을 최소화할 수 있게 볼펜 모양의 길쭉한 잠수함을 만들어 탐험에 나섰습니다.

그는 지난 40년간 물속에서 3,000시간, 잠수함에서만 500시간을 보냈습니다. 잠수함을 제작한 뒤에는 직접 조종술을 배워서 심해 1만 5,000m를 탐사했습니다. 지구상에서 가장 깊은 해구 탐사는 영화감독의 상상력 덕분에 이루어진 것입니다.

제임스 캐머런의 심해 탐사는 새로운 심해생물을 관찰하고 다양한 암적 실효와 토양 실효를 분석할 수 있게 해주며 과학 발전에 커다란 기여를 했습니다. 그가 심해 탐사에 나선 가장 큰 이유는 앞으로 만들 영화 〈아바타 2〉의 배경이 심해이기 때문입니다. 직접 심해를 경험해 더 완벽한 영화를 만들겠다는 그의 끝없는 호기심이 영화에 고스란히 담길 것입니다.

제임스 캐머런의 행보는 여기서 끝나지 않습니다. 그는 우주에서도 3D 촬영이 가능한 특수 카메라를 제작해 NASA에 기증했습니다. 이를 탐사 로봇의 눈에 해당되는 마스터 캠에 사용해 보다 생생한 우주를 촬영할 수 있도록 한 것입니다. 그는 우주에서 3D 촬영이 가능한 탐사 로봇이 화성의 생생한 모습을 촬영해 지구로 전송한다면 그래픽을 사용하지 않은 완벽한 우주 영화를 만들 수 있다고 생각했습니다. 몇 해 전 그가 한 강연에서 "연출자의 역할은 관객이 한 번도 경험해보지 못한 공간을 구현해내야 한다. 시나리오는 그다음이다"라고 한 말이 끝없는 탐험 정신으로 이어진 것 같습니다.

또 다른 탐험가 한 사람을 소개하겠습니다. 전기 자동차인 테슬라 모터스와 우주로 화물을 배송하는 스페이스 X라는 스타트업의 CEO '일론 머스크Elon Musk'입니다. 그는 2016년 멕시코에서 열린 우주 학회에서 2022년에 NASA보다 더 먼저 화성에 갈 것이라고 말했습니다. 과연 가능할까요?

사실 로켓에 우주선을 실어서 화성까지 가는 것은 기술적 측면에서 어려운 일이 아닙니다. 문제는 비용입니다. 우주선을 우주로 보낼 때마다 새롭게 로켓을 만들어야 하므로 로켓 발사 때마다 천문학적인 수치의 비용이 발생합니다. 이 문제를 해결하기 위해 일론 머스크가 한 가지 아이디어를 냈습니다. 재활용 가능한 로켓을 만들자는 것입니다.

보통 우주선을 실은 로켓은 대기권으로 날아가 우주선을 궤도에 올려놓은 뒤 바다로 풍덩 빠집니다. 그런데 일론 머스크가 개발한 로켓은 마치 되감기 버튼을 장착한 것처럼 부스터가 가동해 출발했던 지점으로 다시 착륙합니다. SF 영화 같은 이 일을 일론 머스크는 15회 이상 성공시켰습니다. 덕분에 로켓 발사 비용을 100분의 1 수준으로 떨어졌습니다. 이제 편도에서 왕복까지 가능해진 로켓은 화성 이주 프로젝트의 가능성을 보여준 성과라 할 수 있습니다. 과거에는 SF가 공상과학이라는 뜻의 'Science Fiction'의 약자였지만 이제는 'Science Fact', 즉 현실이 될 날이 멀지 않았습니다.

지난 수십 년간 NASA가 명왕성의 이미지를 관측한 이미지의 변천사입니다. 1996년 명왕성의 모습은 실체를 알 수 없습니다. 2005년의 모습은 태양처럼 반사하는 행성이라는 것만 파악할 정도로 명왕성은 작고 먼 신비로운 행성이었습니다. 그리고 2015년에 드디

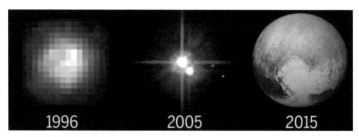

—— 명왕성의 모습 변천사

어 미국의 '뉴 허라이즌스'라는 탐사선이 명왕성 근접촬영에 성공했습니다. 저 한 장의 이미지를 관측하는 데 무려 20년이라는 시간이 걸렸습니다.

그런데 저는 더 놀라운 이야기를 들었습니다. 1996년 시작된 명왕성 관측 프로젝트에 참여한 과학자들이 지금까지도 거의 바뀌지 않고 그대로 연구를 하고 있다는 것입니다. 20년간 변함없이 같은 대상을 탐험할 수 있었던 원동력은 무엇일까요? 그들의 마르지 않는 호기심이 아니었다면 아마도 우리는 명왕성의 아름다운 모습을 보지 못한 채 너무도 먼 행성으로만 알았을 것입니다. 호기심은 과학 발전의 진정한 원동력입니다.

지난 10년간 탐험을 하면서 가장 많이 들었던 질문은 한국에 들어오면 또 떠나고 싶은 마음이 들지 않느냐는 것이었습니다. 경이로운 자연의 세계를 경험하고 나면 일상이 무료해지지 않을까 하는 걱정에서 우러나온 것입니다. 처음에는 그런 생각이 들기도 했습니다. 하지만 시간이 지날수록 조금씩 달라졌습니다. 오히려 탐험을 통해 일상이 특별해지는 경험을 한 것입니다. 구름이 많아서 별이 보이지 않으면 그 너머의 별자리를 상상하거나, 바닷가 방파제에 쌓인 암석을 보며 지구의 역사를 되짚어보게 됐습니다.

탐험이라는 것이 꼭 미지의 세계로 떠나야 하는 것은 아닙니다. 일상 속에서도 우리가 얼마나 관점을 달리하느냐에 따라 얼마든지 탐험을 즐길 수 있습니다. 그래서 저는 탐험의 정의를 '우연한 발견을 통한 인식의 변화라고 새롭게 내리고 싶습니다. 그리고 더욱 많은 사람들이 일상에서 우연한 발견을 통해 탐험을 즐기는 날이 오기를 기다립니다.

• 유현준 •

하버드 대학교 졸업 후 세계적인 건축가 리처드 마이어 사무소와 MIT 건축연구소에서 활동했다. 2009년 젊은 건축가상, 2010년 건축문화공간대상 대통령상, 2013년 김수근 건축상 프리뷰상, 2016년 대한민국 공공건축상 최우수상, 2017년 아시아건축사협회 건축상, 시카고 아테네움 국제 건축상 등을 수상했다. 현재 홍익대학교 건축대학 교수 및 ㈜유현준건축사사무소 대표 건축사로 활동 중이다. 저서로 《도시는 무엇으로 사는가》《현대건축의 흐름》 등이 있다.

뜨는 도시의 법칙

도시는 인간이 만든 최고의 발명품입니다. 도시 안에는 그 시대를 대변하는 최고의 기술력이 집약되어 있으며 좀 더 세밀히 들여다보면 우리를 조종하는 코드가 숨어 있습니다. 과연 각 나라를 대표하는 세계적인 도시는 어떤 기술력을 갖췄고, 우리가 걷고 싶은 거리에는 어떤 코드가 숨어 있을까요? 도시를 만든 것은 인간이지만 도시로부터 가장 큰 영향력을 주고받는 것 또한 인간입니다. 도시 곳곳에 숨어 있는 다양한 코드와 건축을 보는 새로운 시각을 통해 뜨는 도시의 법칙을 살펴보고 인간과 건축이 함께 진화하는 방법을 모색하고자 합니다.

인구가 증가해 도시가 형성되었을 때 가장 필요한 것은 무엇일까요? 도시라는 틀을 갖추기 위한 가장 기본적이고 본질적인 조건은

'물'입니다. 물이 부족한 도시는 유지가 어렵기 때문입니다. 인류 역사에서 제대로 조건을 갖춘 최초의 도시는 고대 로마라고 할 수 있습니다.

물을 제대로 다루는 도시가 뜬다

고대 로마제국은 근대 이전까지 서양에서 가장 규모가 크고 그에 비례하는 어마어마한 인구를 갖춘 도시였습니다. 전성기 시절 인구는 약 100만 명에 달했습니다. 문제는 그 많은 인구를 먹여 살릴 만한 물이 없었다는 것입니다. 로마를 가로지르는 테베레강이 있지만 한강보다 규모가 작은 그 강 하나로는 턱없이 부족했습니다. 다음 사진은 약 2,000년 전 로마의 모습을 재현한 모형입니다.

── 2천 년 전 로마 시대 복원 모형

오른쪽의 동그란 건물은 우리가 잘 아는 콜로세움입니다. 가운데 우뚝 솟은 담장처럼 보이는 것은 수도교水道橋입니다. 아치 구조로 되어 있는 이 다리는 머나먼 곳에서 물을 끌어와 도시에 공급하기 위해 지은 것입니다. 아래 사진에서 보는 것처럼 수도교 아래로 물이 흐르고 있습니다. 그런데 당시에는 펌프라는 것이 존재하지 않았기 때문에 오로지 중력만을 이용해 물을 끌어와야 했습니다. 즉 수십 킬로미터 떨어진 곳에서 해발고도로는 몇 미터밖에 차이 나지 않는 로마까지 수평에 가까운 완만한 기울기를 이용해 물을 끌고 와 도시 사람들에게 공급한 것입니다.

— 로마의 수도교

로마를 상징하는 대표적 명소 중 하나는 '트레비 분수'입니다. 로마를 거닐다 보면 분수의 도시라 불릴 정도로 도시 곳곳에 분수가 많다는 것을 알 수 있습니다. 이들 분수에는 한 가지 공통점이 있습니다. 'S.P.Q.R.'이라는 문자가 새겨져 있다는 것입니다. 'Senatus PopulusQue Romanus'의 약자로 직역하면 '로마 원로원과 시민'이라는 뜻입니다. 이 문자는 분수뿐 아니라 맨홀 뚜껑에도 새겨져 있습니다. 로마시가 관리하는 공공수도를 나타내는 것으로 오늘날 상수도의 원조 격이라 할 수 있습니다. 이러한 상수도 체계 덕분에 로마 시민들은 물을 풍족하게 사용했습니다.

── 로마 분수와 맨홀 뚜껑 속 S.P.Q.R.

물이 도시 형성에 가장 필요한 자원이라면 가장 큰 걸림돌이 되는 것은 무엇일까요? 인간은 자신의 유전자를 후대에 남기고자 하는 본능 때문에 모여 살 수밖에 없습니다. 그 외에도 경제, 문화 등 다양한 이유로 공동체를 형성해 왔습니다. 이런 인구 밀집을 막는 유일한 것이 바로 '전염병'입니다.

—— 흑사병 치료

사진은 유럽에서 흑사병이 유행했던 시기의 모습입니다. 사진 속 사람들은 코가 길게 나온 가면을 쓰고 있습니다. 이 모습을 죽음의 사자라고 표현하기도 하는데 사실은 의료 마스크를 쓴 것입니다. 전염병에 걸린 환자를 치료할 때 환자에게 너무 가까이 다가가지 않도록 코를 길게 뽑아 거리를 두도록 했습니다. 나름 전염병을 피하기 위해 고안한 것입니다. 그럼에도 당시에 죽어 나가는 사람은 넘쳐났고 시신을 옮기는 모습은 마치 저승사자처럼 보였습니다.

유럽 전역을 휩쓴 흑사병을 단번에 해결한 도시는 파리입니다. 과거의 파리는 위생이 불량했던 도시로 악명 높았습니다. 루이 14세 같은 왕도 목욕을 1년에 한두 번밖에 하지 않았고, 심지어 베르사유 궁전에는 화장실도 없었습니다. 화장실이 없으니 오물은 창밖으로 투척해 처리했고 그로 인해 거리에는 분뇨와 오물이 난무하고 악취가 진동했습니다. 이는 지하수를 비롯한 물을 오염시켰고 결국 장티푸스와 콜레라 같은 수인성 전염병이 들끓었습니다. 더는 관망하고만 있을 수 없던 파리는 하수도 시스템을 개발했습니다. 그리고 단번에 악취와 오물에서 벗어나 위생적인 도시로 탈바꿈했습니다.

우리는 현대의 파리를 문화의 도시라고 평가합니다. 이는 모두 하수도 시스템 덕분이라 할 수 있습니다. 파리 루브르 박물관에서 전시 중인 그림 중 가장 유명한 것은 〈모나리자〉입니다. 이는 이탈리아인의 작품입니다. 오르세 미술관에서 가장 유명한 전시는 고흐의 작품들입니다. 그 역시 네덜란드 출신입니다. 파리가 하수도 시스템으로 전염병을 해결하자 사람들이 모여 살기 시작했고, 인구 증가는 경제적 부를 축적하게 해주었습니다. 부자가 많은 지역은 그림을 파는 화가들이 가장 선호하는 곳입니다. 이렇듯 자연스럽게 예술가가 증가하면서 파리는 문화의 도시로 자리 잡았습니다.

물 부족으로 위기를 겪던 로마는 수십 킬로미터에 다다르는 상수도 설치 덕분에 인류 역사상 최초의 거대 도시를 이룰 수 있게 되었습니다. 그리고 분뇨로 인한 악취와 전염병이 들끓던 파리는 하수도 시설을 통해 위생적인 도시로 탈바꿈하는 계기를 마련했고, 덕분에 전 세계 예술가들이 몰려옴으로써 유럽을 대표하는 문화의 도시가 될 수 있었습니다. 이처럼 물을 잘 다루는 기술이 첫 번째 뜨는 도시의 법칙입니다.

건축으로 보는 권력 구조

　파리라는 도시의 또 다른 특징은 직선 도로망을 갖췄다는 것입니다. 여기에는 정치적 이유가 존재합니다. 1789년 프랑스 혁명이 일어납니다. 시민들의 봉기로 루이 16세가 처형되자 권력자들은 자신도 언제 죽을지 몰라 불안해했습니다. 그들의 신경은 온통 시민들의 봉기를 막을 방법으로만 향했습니다.

　나폴레옹 3세는 고민 끝에 엄청난 돈을 들여 모든 건물을 부수고 사진 속 방사상 구조와 같이 새롭게 도시를 설계했습니다. 봉기한 시민들이 12개의 간선도로로 쏟아져 나올 때 한가운데 있는 개선문의 옥상에서 대포를 쏘아 가장 짧은 시간에 효과적으로 진압하고자 한 것입니다. 여기서 우리는 건축을 통해 권력의 구조를 파

—— 파리의 방사상 구조

악할 수 있습니다. 바로 중심에 있을수록 권력이 크고, 중심 밖에 있을수록 권력이 작다는 것입니다.

이를 극단적으로 보여주는 건축은 '팬옵티콘 감옥'입니다. 영국의 법학자이자 철학자, 공리주의자인 '제러미 벤담Jeremy Bentham'이 설계했습니다. 공리주의는 최대 다수의 최대 행복의 실현을 윤리적 행위의 목적으로 보는 사상입니다. 따라서 공리주의자가 설계한 감옥은 최소한의 간수로 최대한의 죄수를 감시하는 방식을 추구합니다. 가운데 감시탑 하나를 만들어놓고 수백 명의 죄수를 감시하는 시스템을 설계한 것입니다.

사진을 보면 알 수 있듯이 가운데 감시탑은 창문이 매우 작아서 내부는 늘 어두운 상태입니다. 반면 죄수들의 방은 안이 훤히 들여다보일 정도로 밝습니다. 즉 감시자의 모습은 잘 보이지 않고 감시당하는 죄수들의 모습은 너무 잘 보입니다. 매복 상태에서 감시하던 간수들은 죄수가 잘못을 저지를 때마다 엄벌했고 이를 본 죄수들은 알아서 조심할 수밖에 없습니다. 더 놀라운 것은 감시탑 가운데 나선형 계단이 있는데 이를 통해 간수는 죄수들 모르게 퇴근한다는 것입니다. 그럼에도 죄수들은 감시탑 안이 보이지 않아 간수의 부재를 인식하지 못합니다. 이쯤 되면 간수가 죄수를 감시하는 것이 아니라 공간이 죄수를 감시하는 구조라고 할 수 있습니다.

팬옵티콘 감옥에서 배울 수 있는 것은 나를 드러내지 않고 타인을 관찰할 때 권력이 상승한다는 사실입니다. 타인이 나를 보는지

— 팬옵티콘 감옥 내부

안 보는지 모르는 상태에서 내가 노출되면 권력을 빼앗깁니다. 아파트의 층이 높을수록 가격이 비싸고 높은 건물의 꼭대기 층을 펜트하우스라 칭하는 것도 자신을 감추기에 적합하기 때문입니다. 나를 숨긴 상태에서 다른 사람을 훔쳐보는 것을 관음증이라고 합니다. 사실 우리는 모두 관음증 환자입니다. 일상 속에서 관음증을 즐기고 있기 때문입니다. 관음증이 드러나는 가장 대표적인 공간은 극장입니다. 우리는 어두운 객석에서 배우들의 움직임을 훔쳐보면서 욕망을 충족합니다. 흔적을 남기지 않고 헤어진 여자친구의 SNS를 몰래 훔쳐보는 것 역시 관음 행위입니다.

인간이 관음 행위를 하는 이유는 과거 수렵 채집 시기를 거쳤기 때문입니다. 동물 사냥은 염탐이 가장 기본입니다. 자신의 존재를 들키면 식량을 구하지 못하거나 맹수에게 잡혀 생명이 위험해집니다. 결국 나를 숨기고 적을 지켜봐야만 생존할 수 있었고, 그렇게 살아남는 사람들의 후손인 우리는 본질적으로 관음 본능을 가지고 태어났습니다.

이제 권력의 구조에서 볼 때 꼭대기 층인 펜트하우스가 가장 비싼 것은 수긍이 갈 것입니다. 그런데 같은 꼭대기 층인 옥탑방은 왜 가장 쌀까요? 무엇보다 큰 이유는 보안 문제입니다. 옥탑방은 침범이 쉽습니다. 한마디로 누구든 들어갈 수 있는 구조입니다. 학창시절 옥탑방에서 자취하던 제 친구 말로는 두 달에 한 번꼴로 빈집털이의 습격을 받았다고 합니다. 누구나 갈 수 있는 공간은 권력을 가질 수 없습니다. 반대로 이야기하면 접근이 어려울수록 많은 권력을 가질 수 있다는 뜻입니다. 몇 해 전 도곡동 주상복합 펜트하우스에 사는 친구를 방문했을 때 저는 접근의 어려움을 확실하게 경험했습니다. 1단계로 주차장에 들어갈 때 경비원이 막습니다. 2단계는 자동차를 주차한 뒤 엘리베이터를 탈 때 인터폰을 확인해 접근을 막습니다. 그리고 엘리베이터를 타고 1층에서 내리면 3단계로 안내 데스크에서 한 번 더 점검합니다. 친구의 집에 들어서기까지 최소 세 번을 저지당한 것입니다. 그 과정에서 저는 '이 친구가 성공했구나!' 하고 생각했습니다. 상대를 만나기 어렵게 만드는 장치가 많을수록 그 상대가 가진 권력이 많고, 그만큼 성공했다고 여기기 쉽습니다.

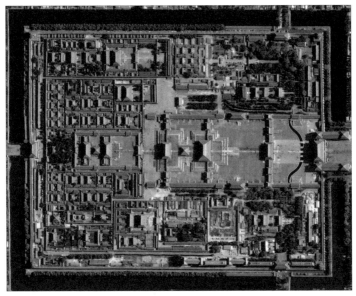

— 자금성 구조

　권력 구조가 드러나는 또 하나의 대표적인 건축물은 자금성입니다. 사진에서 보듯이 자금성은 철저하게 담장으로 둘러싸여 있으며 이는 다시 성 밖을 둘러싼 못인 해자가 감싸고 있습니다. 당연히 아무나 들어갈 수 없는 곳이었습니다. 건축 공간에서 물이 있는 곳은 성스러움을 나타내는 공간입니다. 《그리스 로마 신화》에도 죽으면 5개의 강을 건너야 한다는 내용이 있을 정도로 물은 중요한 의미를 담은 공간을 뜻합니다.

　만일 조선의 사신이 자금성을 찾는다면 어떤 풍경이 벌어질까요? 3개월을 고생해 만주를 거쳐 자금성 앞에 다다랐다면 가장 먼저 칼을 차고 해자 주변을 지키는 문지기의 확인을 받아야 합니다. 그다음 한 번 더 수水 공간을 통과한 뒤 다리를 건너고, 여러 개의 문을 거치며 신분 확인 절차를 거칩니다. 여러 차례의 확인 끝에 겨우 태화전에 이르면 화려한 용의 조각이 새겨진 수십 개의 높은 계단 위에 황제가 앉아 있을 것입니다. 황제와 사신 사이에는 수백 명의 신하가 머리를 조아리며 서 있습니다. 이러한 과정에서 사신은 저절로 황제와 자신의 신분 차이를 체감합니다. 이처럼 공간 구조만으로도 보이지 않게 권력을 생성하고 상대를 조종할 수 있습니다. 타인과 나 사이에 공간이 주는 여러 장치는 권력 구조를 개편하는 역할을 합니다. 상대를 향해 많은 장치를 만들어낼수록 그 공간에 존재하는 내가 중요한 사람이 되는 것입니다.

몇 개의 장치를 설치해 권력을 부여하는 가장 일상적인 공간은 바로 나이트클럽입니다. 아무나 들여보내지 않고 일부는 입장을 거부하는 장치가 클럽이라는 공간을 특별하게 만들어줍니다. 그리고 장치를 통과해 클럽에서 춤추는 자신을 특별한 존재라고 여기는 것입니다. "나 아직 안 죽었어!"라는 말은 우리를 조종하는 공간의 장치가 반영된 것이라 할 수 있습니다.

런던과 뉴욕이 뜬 이유

지금까지 로마와 파리라는 도시를 살펴보았습니다. 이번에는 런던입니다. 세 곳은 이탈리아, 프랑스, 영국이라는 한 시대를 주름잡았던 나라를 대표하는 수도이지만 대단한 '도시 시스템'을 만든 곳이기도 합니다. 로마가 상수도, 파리가 하수도 시설을 만들었다면 런던은 과연 어떤 도시 시스템을 만든 것일까요?

빅벤은 런던을 대표하는 건축물입니다. 우리가 산업혁명 이전의 건물과 이후의 건물을 구분할 수 있는 가장 쉬운 방법은 빅벤과 같이 건물에 시계가 달렸는지를 확인하는 것입니다. 직장인들이 가장 힘들어하는 것은 매번 정해진 시간까지 출근하는 일입니다. 출근이라는 개념은 사실 산업화와 함께 등장했습니다. 그 전까지는 농경사회였기에 오늘날과 같은 출퇴근 개념이 없었습니다. 아침에 해가 뜨면 밭으로 나가고 해가 지면 집으로 돌아왔습니다. 이런 생활을 하던 사람들이 도시로 와서 공장에 취직해 정해진 시간에 출

—— 런던의 빅벤

근하는 것이 쉬울 리 없습니다. 출근 시간을 지키지 않는 노동자는 너무 많았고 정해진 시간에 집을 나서는 것을 어려서부터 교육하기 위해 등장한 것이 학교입니다. 초등학교부터 고등학교까지 12년 동안 훈련받은 사람들이 졸업 후 9시까지 출근하는 직장인이 되는 것입니다. 우리가 지금 직장 생활을 할 수 있는 것은 학교에서 오랜 시간 앉아 있는 훈련을 한 덕분입니다.

영국인들은 산업혁명으로 경제적 부를 얻는 대신 건강을 잃었습니다. 엄청난 양의 화석연료를 태우느라 공기가 걷잡을 수 없이 나빠지면서 당시 공장지대 노동자의 평균수명은 20대 후반에 불과했습니다. 영아 사망률이 크게 증가했기 때문입니다. 성인도 40세 이전에 단명하는 경우가 많았습니다. 그동안 인류는 수렵채집을 거쳐 농사까지 자연 속에서 노동했습니다. 그런데 산업혁명 이후에는 자연과 분리돼 실내에서 일했고 많은 문제가 발생한 것입니다.

런던 사람들은 문제 해결을 위해 도심 속에 자연을 만들기로 합니다. 명예혁명으로 왕실의 권위가 약해지면서 과거 왕실의 정원이자 사냥터였던 하이드 파크를 시민에게 개방했습니다. 도심 속에 공원을 디자인한 대표적인 도시가 된 것입니다.

로마의 상수도, 파리의 하수도와 직선 도로망, 런던의 공원을 모두 갖춘 도시가 있습니다. 뉴욕이 대표적입니다.

사진 속 센트럴 파크는 하이드 파크를 흉내 내서 만든 것으로 주변에 격자형의 직선 도로망이 있습니다. 상하수도 시설도 당연히

—— 뉴욕 맨해튼 센트럴파크

완비되어 있습니다. 여기에 뉴욕이 다른 도시와 완전히 차별화할
수 있는 특별한 시스템이 한 가지 더 있습니다. 뉴욕이라는 도시를
완전히 바꿔버린 엘리베이터와 전화
기입니다.

'엘리샤 오티스Elisha Otis'는 세계 최
초로 로프가 끊어져도 안전한 엘리베
이터 안전장치를 개발했습니다. 그림
아래쪽을 보면 양옆에 톱니가 뾰족하
게 튀어나와 있습니다. 이것이 제어장
치 역할을 합니다. 오티스는 자신이
개발한 엘리베이터를 뉴욕 국제박람

—— 엘리샤 오티스의 엘리베이터

회 등에서 시연했고 많은 사람들이 건물에 엘리베이터를 설치했습니다. 그 전까지만 해도 건물의 높은 층일수록 하층민이 살았습니다. 올라가기 힘들었기 때문입니다. 집주인은 침수의 위험과 소음에서 벗어난 2층에 주로 거주했습니다. 그런데 엘리베이터의 등장으로 전세는 완전히 역전됐습니다. 고층 빌딩이 우후죽순처럼 들어섰고 부자일수록 고층에 거주했습니다. 로마, 파리, 런던과는 다른 뉴욕에서만 볼 수 있는 새로운 모습의 도시가 형성된 것입니다.

이러한 변화는 경제에도 영향을 미쳤습니다. 2층 건물이 대부분인 유럽의 도시들과 수십 층의 건물이 빽빽한 뉴욕의 경제활동을 비교해보겠습니다. 가령 옷을 만들어서 팔 경우 유럽은 목화를 따서 실 공장에 보내고 다시 마차를 타고 옷감 공장을 거쳐 옷 공장으로 갑니다. 완성된 옷은 마차를 이용해 옷 가게로 이동합니다. 그리고 마차를 타고 온 손님이 옷을 살 때까지 기다려야 합니다. 반면 뉴욕은 목화를 따서 건물 안으로 가져가 엘리베이터를 타고 4층의 실 공장, 3층의 옷감 공장, 2층의 옷 공장을 거쳐 1층 옷 가게로 보냅니다. 가게에 전시된 옷을 구매하는 고객은 같은 건물의 5층부터 30층까지 거주하는 사람들입니다. 뉴욕의 경제 순환 속도는 유럽과 비교조차 불가할 정도로 빨랐습니다. 이를 계기로 미국 경제는 유럽을 추월했습니다. 여기에 전화기까지 발명하면서 빠른 소통이 가능해져 경제 발전은 더욱 가속화되었습니다.

도시는 살아 있다

2002년 노벨생리의학상을 받은 미국의 생물학자 로버트 호비츠 Robert Horvitz 교수는 선충의 DNA를 분석했습니다. 그 결과 때가 되면 알아서 자살하는 세포사멸 유발 유전자를 발견했습니다. 우리 몸은 약 3년 주기로 세포사멸을 거쳐 새로운 세포로 교체됩니다. 도시도 이와 같습니다. 변하지 않는 것 같지만 끊임없이 건물을 부순 자리에 새 건물을 짓거나 인테리어를 고치고, 새로운 고속도로가 뚫리는 등 성장과 발전을 거듭하며 진화하는 중입니다. 도시의 주기는 짧게는 수백 년에서 길게는 수천 년에 걸쳐 새롭게 교체됩니다. 인간의 라이프스타일보다 훨씬 긴 주기를 가진 도시는 우리가 제어할 수 있는 영역이 아닙니다. 도시는 유기체처럼 살아 있으며, 스스로 길을 찾아 나서는 존재이기도 합니다.

엘리베이터와 전화에 이어 도시를 바꾼 또 다른 발명품은 자동차와 도로입니다. 과거에는 옹기종기 모여 사는 형태로 도시가 형성되었습니다. 그런데 자동차와 도로가 생겨나면서 출퇴근만 가능하면 어디서든 살 수 있게 되면서 삶의 터전을 교외로 옮기기 시작했습니다. 그러자 텅 빈 도시 곳곳에 할렘Harlem이 만들어졌습니다. 할렘은 범죄율 증가와 부동산 가격의 하락을 가져왔습니다. 이로 인해 세금이 부족해지면서 경찰 인원이 축소되었고 범죄율이 더욱 높아지는 악순환이 발생했습니다.

스탠퍼드 대학 심리학과 교수 필립 짐바르도Philip Zimbardo는 도시를 대상으로 하나의 실험을 진행했습니다. 치안이 허술한 골목 두 곳에 각각 보닛을 열어둔 자동차를 세웠습니다. 이때 한 대의 자동차만 유리창을 깨놓았습니다. 그리고 며칠 동안 사람들의 행동을 관찰했습니다. 그 결과 유리창이 안 깨진 자동차는 멀쩡했지만 유리창이 깨진 자동차는 10분 만에 배터리가 털렸고 하루도 채 지나지 않아 거의 모든 것이 사라졌습니다. 깨진 유리창 하나만 방치해도 그 지점을 중심으로 더욱 큰 범죄가 벌어진다는 이 실험을 '깨진 유리창의 법칙'이라고 부릅니다.

도시도 마찬가지입니다. 빈집이 하나 생기고 그곳의 유리창이 한 장만 깨져도 그 주변은 급속도로 범죄가 확산되며 죽은 거리가 됩니다. 사실 과거의 할렘은 브라운스톤이라는 동네로 유복한 유대인이 살던 지역이었습니다. 그런데 주민들이 차례로 교외로 주거지를 옮기면서 범죄율 높은 할렘이 된 것입니다.

뉴욕은 골칫거리로 전락한 할렘 문제 해결을 위해 거리 전체를 개발했습니다. 수십 채의 건물을 고친 뒤 가장 먼저 전문직에 종사하는 흑인들을 이 도시로 유입했습니다. 뒤이어 교육열이 높은 동양인이 정착하도록 했습니다. 그러자 학군이 좋아지면서 자연스럽게 백인이 흘러들어왔습니다. 이런 식으로 슬럼화된 도시를 개선해 나갔습니다.

걷고 싶은 거리가 되었는가

　뉴욕의 거리 하면 높은 빌딩, 바쁘게 걷는 직장인, 격자형 도로 등이 떠오릅니다. 뉴욕 맨해튼의 가운데는 기다란 모습의 센트럴파크가 있습니다. 사진에서 볼 수 있듯이 뉴욕은 한마디로 '격자(그리드)'와 '대각선'의 조화라고 할 수 있습니다. 바둑판처럼 나뉜 도로에 건물이 빽빽하게 들어서 있고 이들 사이를 하나의 대각선이 가로지릅니다. 이 대각선은 바로 너무도 유명한 '브로드웨이'입니다. 과거 인디언이 다니던 길로 이를 중심으로 격자형 도로가 생성된 것입니다. 브로드웨이는 자칫 심심한 도시가 될 뻔한 뉴욕을 활기차고 흥미로운 도시로 만들어주었습니다.

　맨해튼의 도로는 남북 방향의 길을 '애비뉴Avenue', 동서 방향의 길을 '스트리트Street'라고 합니다. 이들 도로는 가로 320m, 세로 80m

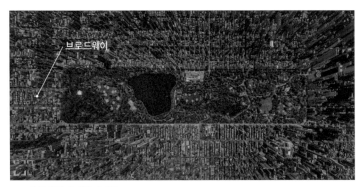

—— 상공에서 바라본 맨해튼

정도의 직사각형으로 되어 있습니다. 맨해튼에서 직장생활을 하던 시절, 저는 20분 정도 걸리는 거리는 대부분 걸어 다니며 생활했습니다. 그런데 이상하게도 서울에서는 비슷한 거리도 항상 교통수단을 이용했습니다. 그 이유를 도로망에서 찾았습니다.

맨해튼에서 제가 애비뉴를 따라 걸을 때 하나의 스트리트에서 다음 스트리트로 가는 한 구간의 거리는 평균 60m입니다. 걸어가며 시간을 재보니 1분마다 새로운 스트리트가 나왔습니다. 1분에 한 번씩 새로운 풍경이 나오니 지루할 틈이 없습니다. 그에 반해 서울은 한 구간의 거리가 평균 800m나 됩니다. 13분을 걸어야 하는데 풍경의 변화가 없으니 걷는 것이 지루할 수밖에 없습니다.

매주 금요일이면 회사가 있는 마포구에서 집이 있는 압구정동까지 약 세 시간 반을 걸어서 퇴근하는 사람이 있습니다. 그에게 가장 걷기 힘든 구간을 묻자 의외로 마포대교라는 대답이 나왔습니다. 다리를 건널 때까지 15분이 넘게 걸리는데 처음부터 끝까지 경치가 바뀌지 않아 너무 지루하다는 것입니다. TV로 치면 정지화면 상태를 15분간 쳐다보는 것과 비슷한 상황입니다.

도로망이 촘촘할수록 보행 친화적인 도시가 됩니다. 그렇다면 서울과 맨해튼의 블록 간 길이가 이렇게 큰 차이를 보이는 이유는 무엇일까요? 도로를 건설할 당시 주요 이동수단으로 맨해튼은 마차를, 서울은 자동차를 사용했기 때문입니다. 이들을 이용한 블록 간 이동 시간은 비슷합니다. 마차의 평균 속도인 시속 20km로 맨해튼 한 블록인 250m를 이동하는 시간과 서울에서 자동차의 평균 속도인 시속 70km로 한 블록인 800m를 이동하는 시간은 약 40초로 비슷합니다. 즉 도로망의 크기는 당시 우리가 주로 사용하던 교통수단과 밀접한 관련이 있습니다.

우리가 대표적 데이트 장소나 약속 장소로 홍대 앞이나 신사동 가로수길을 선택하는 것도 맨해튼처럼 볼거리가 풍성하기 때문입니다. 이러한 사실에 착안한 저는 사람들이 많이 몰리는 거리는 가게 입구의 숫자와 관련이 있을 것이라는 생각을 했습니다. 그리하여 100m의 거리에 가게 입구의 수가 얼마나 되는지 조사한 뒤 '이벤트 밀도'라는 공식을 만들었습니다. 가게 입구가 하나일 때는 들어가느냐, 들어가지 않느냐에 따라 두 가지 경우의 수가, 입구가 두 개일 때는 4개의 경우의 수가, 세 개일 때는 8가지 경우의 수가 생깁니다. 가게 입구의 수가 n개일 때 2의 n승이라는 경우의 수가 발생하며 가게 입구가 많을수록 경우의 수는 기하급수적으로 증가합니다. 이 경우의 수는 그 거리를 걷는 사람들에게 이벤트와 같은 특별한 느낌을 줍니다. 가게들이 즐비한 홍대 앞이나 가로수길은 엄청난 경우의 수 덕분에 갈 때마다 매번 새로운 느낌을 받을 수 있습니다.

다양한 거리의 이벤트 밀도를 조사한 결과 건너편 가게도 쉽게 들어갈 수 있는 홍대 앞 피카소 거리 34, 명동 거리 36, 가로수길 36이 나왔습니다. 반면 도로 폭이 넓어 한쪽 면의 입구만 들어갈

거리	홍대 앞 피카소 거리	명동 거리	강남대로	테헤란로	가로수길	람블라스 거리
건물 수	8	15	5	4	7	19
출입구 수	20	22	17	9	22	21
이벤트 밀도	17	18	14	8	18	17
필지 평균폭 (단위: m)	15	8	24	30	17	44
실질 이벤트 밀도	34	36	14	8	36	40
체험 경우의 수	1,048,576	4,194,304	131,072	512	4,194,304	2,097,152

—— 다양한 거리의 이벤트 밀도

수 있는 강남대로 18, 직원이 아니면 접근이 불가한 건물이 많은 테헤란로는 8이 나왔습니다. 스페인 바르셀로나의 유명 관광지인 람블라스 거리의 이벤트 밀도는 40이었습니다. 결과적으로 우리가 걷고 싶어 하는 거리는 대체로 이벤트 밀도가 30개 이상으로 다양한 선택지를 제공합니다.

강남대로와 테헤란로에서 알 수 있듯이 도로의 폭도 이벤트 밀도와 밀접한 연관이 있습니다. 지난 십수 년간 홍대 앞 상권은 꾸준히 확장되었습니다. 그런데 확장은 합정역 교차로에서 멈췄습니다. 이 건너편에 메세나폴리스라는 잘 지은 쇼핑몰이 있음에도 홍대 앞에서 놀던 사람들은 이곳까지 가지 않습니다. 이곳이 왕복 10차선 도로이기 때문입니다. 도로의 폭이 넓을수록 상권과 문화권은 분리됩니다. 주변의 11차선, 6차선 도로도 상황은 마찬가지입니다. 반면 3차선, 4차선 도로는 주변 상권이 활발합니다. 도로 폭의 넓고 좁음은 무단횡단 가능성에 따라 결정됩니다. 이는 사람들이 실제로 무단횡단을 하는 것이 아니라 그러한 심리적 작용이 영향을 미친다는 뜻입니다. 즉 무단횡단 욕구를 부를 만큼 건너편으로 이동이 쉬운 상황에서 상권이 활발하게 발달합니다. 같은 대로변임에도 파리의 샹젤리제 거리에 늘어선 노천카페는 높은 이벤트 밀도를 제공하는 다양한 구경거리 덕분에 걷는 속도가 감소해 덩달아 상권이 확장되는 효과를 가져오는 것입니다.

도시 속 공공의 적을 해결하라

과거 서울의 거리는 저층형 가게가 즐비했습니다. 이들 가게는 옆 동네와의 원활한 소통을 가져오며 거리를 걷고 싶은 곳으로 만들어주었습니다. 하지만 고층 건물이 생기면서 여기에 모든 가게가 들어가기 시작했고 차량 소통만 많아지고 거리는 점점 재미없는 곳으로 변했습니다. 결국 동네의 분리를 넘어 아파트 단지별로 분리되는 상황까지 왔습니다. 고층 상가는 도시의 소통과 발전을 방해하는 가장 큰 공공의 적입니다.

따라서 도시 문제를 해결하기 위해서는 골고루 분포된 저층형 상가를 지속적으로 늘려가야 합니다. 구경거리가 많은 동네가 늘어나면 자연스레 걷고 싶은 거리가 생겨나고 보행 중심 공간이 완성됩니다. 반포에서 걷기 시작해 논현동, 왕십리, 금호동까지 갈 수 있을 정도로 볼거리와 즐길 거리가 필요합니다. 하지만 현실은 거리를 걷는 사람 대신 실내 쇼핑몰로 몰려드는 사람이 대부분입니다.

도시의 성장을 방해하는 두 번째 공공의 적은 '감시'입니다. 여기서는 지나친 감시가 아닌 부족한 감시가 우리가 해결해야 할 문제입니다. 앞서 이야기한 도심 속 자연 힐링 공간인 센트럴 파크의 가장 큰 문제는 주변에 건물이 없어 사각지대가 86%나 된다는 것입니다. 밤에는 되도록 가지 않을 정도로 위험한 편입니다.

미국의 도시 조경가 프레데릭 로 옴스테드Frederick Law Olmstead가 설계한 보스턴 코먼이라는 작은 공원은 센트럴 파크와 달리 주변에 건물들이 빼꼼하게 보입니다. 이들 건물은 공원을 내려다볼 수 있도록 감시하는 역할을 합니다. 우리는 감시를 좋지 않은 단어로 인식하지만 감시는 그곳을 더 안전한 공간으로 만들어줍니다. CCTV

— 보스턴 코먼 공원

와 같은 역할인 셈입니다. 게다가 팬옵티콘 감옥에서 확인했듯이 건물이 깜깜하고 높은 곳에 있어 공원에 있는 사람은 감시받는 것을 정확히 모르기 때문에 항상 조심스럽게 행동할 수밖에 없습니다.

저는 외국인 건축가들이 서울에 오면 한강시민공원을 꼭 가보라고 추천합니다. 밤늦게까지 이렇게 안전하게 음주가 가능한 공원은 전 세계 어느 곳에도 없습니다. 공원을 따라 위치한 아파트가 밤새도록 감시자 역할을 하기 때문입니다. 따라서 감시 공간은 곧 활동하기 좋은 공간이라 할 수 있습니다.

빽빽한 건물이 들어선 서울에 공공 공간이 부족하다는 이야기를 많이 합니다. 허나 알고 보면 공공 공간은 생각보다 많습니다. 가장 대표적인 것이 도시 내에 고르게 분포된 학교 운동장입니다. 이 좋은 공간을 조기축구회 말고는 사용하지 않아 방과 후 운동장은 텅텅 비어 있습니다. 한때 학교 담장 허물기 운동을 추진하기도 했지만 안전상의 문제로 철회된 뒤 운동장은 비어 있는 게 자연스러운 모습이 되었습니다.

만일 학교 운동장 주변으로 상권이 형성되었다면 상황은 크게 달라졌을 것입니다. 문방구, 카페, 채소가게 등을 배치해놓으면 상점 주인들은 고객 관리 차원에서 운동장에서 뛰노는 아이들을 감시할 수밖에 없습니다. 운동장은 그야말로 청정 안전구역이 됩니다. 수백 대의 CCTV를 설치하는 것보다 적절한 상권으로 자연스럽게 사람이 모이고 서로 감시해주는 환경을 만드는 것이 훨씬 효

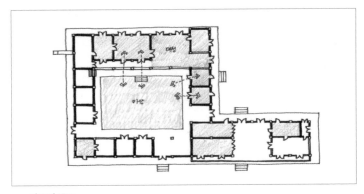

── 한옥의 구조

과적입니다. 그런데 실제 도시 계획은 학교 주변 상업시설을 제한하고 있어 너무도 훌륭한 공공 공간인 운동장을 제대로 활용하지 못하고 있습니다. 이런 부분은 속히 개선되어야 합니다.

우리의 생활방식은 생각보다 공간의 영향을 많이 받습니다. 그런 의미에서 아파트는 가족 간의 대화를 단절시키는 매우 비합리적인 구조를 가졌습니다. 과거에 우리가 생활하던 한옥의 가장 큰 특징은 방에서 다른 방이 보이는 것입니다. 마당 너머 건넌방이 한눈에 들어와 창문만 열어도 마주 보며 대화가 가능했습니다.

우리의 3베이 아파트는 한옥의 구조와 같습니다. 베이는 쉽게 말해 볕이 들어오는 공간을 말합니다. 3베이 아파트는 한옥의 마당에 지붕을 덮어 그 공간을 거실로 만든 것이라 생각하면 이해가 쉽습니다. 주방과 식당은 대청마루 역할을 합니다. 그렇다면 한옥처럼 창문을 통해 건넌방이 보여야 하지만 그렇지 않습니다. 우리나라

— 아파트의 구조

아파트의 모든 창문은 바깥쪽으로만 되어 있어 방에 들어가면 대화가 단절될 수밖에 없습니다. 그만큼 창문은 가족 간 대화에 중요한 역할을 합니다.

사람들이 집이라는 공간에서 가장 많이 하는 것 중 하나는 TV 시청입니다. 언제부터인가 TV를 바보상자라고 부르기 시작했지만, 퇴근 후 30분가량의 TV 시청은 방해하지 말아야 한다는 이야기가 있습니다. 오랜 옛날 동굴에서 생활하던 시절, 목숨 걸고 사냥에 나섰던 사람들이 돌아와 모닥불 앞에 앉아 불이 움직이는 모습을 보면서 긴장을 풀고 심리적 안정감을 찾았다고 합니다. 현대인에게 TV 속 영상은 모닥불의 움직임과 같은 역할을 합니다. 아무 생각 없이 TV를 보는 시간이 우리에겐 심리적 안정을 찾는 과정인 셈입니다.

그런데 저는 현대인이 TV를 좋아하는 결정적인 이유가 마당의 부재라고 생각합니다. 우리는 공간의 크기를 공간의 실제 면적과 그곳에 담긴 기억으로 파악합니다. 공식으로 정리하자면 '공간의 크기=면적×그 공간의 기억'이라 할 수 있습니다. 예를 들어 5평짜리 작은 마당이 있는 집에서 살았다면 그 마당에는 3월에 피는 꽃, 5월에 내리는 비, 7월의 푸르른 나무, 10월의 화려한 낙엽, 12월의 흰 눈 등 많은 추억이 있을 것입니다. 비록 마당이 5평밖에 되지 않더라도 10가지 기억이 있다면 우리는 그곳을 50평짜리 공간으로 인식하게 됩니다.

지금의 아파트 거실이 옛 마당의 역할을 해야 하는데 우리는 1년 내내 같은 벽지에 같은 형광등을 바라보며 살고 있습니다. 유일한 변화는 TV에만 있습니다. 그러니 집이라는 공간에서 오랜 시간 TV를 볼 수밖에 없습니다. 과거에 자연으로부터 느끼던 감성과 추억을 이제는 TV에서 찾는 모습을 보면 TV는 공간을 망치는 공공의 적인 동시에 작은 변화라도 느끼고 싶어 하는 현대인의 외로움을 상징하는 것 같습니다.

우리의 또 다른 공공의 적은 1인 가구의 증가입니다. 121쪽의 그래프를 보면 1990년대 9%였던 1인 가구가 2015년 27%까지 증가한 것을 알 수 있습니다. 평균적으로 가족과 함께 살 경우 30평대 아파트에 거주한다고 가정하면 각자의 방 외에 거실, 부엌, 베란다 등

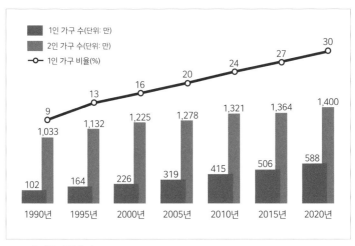

━ 1인 가구 변화 추이

은 공용 공간으로 함께 사용합니다. 나만의 공간에 포함되는 면적인 것입니다. 그런데 원룸이나 고시원에 사는 1인 가구는 공용 공간이 전혀 없어 기존에 생활하던 공간보다 훨씬 적은 면적에서 생활해야 합니다.

한국의 도시가 단위면적 당 카페가 가장 많은 것은 이 때문입니다. 카페는 어찌 보면 우리에게 거실 같은 공간입니다. 중·고등학생이 편의점을, 대학생이 카페를, 직장인이 모텔에 가는 것은 사적인 공간의 부족함을 대체할 방법을 찾아낸 결과라 할 수 있습니다. 덕분에 우리나라는 공간 대여 비즈니스가 매우 발달했고, 의도치 않게 시대를 앞서 나간 신개념 공유경제를 남들보다 먼저 체험하고 있습니다.

지금까지 한 이야기의 핵심은 도시 건축이 인간의 삶을 지배하고 변화시킨다는 것입니다.

"사람은 도시를 만들고, 도시는 사람을 만든다"라는 말이 있습니다. 지금 우리가 살고 있는 도시의 건축에 대한 결정은 앞으로 후손들의 삶을 변화시키는 영향력으로 작용할 것입니다. 그러므로 우리는 도시라는 공간을 사람이 살기 좋은 곳으로 만들기 위해 끊임없이 노력해야 합니다.

2부

오래된 미래를 만나는 시간

· 최태성 ·

성균관대학교 사학과를 졸업한 뒤 백영고등학교, 대광고등
학교에서 역사 교사로 학생들과 만났다. EBS 역사교육 자
문위원과 국사편찬위원회 자문의원으로도 활동했으며, 현
재 EBSi 사회탐구 한국사 강의와 이투스교육 '모두의 별별
한국사' 강의를 진행 중이다. 시간의 흐름에 따라 체계적으
로 정리해 설명하는 독특한 판서로 역사를 공부하는 학생
들에게 더할 나위 없이 좋은 반응을 얻고 있다. 저서로 《최
태성 한국사 수업》이 있다.

저항의 역사,
대한민국을 만들다

경주 석굴암과 불국사, 합천 해인사 장경판전, 경기도 남한산성, 수원 화성, 서울 창덕궁과 종묘의 공통점은 무엇일까요? 유네스코 세계문화유산에 등재된 대한민국의 문화재입니다. 유네스코 세계 문화유산의 등재 기준은 세계 인류가 기억해야 할 걸작, 중요한 역사의 순간을 상징하는 건물, 개인이나 집단의 창의적인 결과물 등입니다. 여기에서 잊지 말아야 할 것은 인류가 함께 누릴 수 있는 보편적 가치의 유무입니다. 우리의 문화유산이 아닌 세계의 문화유산이라는 것입니다.

2015년 7월 5일, 일본은 유네스코 세계문화유산에 군함도를 등재시켰습니다. 당시 일본은 군함도와 관련해 '일본 메이지유신 시대의 산업혁명 유산인 철강, 조선, 석탄'이라는 한정적인 시기만 등재하기를 원했습니다. 이에 유네스코와 국제기념물유적협의회는 보편적 가치가 중요하므로 군함도의 전체 역사를 밝힐 것을 권고했습니다. 일본은 유네스코의 권고 사항을 이행하겠다는 약속과 함께 다음과 같이 화답했습니다.

"일본은 1940년대에 일부 시설에서 수많은 한국인과 여타 국민이 의사에 반해 동원되어 가혹한 조건하에서 노역을 했고, 제2차 세계대전 당시 일본 정부도 징용 정책을 시행했다는 사실을 이해할 수 있도록 조치를 취할 준비가 돼 있다."

유네스코의 권고 기간은 2017년 12월까지였으나 일본은 아직 약속을 지키지 않았습니다. 2017년 7월 5일, 군함도가 세계문화유산에 등재된 지 정확히 2년이 지난 날 뉴욕 타임스퀘어에 '군함도의 진실'이라는 광고가 게재되었습니다. 강제노역 사실을 알리기로 했던 일본 정부가 약속을 지키지 않아 제작하게 되었다는 15초의 광고는 하루 1,000회씩 1주일간 약 7,000회 노출되었습니다. 광고는 세계문화유산으로 등재된 군함도가 사실은 강제노역이 일어났던 곳이며, 수많은 사상자가 발생한 '지옥섬'이었다는 사실을 강조하는 짧지만 강렬한 메시지를 담고 있습니다.

일본 근대화와 산업화의 상징 군함도의 이면에는 약 800명의 조선인이 강제노역에 동원된 가슴 아픈 역사가 숨겨져 있습니다. 40℃가 넘는 수면 1,000m 깊이의 해저 탄광, 높이 50~60cm의 비좁은 공간에서 하루 2교대로 12시간 이상 강도 높은 강제노역이 이루어졌습니다. 결국 조선인 노동자 122명이 사고사, 질식사, 압사 등의 이유로 사망하고 말았습니다. 그런데 일본은 이런 참혹한 역사를 묻어둔 채 산업화의 상징으로 포장해 군함도를 유네스코 세계문화유산에 등재시켰습니다. 과연 일제 강점기에 그곳에서는 어떤 일이 벌어진 것일까요? 그리고 왜 조선인들은 그곳에 끌려가 석탄 채굴을 해야 했을까요? 그 배경이 되는 일제 강점기의 역사를 함께 이야기해보겠습니다.

폭력과 억압이 난무했던 무단 통치

1910년 8월 29일 한일병합조약 공포로 우리는 나라를 잃었습니다. 그날 이후 35년간 일제 강점기의 서막이 열렸습니다. 1910년은 무단武斷 통치 시대였습니다. 헌병 경찰을 앞세워 무력과 폭력으로 밀어붙였던 강압적이고 비인도적이었던 일본의 통치가 이루어졌습니다.

128쪽 사진은 1910년대를 보여주는 대표적인 사진입니다. 사진 속 인물들은 헌병입니다. 군대에서 경찰 활동을 하는 장병이 헌병입니다. 군대 다녀온 사람이라면 헌병 앞에만 서면 죄지은 것도 아닌데 괜한 두려움이 일던 경험이 있을 것입니다. 민간인을 돌보는 것은 경찰, 군인을 관리하는 것은 헌병 경찰로 구분되어 있음에도 1910년대에는 헌병이 민간인까지 감시하고 통제했습니다.

— 일본 헌병

　먼 옛날에는 우는 아이도 곶감을 주면 울음을 뚝 그쳤다는 이야기가 있었습니다. 그만큼 곶감이 귀했다는 이야기를 재미있게 표현한 것입니다. 그런데 일제 강점기에는 곶감이 효과가 없었다고 합니다. 대신 이 말 한마디면 우는 아이도 울음을 그쳤다고 합니다. "헌병 온다!" 어린아이가 헌병이라는 단어의 뜻을 알 리 없습니다. 아마도 어른들조차 헌병을 두려워하던 당시의 공포스러운 분위기가 아이들에게도 고스란히 전달된 것은 아닐까 하는 생각이 듭니다. 당시 헌병 경찰은 치안이라는 명목 아래 조선인에게 재판 없이 바로 처벌이 가능한 '즉결 심판권'을 가진 그야말로 절대 권력의 상징이었습니다.

　또 하나의 권리는 바로 끔찍한 형벌입니다. 1912년 일본은 합법적 처벌 수단으로 태형을 시행하는 법령인 「조선태형령」을 제정했습니다. 몽둥이로 볼기를 내려치는 형벌인 태형은 오직 조선인에게만 적용되었습니다. 무자비하고 악랄한 제도는 일본인에게는 해당되지 않았던 것입니다. 당시 일제는 태형을 시행하면서 "조선인

—— 태형틀

들은 맞아야 말을 들어"라는 민족 비하 발언을 끊임없이 되풀이하면서 조선인을 세뇌시켰습니다. 종종 "한국인은 맞아야 말을 들어"라는 말을 읊는 사람들이 있는데, 이는 아픈 역사의 잔재가 오늘날까지 이어진 것입니다.

아래 사진에서 앞줄에 칼을 차고 앉아 있는 사람들은 모두 교사입니다. 우리가 생각하는 흔한 교실 풍경은 친구들과 조잘조잘 수다를 떠는 학생들의 모습일 것입니다. 그런데 1910년대의 교실은

—— 1910년대 교사들의 모습

조선인을 비하하는 말이 난무하고 칼을 찬 선생님이 아이들에게 공포심을 조성하는 모습이 일상 풍경이었습니다. 공포감으로 위축된 교실에서 공부한 아이들은 평생의 트라우마가 되어 일본인을 두려움의 대상으로 인식하게 됩니다. 이처럼 1910년대는 헌병이, 태형틀이, 칼을 찬 교사가 우리 민족의 기운을 무력으로 억누른 폭력과 억압이 난무했던 시대였습니다. 이 외에도 식민 지배에 필요한 재정을 확보하기 위한 토지조사사업, 조선인의 정신적·문화적 독립성을 말살하기 위해 우리나라의 교육 과정을 식민지 정책에 맞게 바꾸어 공표한 「조선교육령」 등은 조선인의 일상생활을 감시하고 통치했습니다.

우리는 어떻게 무단 통치에 맞서 싸웠는가

1910년대는 폭력이 난무했지만 그럼에도 나라 안팎으로 항일 투쟁은 꺾이지 않았습니다. 억압과 폭력으로 무장한 일본의 삼엄한 감시 아래 국내에서 독립운동을 펼친다는 것은 쉬운 일이 아니었습니다. 따라서 주로 비밀결사단을 만들어 활동했습니다. 그중에서도 대한광복회를 결사한 총사령 박상진에 관해 이야기해보겠습니다.

부유한 집안 출신 지식인 박상진은 당시에는 보기 드문 엘리트 코스를 밟던 인물이었습니다. 1910년 경술국치의 해에 판사 시험에 합격해 평양법원에 발령받은 그의 앞날은 탄탄대로인 것처럼 보였습니다. 일제는 안정적인 식민 통치를 위해 조선인 엘리트를 필요로 했습니다. 그런 상황에서 박상진은 일본이 충분히 탐낼 만한 인재였습니다. 일본에 적당히 협력만 하면 먹고사는 문제는 물론이고 출세도 떼 놓은 당상이었습니다. 그러나 박상진은 국권침탈 이후 자신의 판사직을 내던졌습니다. 그는 판사복을 벗으며 이렇게 말했습니다.

"내가 어찌 식민지의 관리가 되어 내 나라의 독립을 위해 애쓰는 사람들을 판결할 수 있겠는가. 나는 그것만은 할 수 없다."

그러고는 편안한 미래를 버리고 독립운동이라는 고난의 길에 들어섰습니다. 이는 결코 쉽지 않은 선택이었을 것입니다.

판사직을 내려놓은 박상진은 대구에 곡물상회를 설립합니다. 오랜 시간 법을 공부한 그가 쌀가게를 차린 이유는 독립운동 자금과 정보 수집을 위한 거점 지기 마련이었습니다. 1910년 일제는 폭력적인 정치를 펼치는 동시에 토지조사사업을 실시해 조선인의 땅을 빼앗아 경제권을 박탈했습니다. 그 과정에서 지주의 토지 지배권을 강화함으로써 친일 지주가 등장하기 시작했습니다. 박상진은 이러한 반민족적 지주들을 응징해 독립운동 자금을 마련했습니다. 독립군 기지 개척과 양성을 목표로 열심히 독립운동에 투신하던 중 일본군에 체포된 박상진은 끝내 순국하고 맙니다. 그는 순국 전 다음과 같은 〈옥중 절명시〉를 남겼습니다.

'다시 태어나기 힘든 이 세상에

다행히 남자로 태어났건만

이룬 일 하나 없이 저 세상 가려 하니

청산이 비웃고 녹수가 찡그리네.'

이룬 일 하나 없다는 그의 말이 가슴을 찌릅니다. 편안하고 안
정된 삶을 살 수 있었음에도 자신의 몸과 재산을 독립을 위해 바친
박상진의 숭고하고 의로운 희생정신을 우리는 영원히 기억해야 합
니다.

박상진이 보였던 의열 투쟁의 모습은 이후 의열단 독립운동가 김
원봉, 한인애국단 독립운동가 김구로 이어졌습니다. 비록 박상진은
꿈을 이루지 못했지만 그의 열정은 제2의, 제3의 박상진을 만들어
내며 그들이 대신 꿈을 이룰 수 있도록 추후 독립운동의 밑거름이
되었습니다.

이처럼 1910년대 국내에서는 비밀 결사 활동이 활발히 이루어졌
습니다. 그에 반해 국외 항일운동은 독립운동 기지를 건설하는 방
식으로 진행되었습니다. 특히 수많은 독립투사들이 만주로 넘어가
면서 이곳은 새로운 독립운동의 중심지가 되었습니다.

133쪽 위의 사진 속 인물은 자신의 전 재산을 털어 만주 북간도
에 5만 평의 땅을 매입해 한인촌을 개척한 김약연입니다. 그의 목
표는 추락하는 조국의 운명 앞에 독립에 힘쓸 인재를 키울 수 있는

교육을 정비하는 것이었습니다. 김약연은 당시 북간도에서 일제 탄압으로 쇠락하던 서진서숙을 계승한 명동학교를 세웠습니다. 토론과 강연 중심의 명동학교는 지금의 교육이 본받아도 손색없을 정도로 훌륭한 교과 과정을 운영했습니다. 학생들은 '자유가 중요한가, 돈이 중요한가?', '시대가 영웅을 낳는가, 영웅이 시대를 만드

— 민족 교육자 김약연

는가?'와 같은 심도 있고 철학적인 주제를 토론하며 소양을 쌓았습니다. 독립운동에 힘쓸 인재를 양성하는 데 온몸을 바친 김약연은 "내 모든 행동이 곧 나의 유언이다"라는 말을 남겼습니다. 그의 마지막 한마디는 한 번의 인생을 어떻게 살아야 하느냐는 질문에 자신의 일생으로 답한 것입니다.

이렇듯 참교육을 실현한 지도자에게서 훌륭한 제자가 탄생했습니다. 영원한 청년, 시인 윤동주가 가장 대표적인 인물입니다. 사진 속 가장 오른쪽이 윤동주이고 그 옆의 인물은 우리나라의 민주화 운동

— 윤동주와 문익환의 학창시절

에 매진했던 故 문익환 목사입니다. 두 사람은 같은 곳에서 나고 자란 죽마고우였으나 엇갈린 운명을 맞이했습니다. 후에 지긋이 나이 든 문익환 목사는 먼저 세상을 떠난 어린 날의 벗 윤동주에게 〈동주야〉라는 시 한 편을 남겼습니다.

너는 스물아홉에 영원이 되고
나는 어느새 일흔 고개에 올라섰구나
너는 분명 나보다 여섯 달 먼저 났지만
나한텐 아직도 새파란 젊은이다
너의 영원한 젊음 앞에서
이렇게 구질구질 늙어가는 게 억울하지 않느냐고
그냥 오기로 억울하긴 뭐가 억울해 할 수야 있다만
네가 나와 같이 늙어가지 않는다는 게
여간만 다행이 아니구나
너마저 늙어간다면 이 땅의 꽃잎들
누굴 쳐다보며 젊음을 불사르겠니
(중략)

암울한 시대에 더 나은 세상을 꿈꿨던 청년 윤동주를 지금 이 땅의 젊은이들에게 만나게 해주는 시입니다.

윤동주 외에도 1926년 서울 단성사에서 처음 개봉한 흑백 무성

영화 〈아리랑〉을 만든 우리나라 영화의 선구자 춘사 나운규 감독
도 명동학교 출신입니다. 김약연이 만든 명동학교는 다방면에서 걸
출한 인재를 배출하며 교육의 중요성을 일깨워주었습니다.

그동안 우리는 역사를 느낄 새도 없이 글자 읽기에만 급급해했
습니다. 역사는 단순히 시험지에 답을 채우기 위해 과거의 사실을
암기하는 것이 아닙니다. 역사는 사람들의 흔적과 발자취이며, 우
리는 사람을 만나기 위해 역사를 배웁니다. 잠시 가던 길을 멈추고
과거의 사람과 소통하고 그들의 꿈을 만나면서 지금의 나를 다시
돌아보는 것이 역사를 배우는 진짜 이유입니다.

우리의 선조들이 물려준 이 땅에서 마음껏 자유롭게 웃을 수 있
는 삶을 살고 있는 지금, 우리는 다음 사실만은 잊지 않고 가슴에
깊게 새겨두길 바랍니다.

우리가 꼭 기억해야 할 수많은 독립운동가들

박상진: 항일 무장 단체 '대한광복회' 조직 후 의열 투쟁 전개

김약연: 명동학교 설립하여 민족 교육 운동으로 후학 양성

이회영: 전 재산을 투자해 신흥무관학교 설립, 항일 투쟁 기틀 마련

강우규: 65세의 나이에 일제 총독 사이토에게 폭탄 암살 시도

박열: 조선인 학살에 분개하여 일본 국왕 폭탄 암살 시도

김원봉: 일제가 가장 두려워했던 항일 무장 단체 '의열단' 단장

박차정: 민족 해방과 여성의 독립을 꿈꾸며 항일 무장 투쟁

자신의 모든 것을 내던진 독립운동가들이 바란 것은 오직 한 가지, 대한독립이었습니다.

더욱 악랄하고 끔찍했던
문화 통치와 항일운동

1910년대 폭력이 앞선 무단 통치에 이어 1920년대는 문화 통치의 시대였습니다. 무력으로 대할수록 조선인의 저항이 거세지자 더는 폭력적인 통치가 어렵다고 판단한 일본은 1919년 3·1운동을 계기로 문화통치로 전환합니다. 단어가 주는 어감은 마치 조선을 존중하는 것처럼 보이지만 사실은 더 교묘하고 기만적인 술책을 담고 있습니다. 문화 통치의 본질을 절대로 간과해서는 안 되는 것입니다.

1920년대에 일본은 조선인의 민간신문 발행을 허가했습니다. 이때 창간된 게 『동아일보』와 『조선일보』입니다. 겉으로 보기에는 언론의 자유를 보장한 것 같지만 속내는 전혀 달랐습니다. 검열, 정간, 삭제를 통한 언론 탄압이 극심했기 때문입니다. 자신들이 원하는 기사 외에는 어떤 내용도 실리지 못했습니다.

일본은 문화 통치의 일환으로 이제껏 군인만 가능했던 총독을 민간인도 할 수 있도록 기회를 부여하겠다고 했습니다. 그러나 1945년 광복까지 민간인 출신 총독은 단 한 명도 배출되지 않았습

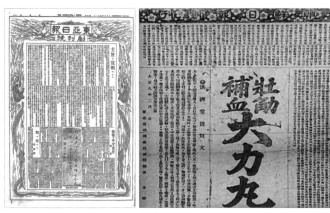
—『동아일보』와 『조선일보』 창간호

니다. 또한 1910년대에 우는
아이도 뚝 그치게 했던 헌병
경찰을 없애고 보통 경찰제를
시행합니다. 그런데 오히려 경
찰의 숫자는 더욱더 많아집니
다. 결국 1920년대의 기만적인
문화 통치는 우리 민족을 분열
시키는 동시에 가혹한 식민 통
치를 은폐하려는 명목만 존재
했습니다.

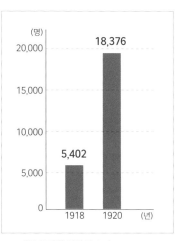
—대폭 증가한 경찰의 숫자

그렇다면 우리 민족이 1920년대 문화 통치에 맞서 저항한 역사
를 살펴보겠습니다.

먼저 국내입니다. 국내 저항의 주요 세력은 학생이었습니다. 1926년 6·10만세운동, 그리고 1929년 광주학생항일운동은 모두 학생들의 투지가 담긴 저항의 역사입니다.

1919년의 3·1운동이 고종의 죽음으로 폭발한 민심에 의해 일어났다면 6·10만세운동은 고종의 아들이자 조선의 마지막 임금인 순종의 장례를 계기로 전개되었습니다. 이미 3·1운동으로 호되게 당한 일본은 조선인의 저항 정신이 꿈틀대기 시작하는 것을 보고 순종의 장례식에 7,000명이 넘는 경찰과 일본군을 출동시켜 철저한 경계와 통제로 만반의 준비를 했습니다. 그러나 독립을 염원하는 학생들의 열정까지 통제하지는 못했습니다. 곳곳에서 튀어나온 학생들은 격문을 뿌리며 "대한 독립 만세!"를 외쳤습니다.

그로부터 3년 후인 1929년 또 하나의 학생 운동이 일어납니다. 계기는 통학열차였습니다. 당시 조선 여학생들은 댕기머리를 땋았습니다. 그런데 일본 학생들이 통학열차에 탄 조선 여학생 박기옥과 이광춘의 댕기머리를 잡아당기며 희롱했습니다. 그 모습을 지켜본 박기옥의 사촌동생 박준배와 남학생들은 분노했고 결국 한일 학생 간 집단 충돌로 확산되었습니다. 문제는 이를 해결하는 과정에서 일본 경찰이 보인 편파적 태도였습니다. 일본 학생은 금세 훈방되었으나 조선인 학생은 엄격한 처벌을 받았습니다. 이 소식은 일파만파 퍼졌고 전국의 학생들이 분노하며 일어났습니다. 동맹 휴교를 하면서까지 일본 타도를 외친 학생들이 11월 3일 일왕의 생일 기념행사가 끝난 뒤 격렬한 시위를 벌인 것이 광주학생항일운동입니다. 3·1운동 이후 가장 큰 규모의 항일운동이기도 합니다. 정부는 조국을 위한 학생들의 함성이 울려 퍼졌던 저항 정신을 기억하기 위해 1984년 11월 3일을 '학생의 날'로 제정했으며, 2006년 '학생독립운동기념일'로 이름을 변경했습니다.

일제 강점기에 학생은 역사 속 거인이었습니다. 모든 독립운동의 중심에는 그들이 존재했습니다. 당시의 학생들은 자유를 갈망하면서 마음껏 하늘을 날았던 독수리와 같았습니다. 그런데 지금 우리는 그 학생들을 닭장 속에 가두고 있습니다. 마치 학점이라는 모이를 주면서 날개를 펼칠 기회조차 주지 않고 학생들을 억압하며 현재에 안주하게 만드는 것 같습니다. 역사를 공부하고 가르치면서 느낀 것은 독립운동의 중심에 서 있던 과거 학생들의 힘과 위대한 DNA가 지금의 학생들에게도 분명 존재한다는 사실입니다. 우리 어른들은 학생들을 어리게 보지 않고 그들을 존중하며 다르게 바라봐야 합니다. 그리고 학생들은 자긍심을 갖고 다시 하늘을 비상해야 합니다. 이는 1920년대 학생들의 항일운동에서 배워야 할 정신이기도 합니다.

우리나라 역사를 공부한 사람이라면 우리를 혼돈에 빠뜨렸던 1920년대 항일 무장 투쟁 지도를 기억할 것입니다. 한국사를 공부하다 보면 크게 두 번의 고비를 겪습니다. 첫 번째 난관은 삼국시대입니다. 갑자기 같은 시대에 고구려, 백제, 신라, 가야까지 등장하

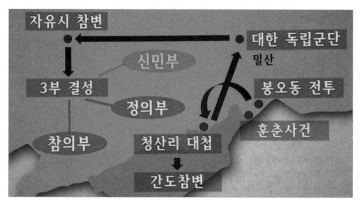

—— 1920년대 항일 무장 투쟁 지도

면서 알아야 할 것이 너무 많아집니다. 이때 한국사를 포기하는 사
람이 대거 등장합니다. 그런데 수능 필수 과목에 공무원 시험과 심
지어는 기업의 사원 채용에도 필요한 한국사 공부를 안 할 수는 없
습니다. 한국사의 중요성을 실감한 다음 첫 번째 난관을 힘겹게 이
겨내면 고려 시대와 조선 시대를 지나 두 번째 난관이 찾아옵니다.
우리가 지금 이야기하는 일제 강점기입니다. 이 시기가 특별히 어
려운 이유는 수많은 독립운동 단체와 그곳에서 활동한 더 많은 인
물의 등장 때문입니다. 한국광복군과 대한광복군, 김원봉과 김두
봉처럼 비슷한 이름도 여럿입니다. 이때 또다시 한국사를 포기하는
사람들이 늘어납니다.

　그런데 교과서 속 일제 강점기에 우리 저항의 역사가 두세 페이
지에 불과하다면 과연 이를 제대로 된 역사라고 할 수 있을까요?

그 역사는 비굴하고 비겁하며 정의가 죽은 역사일 것입니다. 일제의 식민지 지배보다 더 많은 저항의 역사가 있기에 일제 강점기는 절망으로 얼룩진 시기가 아니라 희망과 용기로 이야기할 수 있는 시대인 것입니다. 이렇게 조국의 광복을 위해 투쟁했던 수많은 독립군 단체와 투사들의 이야기를 듣는 것이 일제 강점기 역사의 시작이라 하겠습니다.

독립군들은 1,000km 이상의 대장정을 넘어서 항일 무장 투쟁을 이어갔습니다. 그들은 일본군에게 들키지 않기 위해 늦은 밤 걸어서 이동했습니다. 매서운 칼바람의 만주 벌판을 지나 수많은 산을 넘기도 했습니다. 편안한 집에서 가족과 행복을 누릴 수도 있었을 그들은 왜 혹독한 추위를 견디며 낯선 땅에 발걸음을 내디뎠을까요? 잠시만 멈춰 서서 질문을 던지면 그들은 비로소 이야기할 것입니다. "우리에겐 꿈이 있다"라고 말입니다. 후손들에게만큼은 식민지 백성의 설움을 느끼지 않게 하기 위해 결코 이 길을 멈출 수 없었던 것입니다. 독립군들이 움직인 거리는 단순한 이동 경로로만 봐서는 안 됩니다. 그 속에 담긴 수많은 염원이 담긴 발자취로 봐야 합니다. 그 발자취를 통해 그들이 어떤 꿈을 꾸었는지 느낄 수 있어야 합니다. 적어도 일제 강점기 역사를 배울 때만큼은 이런 마음가짐을 갖길 바랍니다.

모든 것을 앗아간 민족 말살 통치

1910년대 무단 통치에서 1920년대 문화 통치로 넘어간 계기는 3·1운동이었습니다. 그렇다면 1930년대 민족 말살 통치로 넘어간 계기는 무엇일까요? 세계적인 대공황이 이유였습니다. 경제 대공황은 수요와 공급의 균형이 파괴되면서 발생합니다. 공급은 넘치는데 수요가 줄어들면서 기업은 노동자를 대량 해고합니다. 가난한데 일자리까지 잃은 노동자는 돈이 없어 물건을 사지 못하고, 공장에 물건은 계속 쌓여 또다시 노동자를 해고하는 악순환이 벌어지는 게 공황입니다. 공급은 쌓이고 노동자는 해고되는 문제를 해결하기 위해 미국은 뉴딜 정책이라는 대규모 공사를 진행해 실업 문제를 해결했습니다. 유럽의 경우 본국과 식민지를 연결해 블록을 형성한 뒤 필요한 물건과 필요하지 않은 물건의 경제 교류를 촉진해 공황이라는 난관을 헤쳐나갔습니다.

그런데 후발 자본주의 국가였던 일본은 미국이나 유럽 같은 방식으로 해결이 어려웠습니다. 결국 일본이 선택한 것은 초과한 공급량을 강제로 배분하는 방법, 즉 전쟁이었습니다. 경제 문제를 해결하기 위한 극단적 방법을 선택한 것입니다. 1930년대 일본은 본격적인 전쟁의 길로 뛰어들고, 인류 역사상 가장 큰 전쟁인 제2차 세계대전의 서막이 열립니다. 1931년 만주사변을 시작으로 1937년 중·일전쟁을 일으켜 침략 전쟁을 본격화했습니다. 그리고 1941년에는 급기야 아시아 태평양전쟁으로 확대해 식민지 조선을 시작으로 아시아 패권을 차지하기 위한 욕심을 드러냈습니다. 계속해서 침략 전쟁을 확대하는 일본으로 인해 바야흐로 전쟁의 시대가 도래했습니다. 전 세계를 포화 속으로 몰아넣은 인류사 최대의 비극은 그렇게 시작되었습니다.

일본은 중국에 이어 미국을 상대로 전쟁을 선포했습니다. 자국민만으로는 인력이 부족했던 일본은 결국 조선인을 강제로 전쟁에 동원했습니다. 여기서부터 모든 문제가 발생했습니다. 어느 조선인이 일본을 위해 목숨 바쳐 싸우겠습니까? 일본은 고민 끝에 통치 방식을 변경하기로 했습니다. 전쟁 협력을 강요하기 위해 일본과 조선은 한 몸이라는 내선일체內鮮一體를 강요한 것입니다. 1930년대에 펼쳐진 민족 말살 통치는 이러한 배경에서 탄생했습니다.

조선인 스스로 조선인이라는 생각을 지우고 일본인이라 여기게 하는 데는 여러 방법이 있습니다. 우선 우리말을 사용하지 못하게 하고 조선 역사 공부를 금지했습니다. 그리고 이름을 바꾸는 창씨개명을 강요했습니다. 이름은 아버지와 어머니가 만든 나의 정체성입니다. 이를 일본식으로 개명하기를 강요한 것입니다. 한마디로 일본인이 되라는 의미입니다.

물론 우리가 그들의 강요를 순순히 따랐을 리 없습니다. 창씨개명이 시행된 지 3개월 동안 대대적인 홍보에도 불구하고 신고율은 8%를 넘기지 못했습니다. 그런데 마감 시점에 무려 80%까지 신고

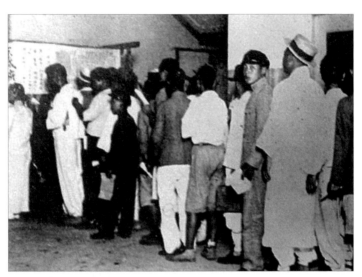

—— 창씨개명서를 든 조선인

율이 증가했습니다. 사실상 일제 강점기에 대부분의 사람들이 창씨
개명을 한 것입니다. 이는 일본이 창씨개명을 하지 않을 경우 학생
들의 입학 및 진학 거부는 물론 채용 불가와 현직자 해고 조치 등
사회생활을 절대 불가능하게 만들었기 때문입니다. 결국 조선인들
은 살기 위해 어쩔 수 없는 선택을 했습니다. 사진은 자신의 성과
이름을 바꾸기 위해 모인 조선인들의 모습입니다. 안타까운 식민지
조선의 현실을 너무도 잘 보여주고 있습니다.

그런데 앞장서서 창씨개명을 권고한 지식인들이 존재했다는 사
실을 알고 있습니까? 조선인 소설가 이광수는 1940년 2월 20일 『매
일신보』에 창씨개명을 권하는 칼럼을 실었습니다. 그가 쓴 〈창씨

와 나〉의 일부입니다.

나는 천황의 신민이다. 내 자손도 천황의 신민으로 살 것이다. 내선일체를 국가가 조선인에게 허하였다. 이에 내선일체운동을 할 자 기실 조선인이다. 조선인이 내지인과 차별 없이 될 것밖에 바랄 것이 무엇이 있는가. 따라서 차별을 제거하기 위하여서 온갖 노력을 할 것밖에 더 중대하고 긴급한 일이 어디 또 있는가. 성명 세 자를 고치는 것도 그 노력 중에 하나라면 아낄 것이 무엇인가. 기쁘게 할 것 아닌가.

일제 강점기, 이 혹독한 환경 속에서 알량한 지식을 가진 그가 일본에 굴복해 써 내려간 반민족 행위의 증거입니다. 이광수는 1919년 『독립신문』의 주필로 활동한 독립운동가였습니다. 그런 그가 어쩌다 민족 반역자가 된 것일까요?

광복 이후 이광수는 친일파의 반민족 행위를 처벌하기 위해 설치한 반민족행위특별조사위원회에 끌려와 재판 과정에서 이렇게 말했습니다.

"나는 그렇게 잘나가던 일본이 이리 쉽게 망할 줄 몰랐다."

실제로 1920년대의 일본은 근대화로 빠르게 성장했습니다. 그 모습을 바라본 이광수는 일본은 절대 망하지 않을 것이며, 우리는 일본과 싸워 이길 힘이 없다고 생각했습니다. 이는 거꾸로 해석하면 "조선은 절대 독립하지 못할 것이다"라는 자기 확신과도 같습니다. 결국 그 연장선상에서 변절을 결심해 친일 행각을 일삼으며 창씨개명에 앞장서서 내선일체를 주장한 것입니다. 그의 친일 행각과 반민족의 역사는 이렇게 정확하게 기록되어 남아 있습니다.

이광수처럼 창씨개명을 선도한 지식인이 있는가 하면 창씨개명에 가슴 아파하고 괴로워했던 지식인도 분명 존재했습니다. 시대적 아픔을 고뇌한 시인 윤동주, 그 역시 유학을 가야 하는 상황에서 창씨개명을 했습니다. 다만 그럴 수밖에 없는 시대 현실에 너무도 괴로워했습니다. 그의 괴로움과 고민이 가득 담긴 시가 바로 우리가 너무도 잘 알고 있는 〈별 헤는 밤〉입니다. 다음은 그 일부입니다.

어머님,
그리고 당신은 멀리 북간도에 계십니다
나는 무엇인지 그리워
이 많은 별빛이 나린 언덕 우에
내 이름자를 써보고,
흙으로 덮어버리었습니다
딴은 밤을 새워 우는 벌레는
부끄러운 이름을 슬퍼하는 까닭입니다
그러나 겨울이 지나고 나의 별에도 봄이 오면
무덤 위에 파란 잔디가 피어나듯이
내 이름자 묻힌 언덕 우에도

자랑처럼 풀이 무성할 게외다

'부끄러운 이름'이라는 단어에는 쓰고 지우고, 쓰고 지우는 한 지식인이 시대의 아픔에 직면한 애절함이 그대로 녹아 있습니다. 가혹한 시대, 순결한 영혼을 지닌 시인의 자아성찰이 담긴 시가 바로 〈별 헤는 밤〉이 아닐까 하는 생각이 듭니다.

일본은 이름을 바꾸는 것뿐 아니라 스스로를 일본인이라고 생각하도록 의식의 변화까지 강요했습니다. 대표적인 것이 1937년에 만들어내 조선인들에게 외우게 한 맹세인 '황국신민서사'입니다.

— 황국신민서사 낭독

황국신민서사의 내용은 다음과 같습니다.

— 성인용 —

1. 우리는 황국 신민皇國臣民이다. 충성으로서 군국軍國에 보답하련다.

2. 우리 황국 신민은 신애협력信愛協力하여 단결을 굳게 하련다.

3. 우리 황국 신민은 인고단련忍苦鍛鍊하여 힘을 길러 황도를 선양하련다.

— 아동용 —

1. 우리들은 대일본 제국의 신민臣民입니다.
2. 우리들은 마음을 합하여 천황 폐하에게 충의를 다합니다.
3. 우리들은 인고단련忍苦鍛鍊하고 훌륭하고 강한 국민이 되겠습니다.

학교와 공장, 그리고 어느 조직이든 일과 시간마다 외우도록 하면서 일상생활에서 황국신민화를 강요했습니다. 일본과 조선은 하나이며 천황을 위해서라면 기꺼이 목숨을 바칠 수 있다는 사상을 주입시키는 작업을 한 것입니다. 특히나 아직 완전히 자아가 확립되지 않은 어린아이들은 주입교육으로 손쉽게 신민이 되었습니다.

황국신민서사 낭독으로도 모자라 날마다 일정 시간에 사이렌이 울리면 천황이 사는 곳을 향해 절을 하는 궁성요배宮城遙拜까지 강요당했습니다. 조선인의 정체성을 말살하고 통합하려는 1930년대 민족 말살 통치는 여기서 그치지 않았습니다. 앞서 이야기했듯

—궁성요배

당시 일본은 중국과 미국을 상대로 전쟁을 치르는 중이었습니다.

이런 상황에서는 모든 것이 부족합니다. 전쟁에서 이기기 위해서는 군수 물자 생

산과 조달이 중요한 만큼 일본은 1938년 「국가총동원법」을 공포했습니다. 인적·물적 자원을 마음대로 동원하고 통제할 수 있다는 이 법은 이후 위안부 동원과 강제노역, 전쟁에 조선인을 강제 차출하는 쓰라린 역사로 이어졌습니다. 지금은 상상도 할 수 없는 인권 유린은 일본이 전쟁에서 패망할 때까지 멈추지 않았습니다.

그들은 왜 민족반역자가 되었나

'가미카제'라는 단어를 들어본 적 있습니까? 일본제국의 승리를 위해 폭탄이 장착된 비행기를 몰고 자살 공격을 한 일본군 특공대입니다. 가미카제라는 말은 고려 시대 여몽 연합군이 일본을 정벌하는 과정에서 처음 사용되었습니다. 고려군과 몽골군이 침략하자 일본은 긴장과 두려움에 떨었습니다. 그런데 거짓말처럼 여몽 연합군은 제대로 싸워보지도 못하고 대패하고 말았습니다. 태풍이 불면서 배가 침몰해 공격조차 못 하고 돌아와야 했던 것입니다. 이때 일본인들은 태풍을 신이 불어준 바람, 즉 신풍神風이라 여겼습니다. 이를 일본어로 표현한 것이 가미카제입니다. 그리고 일본과 미국의 태평양전쟁에서 신이 불어준 바람에 폭탄을 싣고 날아서 미군함에 던지는 인간 폭격기를 가리켜 가미카제라고 칭했습니다. 천황의 방패가 되어 일본제국을 지킨다는 명분 아래 무모한 작전에 목숨을 바쳤던 수많은 젊은이들은 그렇게 전장의 이슬로 사라져 갔습니다.

무모하기 짝이 없는 인권 유린은 천황을 위해서 국가를 지키고 목숨을 바쳐야 한다는 비이성적이고 비합리적인 모습이 팽배한 시대에 아무렇지 않게 자행되었습니다.

—— 미쓰야마 후미히로

가미카제 특공대원 미쓰야마 후미히로는 출격을 앞둔 날 밤, 두려움에 평소 자신을 어머니처럼 살뜰히 돌봐준 식당 주인을 찾아갑니다. 고향의 어머니를 그리면서 아주머니와 마지막 대화를 나누던 그는 고향의 노래를 부르기 시작합니다. 이윽고 그의 입에서는 〈아리랑〉이 울려 퍼졌습니다.

미쓰야마 후미히로는 조선인 탁경현이었습니다. 동료들조차 그가 조선인이라는 사실을 꿈에도 몰랐습니다. 그가 한국말로 부르는 〈아리랑〉을 듣고 비로소 조선인임을 알게 된 것입니다. 조선 사람 탁경현, 그가 탄 비행기는 1945년 5월 11일 오전 8시 30분에 출격했습니다. 지란기지 51신부대의 일원으로 오키나와 특공작전에 투입한 탁경현의 비행기는 출격 1시간 30분 뒤 신호가 끊겼습니다. 이렇게 조선인은 전쟁의 인간 소모품으로 가미카제에 동원되었습니다.

어쩌면 황국신민에 동화되어 자발적으로 전쟁에 참가했을 수도 있습니다. 일본 천황을 위해 한목숨을 바치라며 가미카제 특공대를 지지했던 지식인이 당시에도 존재했기 때문입니다. 우리가 잘 알고 있는 시인 서정주는 조선인 가미카제 특공대원의 죽음을 찬미하며 〈오장 마쓰이 송가〉라는 시를 지었습니다. 다음은 그 일부입니다.

마쓰이 히데오!
그대는 우리의 오장伍長 우리의 자랑.
그대는 조선 경기도 개성 사람
인씨印氏의 둘째 아들 스물한 살 먹은 사내
(중략)
우리의 동포들이 밤과 낮으로
정성껏 만들어 보낸 비행기 한 채에
그대, 몸을 실어 날았다간 내리는 곳
소리 있이 벌이는 고흔 꽃처럼
오히려 기쁜 몸짓 하며 내리는 곳
쪼각쪼각 부서지는 산더미 같은 미국 군함!

한 시대를 살아가며 시대의 아픔을 직면하는 지식인의 역할에 대해 다시금 생각하게 만드는 서정주의 시입니다.

과연 '그 시대에는 어쩔 수 없는 일'이었을까요? 이 문구 하나로 반민족적 행적을 덮어야 하는 것일까요? 무릇 지식인이란 그 시대의 여론과 언론을 형성하며 우리 사회가 나아가야 할 길을 제시하는 역할을 해야 합니다. 따라서 더는 민족 반역자가 나오지 않기 위해서라도 역사는 이 같은 반민족적 기록을 남긴 사람들을 냉정히 평가할 필요가 있습니다.

우리가 잘 알고 있는 위안부는 2018년 3월 기준 생존자 30명, 평균연령 91세입니다. 앞으로 10년만 지나도 과거의 끔찍한 악행을 증언한 사람이 모두 사라질 가능성이 높습니다. 위안부는 과거에 정신대라는 이름으로 불렸습니다. 이는 잘못된 표현입니다. 정신대는 일본에 의해 강제로 끌려가 일한 노동대를 지칭하는 용어입니다. 우리나라는 정신대라는 용어 대신 위안부라는 용어를 사용하고 있으며, 유엔은 강제 성노예라는 표기를 권고하고 있습니다.

얼마 전 우리가 잊지 말아야 할 역사인 일본군 위안부의 74년 전 모습이 담긴 18초 분량의 영상이 공개되었습니다. 당시 위안부에 끌려간 사람들은 하루에 수십 명의 일본군을 상대하는 상상조차 할 수 없는 열악한 환경에 처했습니다. 잊혀진 전시 성범죄이자 여성 인권 문제인 위안부는 전장 한가운데서 마주한 참혹한 진실입니다.

전쟁은 약자들이 고통받을 수밖에 없으며 그곳에서 벌어지는 심각한 인권 유린은 외면받기 일쑤입니다. 특히 여성들이 전쟁에서 받는 상처는 생각보다 깊고 넓습니다. 우리는 이런 불행한 역사도 기록하고 기억해야 합니다. 잊고 싶은 끔찍한 과오라도 미래를 위해 돌아본다면 다시 반복되지 않을 것입니다.

군함도의 맨얼굴

가미카제와 위안부뿐 아니라 강제노역의 역사도 있습니다. 1938년 국가총동원법을 공포하면서 이론은 인적·물적 자원을 인정사정 볼 것 없이 통제했습니다. 1945년까지 무려 146만 명에 달하는 조선인이 전쟁 활동에 동원되었습니다.

일본 나가사키 항에서 남서쪽으로 18km 떨어진 곳, 남북 480m 둘레 1.2km에 이르는 작은 섬. 연간 42만 톤의 석탄을 생산하기 위해 조선인 800여 명이 강제 동원된 곳. 바로 군함도(하시마)입니다. 일본에게는 근대화의 유산이지만 우리에게는 지하 깊은 곳 비좁은 막장에 갇

── 군함도

혀 혹사당한 채 수백 명이 사망한 강제노역의 한이 서린 곳이기도 합니다. 우리는 이곳의 진실을 기록하고 과거를 기억해야 합니다.

멀리서 바라보는 군함도는 정말 바다에 군함이 떠 있는 것 같은 모습을 하고 있습니다. 앞서 이야기했듯이 2015년 유네스코 세계문

— 일본 최초 콘크리트 아파트

화유산에 등재된 뒤 일본에서는 관광지로 큰 인기를 얻고 있습니다. 일본이 특히 자랑하는 부분은 바로 일본 최초의 철근 콘크리트 아파트가 군함도에 세워졌다는 사실입니다.

이곳은 원래 사람이 살지 않던 무인도였습니다. 그런데 하시마의 운명을 바꿀 석탄이 발견됩니다. 그것도 아주 질 좋은 석탄이었습니다. 1810년의 일입니다. 일본 기업 미쓰비시는 하시마를 매입해 석탄 채굴을 위한 해저 탄광산업을 시작했습니다. 문제는 섬의 규모가 매우 작았다는 것입니다.

초기 하시마의 규모는 야구장 두 개 정도밖에 되지 않았습니다. 이곳에서 안정적으로 석탄을 채굴하기 위해서는 더 넓은 면적이 필요했습니다. 따라서 섬 주위에 시멘트를 들이부어 몇 차례에 걸쳐 매립 공사를 했습니다. 인공적으로 섬의 면적을 늘린 것입니다.

155쪽 군함도 변신 과정을 살펴보면 그림 속 파란색이 원래 섬의 면적입니다. 그것이 점점 확대되는 것을 확인할 수 있습니다. 뿐만 아니라 섬의 특성상 나가사키에서 배를 타고 출퇴근하기에는 불편함이 컸습니다. 면적을 늘리는 동시에 섬에서 거주하면서 채굴할 수 있도록 건물을 지었습니다. 그것이 바로 일본이 자랑하는 최초

의 철근 콘크리트 아
파트입니다. 주거지
외에도 병원, 학교,
영화관 등 편리시설
까지 만들어놓았습
니다. 이렇게 채굴된
석탄은 일본 내에서

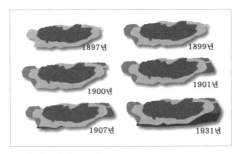

—— 군함도의 변신 과정

는 산업혁명을 이끈 주역으로 평가받고 있습니다.

아래 그림은 군함도, 즉 하시마 탄광의 단면도입니다. 지하 1km
까지 내려가는 깊이로 무려 아파트 250층 높이에 달합니다. 깊은
곳에서 채굴한 석탄일수록 품질이 좋기 때문에 계속해서 아래로
파 내려간 것입니다. 60도 이상의 가파른 경사를 따라 1km를 내려
가 광물을 채굴해야 하는 상황입니다. 이곳의 갱도는 허리조차 펼

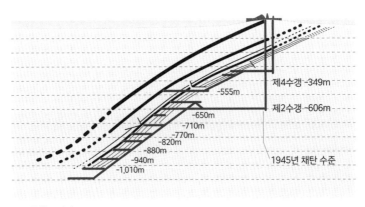

—— 군함도 단면도

—— 고무줄 하나에 의지한 모습

수 없을 정도로 좁아 자칫 미끄러지면 굴러떨어질 위험이 있어 사
진 속 두 사람처럼 고무줄 하나에 서로를 묶은 채 의지하며 내려갔
다고 합니다. 이런 환경에서 하루 12시간씩 2교대로 강제 노동이
이루어졌습니다. 때로는 8시간씩 하루 두 번, 총 16시간을 일하기
도 했습니다. 할당량을 채우지 못하면 일이 끝나지 않는 그야말로
철창 없는 감옥 생활과 같았습니다.

　게다가 갱도가 아래로 내려갈수록 좁아져 작은 체구가 일하기
유리했습니다. 때문에 어린 학생들도 강제노역의 대상이 되었습니
다. 우리는 위안부에 어린 소녀들이 강제로 동원된 모습을 기억하
고 있지만 군함도에는 어린 소년들이 강제로 징용되어 노동력을 착
취당했습니다. 이렇듯 전쟁의 현장은 어린아이들에게 더욱 가혹했
습니다.

　군함도는 바다 한가운데 위치한 섬이기 때문에 탄광 안으로 바

닷물이 끊임없이 들이쳤습니다. 염분이 강한 바닷물이 피부에 계속 닿으면서 짓물러 썩어들어갔고, 설상가상으로 내부 평균 온도가 40도를 넘으면서 분비물과 가스로 범벅된 채 채굴해야 했습니다. 한마디로 아비규환이 따로 없었습니다.

사실 미쓰비시는 기업이므로 비록 강제로 조선인을 징용했다 하더라도 노동에 대한 지급이 이루어지긴 했습니다. 문제는 일본인과는 너무도 다른 불평등한 방식으로 임금을 책정한 것입니다. 그곳에서 사용하는 수건값, 신발값, 숙박비 등을 떼이고 나면 남는 돈이 없었습니다. 결국 노동이 끝났을 때는 돌아갈 여비조차 마련하지 못할 정도로 주어지는 것이 없었습니다. 이것이 바로 강제노역의 근거입니다.

조선인의 강제노역 사례는 군함도가 전부는 아닙니다. 군함도는 극히 일부분일 뿐 수백 개의 강제노역 역사가 존재합니다. 대표적인 것이 무려 3,000여 명이 동원된 제2의 군함도라 불리는 단바의 망간광산입니다.

망간은 건전지의 재료이기도 하고 철의 강도를 높이는 데 사용되는 중요한 전쟁 물자입니다. 따라서 망간 채굴을 위해 강제로 조선인을 동원했습니다. 그곳 역시 군함도와 마찬가지로 채굴 환경이 매우 열악했습니다. 엎드려서 망간을 채굴한 뒤 200kg이나 되는 엄청난 망간 덩어리를 들고 기어 나오는 노동 착취가 그 광산에서 자행되고 있었습니다. 문제는 채굴 과정에서 발생하는 분진이 그대

로 몸에 축적되어 훗날 진폐증이라는 고통스러운 병을 불러일으켰
다는 것입니다. 망간 채굴에 참여한 많은 노동자가 진폐증에 시달
리며 숨 쉬는 것조차 괴로워하다 결국 죽음을 맞이했습니다.

이렇듯 참혹하고 끔찍한 악행이 버젓이 자행되었음에도 일본은
가해의 역사를 뒤로 한 채 군함도를 자랑스러워하고 있습니다. 군
함도의 또 다른 이면인 인권 유린의 진실에 관해서는 묵묵부답인
채로 말입니다. 일본은 유네스코에 군함도를 세계문화유산으로 등
재할 때 강제 동원 역사를 교묘하게 피하려 메이지 시대 산업혁명
유산으로만 시기를 한정해 신청했습니다. 비록 부끄러운 부분이 존
재하지만 세계문화유산으로 등재될 경우 기대할 수 있는 경제적 효
과가 엄청나기 때문에 무슨 일이 있어도 유네스코에 등재하려 했던
것입니다. 실제로 이곳의 연간 방문객 수는 약 10만 명에 달한다고
합니다.

일본은 군함도를 지금의 출발점이 되는 자랑스러운 곳이라고 여
깁니다. 하지만 그와 같은 평가는 역사 은폐와 왜곡이 난무한 허울
에 지나지 않습니다. 잘못된 과오를 되풀이하지 않기 위해서라도 우
리는 군함도의 진실을 계속해서 공부하고 널리 알려야 합니다.

용서할 수는 있다, 그러나 잊을 수는 없다

우리는 지금까지 혹독한 일제 강점기 속에서 끊임없이 저항한 우

리의 역사와 진실에 관해 이야기했습니다. 알면 알수록 참담한 과거에 마음이 아프지만 그럼에도 조국의 자유를 위해 꿈꿨던 의인들이 그 시대에 분명히 존재했습니다.

먼저 3·1운동에 앞장섰던 유관순 열사입니다. 초등학교 시절 친구들은 밤에 유관순의 사진을 보고 얼굴의 반을 가려보면 두 사람이 보인다는 이야기를 하곤 했습니다. 실제로 사진의 절반을 가리면 전혀 다른 사람

— 유관순 열사

처럼 보입니다. 그런데 다른 사람으로 느껴졌던 이유가 일제의 잔혹한 고문 때문이라는 사실을 알게 되면서 역사 교육이 얼마나 중요한 것인지를 실감했습니다. 17세라는 어린 나이에 고향인 천안으로 돌아가 태극기를 돌리면서 독립운동을 주도하고 3·1운동을 이끌었던 인물이 바로 유관순이었습니다.

아래의 사진 속 왼쪽의 인물이 누구인지 아십니까? 도산 안창호 선생입니다. 사실 우리가 알고 있는 도산의 모습은 오른쪽 사진에 가깝습니다. 민족 교육 지도자답게 단정하고 기개 있는 모습을 많이 보았을 것입니다. 왼쪽 사진은 그가 감옥에 수용된 당시 찍은 사진입니

— 도산 안창호

—— 처형 직전의 윤봉길 의사

다. 동일 인물로는 보기 힘들 정도입니다.

위의 사진 속 인물 역시 잘 알 것입니다. 왼쪽은 한인애국단을 이끌었떤 윤봉길이 처형되기 직전의 모습입니다. 오른쪽 사진은 일왕의 생일날 행사장에 폭탄을 던지는 거사를 치르기 전 결의를 다지며 찍은 것입니다.

161쪽의 인물이 누구인지 아십니까? 살아 있는 눈빛과 카리스마를 뿜내며 저항 정신을 가득 담은 이 사람은 독립운동가이자 시인 만해 한용운입니다. 그가 남긴 〈님의 침묵〉은 독립에 대한 의지가 가득 담긴 시로 민족 최대 저항시로 평가받고 있습니다.

님은 갔습니다.
아아, 사랑하는 나의 님은 갔습니다.
푸른 산빛을 깨치고

— 만해 한용운

단풍나무 숲을 향하여 난 작은 길을 걸어서,

차마 떨치고 갔습니다.

황금의 꽃같이 굳고 빛나던 옛 맹세는

차디찬 티끌이 되어서

한숨의 미풍에 날려 갔습니다.

(중략)

우리는 만날 때에 떠날 것을 염려하는 것과 같이,

떠날 때에 다시 만날 것을 믿습니다.

아아, 님은 갔지마는

나는 님을 보내지 아니하였습니다.

제 곡조를 못 이기는 사랑의 노래는

님의 침묵을 휩싸고 돕니다.

우리는 고통과 절망 속 일제 강점기에 물적 자원뿐 아니라 인적 자원까지 수탈당하며 인권 유린의 끝자락을 보아야 했습니다. 하지만 그 아팠던 시대에도 일본에 굴하지 않고 끝까지 저항했던 조선인들 덕분에 일제 강점기는 아프고 감추고 싶은 역사가 아니라 반드시 기억해야 하는 자랑스러운 역사로 남아 있습니다. 지금까지 이야기한 독립운동가 외에도 더 많은 사람들이 한마음으로 후손에게는 식민지의 백성으로 살지 않게 하겠노라는 꿈을 가지고 조국 해방을 위해 청춘을 바쳤습니다. 이렇듯 기억하고 싶은 이야기뿐 아니라 가슴 아프고 숨기고 싶은 이야기까지 총체적 개념을 모두 담아야 진정한 역사로 남을 수 있는 것입니다.

중국 상하이에는 위안부 소녀상이 있습니다. 그곳의 동판에는 이런 글귀가 새겨져 있습니다.

"우리는 용서할 수 있습니다. 그러나 잊을 수는 없습니다."

여러분, 우리가 기억해야 역사가 됩니다. 잘못된 역사가 다시는 되풀이되지 않도록 우리가 그 잘못을 논하는 것. 명확히 따지지 못한 잘못을 바로잡고자 노력하는 것. 정확한 정의를 내려주는 역사를 통해 과오를 반복하지 않는 것이야말로 우리가 역사를 배우는 이유일 것입니다.

• 허진모 •

어린 시절 서당을 다니며 한자를 익혔고 대학 시절에는 역
사에 심취하여 라틴어와 일본어를 공부하였으며 중국과 그
리스 로마사 원전을 탐구했다. 현재는 취미사학자로서 팟캐
스트 '휴식을 위한 지식-전쟁사 문명사 세계사'에서 문명과
전쟁, 종교, 미술 등 세계의 모든 역사를 누구나 즐길 수 있
도록 대중적이고 재미있게 전달한다. 저서로 《휴식을 위한
지식》《모든 지식의 시작》이 있다.

역사가 알려주는 이 시대의 영웅, 그리고 리더

최근 중국사가 많은 관심을 받고 있습니다. 그 이유는 무엇일까요? 안타깝게도 한국 역사서는 상당 부분이 소실되었습니다. 한반도 특정 시기에 대한 정보가 중국 역사서에 더 많은 실정입니다. 그 때문에 한국사를 알기 위해서는 중국사를 공부할 필요가 있습니다. 그뿐 아니라 다양한 부분에서 중국의 영향을 받기도 했습니다.

우리가 자주 사용하는 단어 중에 '완벽'이라는 것이 있습니다. 이 말은 완벽귀조完璧歸趙라는 사자성어에서 왔습니다. 과거 중국 전국 시대에 강성했던 진나라 옆에 위치한 조나라에는 '화씨지벽和氏之璧'이라는 진귀한 옥玉이 있었습니다. 진나라의 소양왕은 성 15채를 줄 테니 옥과 바꾸자고 제안했습니다. 이에 조나라의 명신이자 책략가인 인상여藺相如가 옥을 들고 진나라를 방문했습니다. 하지만 옥을 받아든 소양왕은 좋아하기만 할 뿐 성을 줄 생각은 하지 않았습니다. 그 모습을 본 인상여는 "전하, 옥에는 티가 하나 있습니다. 제가 보여드리겠습니다"라며 옥을 건네받았습니다. 그러고는 옥을 던질 듯한 시늉을 하며 약속한 성을 달라고 위협했습니다. 당황한 소양왕은 성을 주겠다는 문서에 서명했습니다. 허나 진심을 느낄 수 없었던 인상여는 꾀를 내어 소양왕에게 거짓 제안을 합니다.

"우리 왕은 이 신성한 보물을 내어줄 때 닷새 동안 목욕재계를 했습니다. 전하께서도 화씨지벽을 받으시려면 닷새 동안 목욕재계를 하시고 예를 갖춰주시기 바랍니다."

당돌한 요구였지만 옥을 받기 위해 소양왕은 어쩔 수 없이 수락했습니다. 닷새 후, 목욕재계를 마친 소양왕이 화씨지벽을 달라고 하자 인상여는 이미 조나라로 돌려보내 없다고 답했습니다. 소양왕은 화가 머리끝까지 치밀었지만 강대국의 체면상 어쩔 수 없이 사신에 대한 환송의 예禮까지 치른 후 인상여를 조나라로 보내 줄 수밖에 없었습니다. 이때 옥玉을 온전히 조나라에 돌려보냈다는 뜻의 '완벽귀조'에서 '완벽'이라는 말이 나왔습니다.

이처럼 우리에게 다양한 방식으로 많은 영향을 준 중국사 중에서도 큰 족적을 남긴 두 지도자의 사례를 바탕으로 이 시대가 원하는 영웅에 관해 알아보고자 합니다. 사실 영웅이라는 표현은 매우 주관적인 것입니다. 슈퍼맨, 배트맨, 아이언맨 같은 슈퍼 히어로가 아니어도 누구나 자기만의 영웅을 가지고 있습니다. 그런데 우리 모두의 영웅이었으면 하는 사람이 있습니다. 바로 '리더'입니다. 국민을 이끄는 리더, 조직을 이끄는 리더, 가족을 이끄는 리더 등 어디에서나 존재하는 리더의 조건을 중국사를 장식한 걸출한 두 인물의 이야기를 통해 알아보겠습니다.

두 사람은 바로 '진시황'과 '유방'입니다. 두 사람은 중국사에서 가장 중요한 인물입니다. 진시황은 진나라를 세웠고, 유방은 한나라를 세웠습니다. 중국의 로마자 표기인 'China'는 진나라의 진(Chin)에서 비롯한 것입니다. 한나라 역시 중국 최대 민족 '한족漢族', 중국 고유 문자 '한자', 한자로 이루어진 중국의 시 '한시'의 어원이된 나라라 하겠습니다. 그만큼 진나라와 한나라는 중국에 많은 영향을 미쳤습니다. 두 나라는 역사적으로 비슷한 시기를 보냈습니다. 춘추전국시대를 통일한 진나라는 15년 만에 멸망했고 진에 이어 세워진 것이 한나라입니다. 짧은 기간이지만 중국 역사의 중심에 섰던 진시황과 유방의 생애를 살펴보면 국가의 흥망성쇠를 파악할 수 있습니다.

중국 최초의 황제, 진시황

중국사에 가장 큰 영향을 미친 인물은 춘추전국시대를 종식시키고 처음으로 천하통일을 이룬 진시황입니다. 중국 최초의 황제인 진시황 하면 어떤 이미지가 떠오르나요? 대부분의 사람들은 폭군이라고 대답합니다.

역사 속 진시황의 모습은 두 가지
버전으로 나뉩니다. 성군 진시황과
폭군 진시황입니다. 그 이유는 진시
황이 춘추전국시대를 통일하기 전의
진나라와 통일 후의 진나라를 다스
리던 방식이 달랐기 때문입니다. 통
일 전 춘추전국시대의 진시황은 명

—진시황

석함과 뛰어난 행동력, 성실함까지 갖춘 성군에 가까웠습니다. 사
마천이 저술한 중국 역사서《사기史記》속 〈진시황본기秦始皇本紀〉
에 따르면 진시황은 크고 작은 일을 직접 처리했다고 합니다. 때문
에 매일 엄청난 양의 문서를 보아야 했습니다. 이를 위해 하루에 결
제해야 할 문서를 석(섬)이라는 무게의 단위로 정해놓았습니다. 1석
(石)의 무게를 현재의 기준으로 정확히 알 수는 없지만 여기서 나온
고사성어가 문서의 양을 저울을 이용해 석(石)이라는 무게단위로
잰다는 뜻의 '형석양서衡石量書'입니다. 이것은 책의 가치를 무게로 잰
다는 것과 같은 의미로 그만큼 진시황이 '무식하게' 많은 일을 했다
는 것을 말합니다.

진시황은 무엇보다 판단력이 뛰어났습니다. 과거 왕들은 대부분
의 정보를 신하들을 통해 보고받는 방식으로 업무를 볼 수밖에 없
었습니다. 따라서 어떤 내용에 대해서도 그 진위를 정확히 알기란

쉽지 않았습니다. 명군으로 칭송받는 왕들은 신하의 말이 참인지 거짓인지, 또 그가 충신인지 간신인지, 충언하는지 모함하는지 명확하게 분간해냈습니다. 진시황 또한 그러했습니다. 왕은 구중궁궐에서도 천하를 조망할 줄 알아야 하는데 이는 아무에게나 주어지는 능력이 아닙니다. 그러나 진시황은 이 점에 있어 탁월했던 것입니다.

과거에 왕이 되기 위한 유일한 조건은 그저 잘 태어나는 것이었습니다. 왕의 자리에는 선택권이 없습니다. 그런데 진시황은 왕의 혈통이 아니라는 기록이 있습니다. 전국시대 말기 진나라 상인이었던 여불위呂不韋의 아들이라는 설이 존재합니다. 과연 진실은 무엇일까요?

진시황의 아버지는 '자초子楚'로 훗날 장양왕이 되는 인물입니다. 자초는 당시 진나라 왕의 둘째 아들의 둘째 부인의 둘째 아들이었습니다. 한마디로 왕이 될 가망성이 전혀 없는 위치인 셈입니다. 그는 전국시대에 나라끼리 조약의 증표로 보내는 인질이 되어 조나라로 보내졌습니다. 당시 인질은 자국에서 중요한 위치에 있지도 않고, 심지어 죽어도 상관없는 사람들의 몫이었습니다. 진나라의 왕족임에도 별다른 영향력이 없던 자초는 조나라에서 제대로 대접받지 못했습니다. 생활비조차 넉넉지 못한, 궁색한 삶을 살던 그를 눈여겨보던 사람이 있었습니다.

그가 바로 진나라의 거상 여불위였습니다. 자초의 가능성을 본

── 진시황의 아버지, 자초의 위치

여불위는 '기화가거奇貨可居', 즉 진귀한 건이니 가히 가히 거둘 만하다며 자초를 자신의 것으로 만들기로 합니다. 그는 훗날 자초가 왕이 될 수 있다고 생각한 것입니다. 그림 속 가계도를 보면 알 수 있듯 자초는 왕이 되기 어려운 위치에 있습니다. 그러나 여불위는 500금의 거금을 주어 자초가 조나라의 상류층과 사귀도록 했고 어느새 화류계의 중심인물로 거듭났습니다. 자초는 그제야 진나라로 건너갔습니다. 자초의 아버지 안국군의 첫째 부인인 화양부인은 남편의 총애를 받았지만 자식이 없었습니다. 이에 여불위는 자초를 화양부인의 양자로 만들었습니다. 둘째 부인의 둘째 아들에서 첫째 부인의 유일한 아들이 된 것입니다. 이제 지금의 태자인 아버지의 형, 즉 큰아버지만 없다면 아버지가 왕이 되고 그 후계자인 자초도 왕위를 물려받을 수 있게 되었습니다.

하늘이 도운 것인지 큰아버지인 태자가 갑자기 죽었습니다. 뒤이어 자초의 아버지 안국군이 왕이 되는데 놀랍게도 효문왕으로 즉

위한 안국군 마저 3일 만에 사망합니다. 눈 깜짝할 사이 자초는 장양왕이 되어 진나라의 주인으로 올라서게 됩니다. 하지만 자초 역시 즉위 3년 만에 사망하면서 진시황이 왕위에 오릅니다. 여불위가 상상해 마지않던 일이 순식간에 일어나버린 것입니다. 당시 진시황의 나이는 13세로 여불위는 투자한 돈의 몇만 배를 거둬들인 셈입니다.

그런데 진시황의 어머니가 누군가 하면 여불위의 첩이었습니다. 여불위의 첩이 자초와 혼인할 당시 임신한 아이가 과연 여불위의 자식이냐, 자초의 자식이냐라는 논란이 있었습니다. 진시황이 왕가의 혈통을 지닌 장양왕(자초)의 자식인지 아니면 비선실세 여불위의 자식인지를 두고 많은 말이 오갔던 것입니다. 사마천은 《사기》에서 장양왕의 아들이라는 데 한 표를 던졌습니다. 《사기》는 기전체로 기록된 역사서입니다. 기전체는 본기, 열전 등을 일컫는 기·전·지·표 등으로 구성된 역사 서술 체제를 뜻합니다. 그래서 연대순으로 제왕의 언행과 업적을 기술한 〈본기〉와 제왕을 모시는 신하들의 이야기를 담은 〈열전〉이 있습니다. 그러니까 사마천은 보다 공식적이라고 할 수 있는 기록인 〈본기〉에서 진시황은 진나라 장양왕의 아들이라고 분명하게 명시했습니다. 하지만 사마천이 〈열전〉이라 할지라도 진시황이 여불위의 아들이라는 기록을 남긴 이유는 '그러한' 논란도 있었음을 보여주는 것입니다. 이는 당대에 여러 시각이 있었음을 알려주며 판단은 후대에 맡기려는 역사가의 의

무감에서 비롯된 것이라 할 수 있습니다. 후대에 써진《한서漢書》나 《십팔사략十八史略》은 대놓고 "진시황은 여불위의 아들이다"라고 기록하고 있습니다. 원망의 대상이었던 진시황을 혈통으로 공격한 것인데 이것은 편찬된 시기의 정치 상황과 사회 분위기의 영향을 받은 결과입니다.

찬란한 역사 한왕조의 시작, 유방

중국을 하나로 통일한 진나라였지만 영원할 것 같던 제국은 15년 만에 무너지고 중국 문화의 기틀을 마련한 한왕조가 시작되었습니다. 400년 가까이 지속한 한나라 역사의 찬란한 시작은 유방이었습니다. 그렇다면 유방은 어떤 군주였을까요?

유방은 꽤나 특이한 군주였습니다. 대부분의 왕에게 따라다니는 총명함이라는 수식어가 없었습니다. 잠시나마 교육을 받았다는 증거도 없습니다. 만일 유방을 훌륭한 인물로 본다면 교육의 힘이 아닌 타고남의 결과라 할 수 있습니다. 사마천은 《사기》에서 유방에 관해 "마음이 넓고 남에게 베풀기를 좋아했으며 성격이 활달했다"라고 기록했습니다.

— 유방

좀 더 들여다보면 일반 백성들이 하는 생산 노동에 종사하지 않았으며 술과 여자를 좋아했다고도 합니다. 늘 외상으로 술을 마셨고 취해서 드러누워 자기 일쑤였다는 것입니다. 기록만 보면 동네 건달이 따로 없습니다.

사마천은 어떤 내용이든 권력에 아부하지 않고 준엄하게 역사를 기록했습니다. 《사기》가 오늘날 높은 평가를 받는 이유도 객관적으로 냉정하게 서술했기 때문입니다. 그래도 한 나라의 건국자를 형편없는 사람으로만 평가할 수는 없어 "유방에게서 용의 기운이 나타났다"고 체면치레를 위한 표현을 하기도 했습니다.

기록을 좀 더 살펴보면 유방은 자주 외상 술을 마셨고 술집 주인은 연말이 되면 외상장부를 찢어 없앴다는 내용이 있습니다. 왜 그랬을까요? 두 가지 이유가 있습니다. 첫째, 어차피 받을 수 없다는 사실을 알고 포기한 것입니다. 둘째, 유방의 사람을 모으는 매력 때문입니다. 신기하게도 그가 술을 마시는 날이면 매상이 쭉쭉 올라갔습니다. 술집 주인은 유방을 마치 일종의 영업사원이라고 여겼습니다.

유방은 농부의 아들로 태어난 흙수저였습니다. 《사기》의 〈고조본기〉는 유방에 관해 다음과 같이 기록했습니다.

"고조高祖는 패현沛縣, 풍읍豐邑 중양리中陽里 사람으로 성은 유劉, 자는 계季라 했다. 아버지는 태공太公이며 어머니는 유온劉媼이라 했다."

아버지는 태공이고 어머니는 유온입니다. 태공이라는 말은 노인의 존칭입니다. 즉 오늘날 '어르신' 정도의 표현이며, 좀 더 확장해서 해석하자면 '아저씨' 또는 '아버지'라는 의미도 포함됩니다. 어머니의 이름인 온은 '노파'를 뜻합니다. 그러니까 '할머니', 좀 더 확장해 해석하면 '아줌마' 또는 '어머니'라는 의미입니다. 그리고 《사기》에는 기록되어 있지 않지만 《한서》에는 유방의 큰형은 유백劉伯, 둘째 형은 유중劉仲, 유방의 본명은 유계劉季라고 이야기합니다. 큰형의 이름인 백은 형제 중 첫째라는 뜻이고, 둘째 형의 이름은 형제 중 둘째라는 뜻입니다. 그리고 유계는 형제 중 넷째이거나 막내라는 뜻입니다. 풀어보면 유방 아버지의 이름은 아버지, 어머니의 이름은 어머니, 큰형의 이름은 큰형, 둘째 형의 이름은 둘째 형인 셈입니다. 암만 봐도 나라를 세운 건국자로서의 위엄이 보이지 않는 너무도 초라한 족보입니다. 변변치 못한 유방의 배경 때문에 《사기》는 용의 기운을 느꼈다고 에둘러 표현했으며, 《한서》는 난데없이 유방을 고대 중국 전설 속 요임금의 후손이라고 포장하며 일종의 족보 같이를 시도했습니다.

이런 볼품없는 배경에도 유방은 어진 성품의 매력적인 군주로 평가받고 있습니다. 그렇다면 과연 부모로서의 모습은 어떠했을까요? 이를 확인할 수 있는 이야기를 해보겠습니다.

어느 날 유방의 부인이 아이 둘을 데리고 밭에서 일을 하고 있었습니다. 그때 길을 가던 한 노인이 찾아와 마실 물을 청했습니다.

유방의 부인은 굶주린 노인에게 물과 음식을 대접했습니다. 노인은 고마운 마음에 보답으로 관상을 봐주겠다며 "부인은 천하의 귀인이오!"라고 말했습니다. 두 아이의 관상도 봐달라는 부인에게 노인은 "부인이 귀할 수 있는 것은 두 아이 때문이오"라고 말하고 다시 길을 떠났습니다. 얼마 후 밭에 온 유방에게 부인은 노인이 한 말을 들려주었습니다. 그러자 유방은 즉시 노인을 뒤쫓아가 자신의 관상도 봐달라며 애원했다고 합니다. 아이들보다 자신이 먼저였던 것입니다.

한 가지 일화를 더 이야기해보겠습니다. 중국 천하를 두고 초나라와 한나라가 대립한 팽성 전투에서 항우의 공격에 밀린 유방은 수레를 타고 도망쳤습니다. 수레를 몰던 부하 하후영과 열심히 도망치던 중 자식들을 만나 수레에 태우고 다시 전속력으로 달렸습니다. 그런데 항우의 군대가 바짝 추격하며 유방이 탄 수레를 공격했습니다. 절체절명의 위기에서 유방은 다급한 나머지 자식들을 수레 밖으로 밀어버렸습니다. 두 아이의 무게 때문에 수레가 달리는 속도가 느려진다는 이유로 이러한 행동을 한 것입니다. 놀란 부하가 아이들을 수레에 태운 뒤 달리기 시작했습니다. 그러다 항우의 군대가 또다시 바짝 추격해오자 이번에도 유방은 아이들을 밀어냈습니다. 약속이나 한 듯 부하는 아이들을 다시 태우고 달렸습니다. 유방은 무려 세 번이나 아이들을 수레 밖으로 밀어버렸습니다. 부성애보다 자기애가 강했던, 역사적으로 매우 드문 군주라고 할 수 있습니다.

금수저 진시황의 업적 아닌 업적들

진시황이라 하면 가장 먼저 떠오르는 업적은 만리장성입니다. 1987년 유네스코 세계문화유산에 등재된 우수한 고대 중국 문명의 살아 있는 증거이자, 인류 역사상 가장 위대한 건축물의 하나입니다. 그런데 만리장성을 진시황이 전부 지은 것은 아닙니다. 만리장성은 춘추시대부터 이미 존재했다고 볼 수 있습니다. 즉 춘추시대와 전국시대를 지나면서 북방과 접하던 나라들이 유목민을 막기 위해 부분적으로 장성을 건축했고, 진시황이 중국을 통일한 뒤 그것을 연결한 것이 만리장성입니다. 부분적으로 존재했던 장성을 모두 이으며 만리장성으로 재탄생한 것입니다. 후대에도 계속해서 장성이 확대되었고 대대적인 보수 작업을 거쳐 명나라 시절에 현재의 모습이 완성되었습니다.

진시황의 또 다른 업적은 진시황릉과 병마용입니다. 즉위 초부터 70만 명의 노동력을 투입해 만든 상상을 초월하는 규모라 할 수 있습니다. 그리고 지금은 불에 타고 없지만 대규모 황궁인 아방궁 역시 진시황의 작품입니다.

동양의 건물, 특히 왕궁의 건물은 단계가 정해져 있고 그에 따라 규모와 위치가 결정됩니다. 그중 가장 격이 높은 건물을 전殿이라고 합니다. 근정전, 대전, 태화전, 보화전 등이 이에 해당합니다. 그다음 높은 건물은 당堂입니다. 함화당, 집경당 등이 있습니다. 이어서 합閤과 각閣이 있는데 이는 전과 당의 부속 건물로 볼 수 있습니다. 과거에 커다란 건물이 많은 모습을 보고 "전각이 즐비하다"라고 말했습니다. 이는 "전당합각이 즐비하다"라는 말을 줄인 것입니다. 진시황이 지은 아방궁에는 전전前殿이라는 주요 건물이 있습니다. 사기에 이르기를 이 건물은 동서의 길이가 500보였으며 구름다리 모양의 복도를 건너면 다른 도시에 이를 정도였다고 합니다. 이렇듯 거대한 규모의 아방궁은 항우가 함양을 점령한 뒤 불태워졌는데 타는 데만 무려 3개월이 걸렸습니다.

진시황은 천하를 통일한 직후부터 엄청난 규모의 운하와 도로를 건설했습니다. 그가 천하를 통일한 이후 재위한 기간은 불과 11년밖에 되지 않지만 그 기간에 대규모 토목공사 외에 도량형, 화폐, 문자 통일까지 이루어졌습니다. 하지만 진시황의 가장 위대한 업적은 바로 '중앙집권제'입니다. 중앙에서 지방에 관리를 파견해 직접 다스리는 정책인 중앙집권제(군현제郡縣制)는 당시 사람들에게는 생각지도 못했던 혁명과 같았습니다.

그런데 짧은 시기에 이룬 진시황의 업적이 과연 득이기만 할까요? 나라가 빠르게 발전할수록 진나라의 백성들은 고통받았습니다. 나라에 일손이 필요할 때마다 백성들은 고된 노동을 도맡아야 했고 전체 인구의 10~15%가 노역에 동원되었습니다. 백성들이 힘겨워하는 것을 알면서도 진시황은 왜 노역에 백성들을 동원한 것일까요? 사실 진시황이 나라를 다스리는 목적은 백성에 있지 않았습니다. 그의 목적은 자신의 나라, 자신의 왕족, 즉 자신이 목표였습니다. 자기 자신과 제 손에 넣은 국가만 중요했던 것입니다. 그렇다면 그에게 백성이란 무엇이었을까요? 자신의 꿈을 이룰 수단이자 도구에 불과했습니다. 이것이 바로 통일 이후 폭군이 된 진시황의 모습입니다.

당시의 진시황은 누구의 말도 귀담아듣지 않았습니다. 정확히 말하면 들을 필요가 없었던 것입니다. 왕권이 너무도 강력했기 때문입니다. 그 모습을 보다 못한 태자가 아버지인 진시황을 향해 충언하자 "너는 저 위에 올라가서 만리장성이나 쌓아라"라는 말을 듣고 쫓겨났을 정도였습니다. 태자가 이러하니 다른 신하는 어떠한 말도 할 수 없는 상황이었고, 자연스럽게 통일 이후의 진시황은 소통 단절의 아이콘이 돼버렸습니다.

게다가 진시황은 까무러칠 만큼 놀라운 행보를 보입니다. 천하순행을 결단한 것입니다. 이는 결코 단순한 일이 아닙니다. 그림은 진시황이 10년간 돌아다닌 거리를 표시한 것입니다. 당시 왕이 궁궐을 비운다는 것은 웬만한 자신감이 없다면 상상조차 하기 힘든 일이었습니다. 잠시만 자리를 비워도 반란의 위험이 고개를 들기 때문입니다. 게다가 중국은 땅덩어리의 크기가 어마어마해 전국 순행에는 상당한 시간이 걸립니다. 중국보다 훨씬 작은 우리나라 역

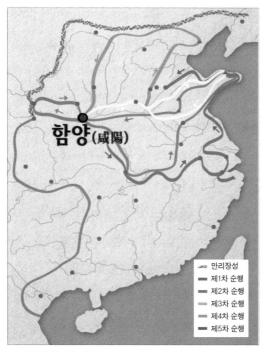

── 진시황의 순행 경로

사만 봐도 전국 순행은 매우 드문 일이었습니다. 그럼에도 진시황은 10여 년간 무려 다섯 차례나 순행에 나섰습니다. 평균 2년에 한 번꼴로 돌아다닌 셈입니다. 그렇게 진시황의 정치는 궁궐 안이 아닌 궁궐 밖에서 이루어졌습니다. 이렇게 왕이 돌아다닌다는 것은 왕권과 국가 체제의 안정성을 과시하고 권력이 자신이 손에 있음을 강조하는 것입니다.

사실 천하의 주인인 진시황이 외부로 행차를 한다는 것은 외출 이상의 큰 의미를 가집니다. 우선 황제가 순행에 나서기 위해서는 도로가 정비되어야 할 것입니다. 그 말인즉슨 백성들이 진시황의 편한 순행을 위해 미리미리 도로 공사에 투입되어야 함을 뜻합니다. 백성의 삶과 고충을 이해하기 위한 순행이 아닌 정치적 목적이 있는 통치의 한 형태였던 것입니다. 한번은 순행 중 산에서 불어오는 바람 때문에 물살이 거세져 건너기 어려워진 경우가 있었습니다. 그러자 진시황은 산의 나무를 모조리 베도록 해 민둥산을 만들어버렸습니다. 과거에 산은 백성들 삶의 보고였습니다. 기후 변화나 자연재해 등으로 농사가 어려워지면 채집이나 수렵으로 생활을 이어나갈 수 있는 대체 생활 수단이 바로 산입니다. 그런 산을 한순간에 민둥산으로 만들었다는 것은 백성은 안중에도 없는 전형적인 폭군의 모습이라 할 수 있습니다. 달라진 진시황의 태도에 백성들의 마음은 점점 멀어져 갔습니다.

흙수저 유방의 백성의 마음을 흔든 한마디

생각도, 하고 싶은 것도, 이루고 싶은 것도 너무 많아서 문제였던 진시황과 달리 유방은 무념무상의 시간을 보냈습니다. 도탄에 빠진 백성을 구하겠다거나 좋은 나라를 세워 잘 다스려보겠다는 대의나 비전이 없었습니다. 사실 유방은 얼떨결에 한나라를 세웠다고 해도 무리는 아닙니다. 비록 진나라가 멸망했지만 짧은 시간 이뤄놓은 유산이 막대했기 때문입니다.

한나라도 건국 초기 국가 정비를 준비하고 반란군 진압과 권력 안정화를 위해 노력했지만 이는 새로운 나라를 세우기 위한 가장 기초적인 과정입니다. 그 외의 모든 기틀은 진나라가 이미 마련해 놓은 것으로 충분했습니다. 육로와 수로 개척, 공문서에 사용할 문자 통일, 화폐 통일과 같은 경제 개혁은 물론 만리장성 축조로 토목 공사까지 정비되어 있었습니다. 모든 것이 준비된 상황에서 유방이 할 일은 인기 관리밖에 없었습니다.

"그동안 고생했으니 좀 쉬어라."

이 한마디와 함께 법과 제도를 간소화했습니다. 그러자 절로 지지율이 높아졌습니다. 전임자였던 폭군 진시황의 패착과 대조적으로 따뜻한 말 한마디를 건넬 줄 아는 유방의 모습에 멀어졌던 백성들의 마음이 다시 돌아오기 시작한 것입니다.

"무릇 천하를 정복할 때는 사술과 무력을 중시하며, 천하가 통일된 후에는 백성에게 권력이 잘 통하도록 노력해야 한다. 천하를 취할 때와 지킬 때의 방법은 다른 것이다. 그러나 7국이 할거하던 전국 시대를 마감하고 천하의 임금 노릇을 하면서도 예전의 방법을 답습하고 혹독한 정치를 거두지 않았으니, 그만큼 빠르게 멸망하지 않을 수 없었다."

전한 시대 천재 학자 가의賈誼가 쓴 《과진론過秦論》의 일부입니다. 《과진론》이란 '진나라의 과오를 논한다'는 의미로 진나라의 태동기부터 천하통일, 그리고 멸망까지의 흥망성쇠를 담은 책입니다. 보통 이전 왕조의 역사를 기술할 때는 좋게 쓰지 않는 것이 관행입니다. 당시 진나라를 향한 백성들의 규탄과 성토가 너무도 심해 굳이 나쁘게 쓰려 하지 않아도 이러한 내용이 기록될 수밖에 없었습니다. 진시황의 출생에 관한 공식적인 기록이 있음에도 그가 왕족 출신이 아니라는 소문이 민관에 퍼진 것도 이러한 분위기 때문이었습니다. 백성들은 진나라가 싫고 진시황이 미웠습니다. 결국 진나라는 천하를 통일한 지 15년 만에 멸망하고 맙니다. 이는 진시황이 사망한 지 4년 만에 벌어진 일입니다. 즉 진나라는 진시황 그 자체였던 것입니다.

그에 반해 유방이 세운 한나라는 전한 약 200년, 후한 약 200년으로 중국 역사상 가장 오래된 통일 왕조를 유지했습니다. 이와 비슷한 기조를 보이는 것이 당나라입니다. 수나라가 엄청난 유산과 기틀을 쌓아놓고 망한 뒤 건국된 당나라 역시 오랜 시간 전성기를 유지했습니다. 중국 역사상 가장 큰 전성기를 누린 한나라와 당나라를 가리켜 '한·당시대'라고 합니다.

진나라보다 한나라가 더 오랜 시간 왕조를 유지할 수 있었던 비결은 무엇일까요? 유방에게서 그 이유를 찾는다면 부하의 간언에 경청하는 자세라고 하겠습니다. 항우와 유방이 진나라 수도인 함양을 공략하기 위한 대결을 할 때 운 좋게도 유방이 먼저 입성하게 되었습니다. 황궁을 살펴보니 함양은 그야말로 보물과 절세 미녀가 수두룩한 곳이었습니다. 보물은 참을 수 있어도 미녀의 유혹을 견디기 힘들어하는 유방을 보고 그의 부하인 번쾌樊噲와 장량張良이 절대로 넘어가서는 안 된다고 충언했습니다. 유방은 두 사람의 충고를 듣습니다.

한나라 건국 후 유방의 절대적 신임을 받는 충직한 관료인 소하 蕭何는 웅장한 궁궐을 지었습니다. 이미 진나라의 아방궁을 통해 무리한 토목공사가 나라를 망칠 수도 있음을 배운 유방은 궁궐이 너무 화려한 것은 아닌가 걱정했습니다. 그러자 소하는 "천자는 온 세상을 제집으로 삼는 법, 웅장하고 화려하지 않고서는 천자의 위엄을 보여줄 수 없습니다"라고 이야기합니다. 그 말을 들은 유방은 이번에도 금세 수긍합니다. 이처럼 진나라보다 한나라가 오래 이어질 수 있었던 원동력은 경직되고 일방적이었던 진나라에 비해 활기차고 유동적이었던 한나라의 분위기 덕분이었습니다.

지금 우리에게 필요한 리더는 누구인가?

사실 진나라를 세운 진시황과 한나라를 건설한 유방 사이에는 또 다른 황제가 존재했습니다. 엄밀히 말하면 두 사람이지만 한 사람이 재위한 역사는 너무도 짧기 때문에 제외하겠습니다. 이들 사이를 장식한 인물은 바로 2세 황제입니다. 말 그대로 두 번째 황제라는 뜻입니다. 이는 서양에서는 흔할지 몰라도 동양에서는 좀처럼 찾기 힘든 칭호입니다. 진시황은 천하를 통일한 뒤 사회, 경제, 문화까지 통일함으로써 국가를 이어가기 위한 시스템을 갖춰나갔습니다. 심지어 후대 황제의 칭호까지 직접 결정했습니다. 진나라의 시초인 자신을 시황제로 칭한 뒤 2세, 3세, 4세, 5세에 이어 만세에 이르기까지 무궁하게 전할 것을 명령했던 것입니다.

2세 황제도 유방과 같은 경청의 신이었습니다. 그런데 애석하게도 오직 한 사람의 말만 경청했습니다. 만일 그 한 사람이 관중管仲이나 제갈량諸葛亮 같은 뛰어난 정치가라면 그의 말만 듣는 것이 국가 발전에 도움이 될 수도 있었을 것입니다. 허나 불행하게도 2세 황제가 유일하게 경청한 신하는 진나라의 환관이자 천하 제일의 간신 조고趙高였습니다. 조고의 모략과 음모로 왕위에 오른 2세 황제는 재위 기간 내내 조종당하다시피 했고 사실상 조고에게 살해당한 비운의 황제로 역사에 기록되고 말았습니다.

진나라의 본격적인 멸망은 2세 황제 때 시작되었습니다. 정확하게는 진시황의 죽음으로부터 시작되었다고 해야 할 것입니다. 천하를 휘어잡고 공포로 호령하던 진시황의 치하에서 반란은 있을 수 없는 일이었습니다. 그만큼 왕권이 강력했습니다. 이는 왕의 능력이 탁월하다는 것을 뜻합니다. 만리장성, 아방궁과 같은 대규모 토목공사로 백성들의 원성이 높았지만 강력했던 권력만큼 국가는 흔들리지 않았습니다. 그런 진시황이 사망한 뒤 환관에게 조종당하는 2세 황제가 즉위하자 진나라는 단숨에 무너져 내렸습니다. 진나라는 천하를 통일하기 전 춘추전국시대의 제후국 중 하나로 수백 년을 이어온 국가였습니다. 뒤처졌던 후진국이었으나 주변 국가를 정복한 뒤 강국으로 부상한 뿌리 깊은 전통을 가진 나라가 어리석은 지도자 한 사람으로 인해 와르르 무너지는 데 4년밖에 걸리지 않았던 것입니다. 나라를 제대로 이끌지 못하는 리더가 피땀으로 일군 역사를 물거품으로 만드는 건 순간이었습니다. 이는 이 시대를 살아가는 우리들이 한 번쯤은 생각해봐야 할 문제입니다.

"나는 장량처럼 교묘한 책략을 쓸 줄 모른다. 소하처럼 행정을 잘 살피고 군량을 제때 보급할 줄도 모른다. 그렇다고 병사들을 이끌고 싸움에서 이기는 일을 잘 하느냐 하면 한신을 따를 수 없다. 하지만 나는 이 세 사람을 제대로 기용할 줄 안다. 반면 항우는 단 한 사람, 범증조차 제대로 기용하지 못했다. 그래서 내가 천하를 얻고, 항우는 얻지 못한 것이다."

유방이 자신의 즉위를 축하하는 자리에서 읊은 말입니다. 그는 자신의 부족함을 인정하고 주변 사람의 도움과 조언을 받아들이기를 주저하지 않았습니다. 귀를 열고 상대의 말을 경청하는 것이야말로 부족함을 채우는 방법이라고 생각했기 때문입니다. 특출난 것이 없는 유방이었으나 그의 유일한 장점인 경청은 다른 모든 부족함을 덮고도 남았습니다. 덕분에 한나라는 400년에 달하는 긴 역사를 기록할 수 있었습니다.

리더는 반드시 소통해야 합니다. 이때 단순한 소통이 아닌 통찰력 있는 소통이 필요합니다. 과거 진시황과 유방이 활동하던 구중궁궐 시대는 옛말입니다. 지금은 스마트폰과 SNS가 일상이 된 바야흐로 소통의 시대입니다. 수많은 정보와 의견이 우리를 둘러싼 지금, 리더는 어떤 것이 더 나은 결정인지, 최고의 선택을 이끌어낼 것인지를 판단할 탁월한 통찰력을 갖춰야 합니다.

진나라가 대대로 지켜오던 원칙이 있습니다. 바로 법가의 원칙인 '신상필벌信賞必罰'입니다. "공이 있으면 상을 주고 죄가 있다면 반드시 벌을 준다"는 이 당연하고도 간단한 원칙이 과연 우리나라에 잘 적용되고 있을까요? 열심히 일하고 좋은 일을 하면 반드시 대가가 따르는 '신상'이 이루어져야 하는데 대한민국의 현실은 과연 그러한 것일까요. 더 심각한 것은 '필벌'입니다. 죄를 지어도 돈 있고, 빽 있고, 힘 있으면 별다른 제재 없이 멀쩡하게 생활하는 사람이 너무 많이 보이는 것이 현실입니다. 공자는 군주에게 "가난은 근심하지 말고 균등하지 못한 것은 근심하라"고 말했습니다. 백성은 불공평한 세상이 억울할 뿐 가난한 것에 대해서는 억울해하지 않는다는 것입니다.

그래서 저는 '신상필벌'을 조금 다르게 해석해보고자 합니다.

"우리는 믿습니다(信). 상과 벌은 반드시 존재한다는 것을(賞必罰)."

나쁜 짓을 한 사람에게 나라가 반드시 벌을 줄 것이라는 공정함에 대한 믿음만 있다면, 그 하나만으로도 이 나라에서 산다는 것이 정말 행복할 것입니다. 저는 진시황이 천하를 호령한 비결이 그의 뛰어난 능력 덕분이라고 생각하지 않습니다. 그보다는 원칙에 충실한 결과라고 생각합니다. 리더는 모든 나라에 존재하기도 하지만 우리가 속한 모든 조직에 존재하기도 합니다. 우리 삶 속의 모든 리더가 우리가 기대하는 영웅이 되었으면 좋겠습니다.

•양정무•

서울대학교 고고미술사학과 졸업 후 런던 유니버시티 칼리지에서 박사 학위를 받았다. 한국미술사교육학회 회장을 역임하고 존스홉킨스 대학교와 메릴랜드 미술대학에서 방문 교수로 미술사를 연구하는 등 학자로서 활발한 활동을 하고 있다. 현재는 한국예술종합학교 미술원 교수이자 한국예술연구소 소장이다. 저서로 《난생 처음 한번 공부하는 미술 이야기》 시리즈와 《상인과 미술》 등이 있다.

중세인의 상상력을 훔쳐라

얼마 전 개인적으로 안타까운 일이 하나 있었습니다. 서울역 앞에 '슈즈트리'라는 조형물이 설치되었는데 흉물 논란을 불러일으킨 것입니다. 사람들은 "왜 낡은 신발을 거기에 갖다 놓느냐", "냄새난다", "보기 싫다"라는 말로 작가에게 비판을 가했습니다. 물론 작품에 대한 비판은 충분히 가능한 일입니다. 다만 작품의 의미를 제대로 끄집어낼 이야기가 부족한 점이 너무 아쉬웠습니다. 냄새나는 것, 보기 싫은 것일지라도 서울역 고가가 주는 재생의 의미를 폐기된 신발을 통해 되돌아보자는 취지가 충분히 드러나지 못한 것 같습니다.

신발에서 냄새가 난다는 것은 우리가 그만큼 열심히 뛰었고 열심히 살았다는 증거입니다. 지금껏 신발을 그려온 다양한 화가들도 그런 의미에서 작품 활동을 해왔습니다. 슈즈트리는 한발 더 나아가 몇 만 개의 신발로 거대한 조형물을 만들어 우리의 인생을 함축한 신발의 의미를 보여주고자 했으나 이런저런 이야기로 신발에 담긴 이야기가 묻혀버려 아쉬운 마음입니다. 더불어 우리가 눈에 보이는 아름답고 현란한 이미지만으로 미술을 바라보는 편견을 가지고 있는 것은 아닌지 하는 씁쓸함도 느꼈습니다.

'빛'에 집중한 중세 미술

본격적으로 미술에 관해 이야기해보겠습니다. 그 전에 '신조어' 하면 어떤 것이 떠오르나요? SNS, 스마트폰 등은 10여 년 전만 해도 생소했던 단어입니다. 그런데 '미술'이라는 용어도 130여 년 전에는 없던 말입니다. 영어로 Fine Art, 독일어로 Schone Kunst, 불어로 Beaux Arts. 이 용어를 번역한 게 미술입니다. 그런데 미(美)와 술(術) 중에서 어느 것이 더 중요한 용어일까요? Fine이나 Schone, Beaux은 꾸며주는 말, 즉 형용사입니다. 상대적으로 더 중요한 것은 Art입니다. Art라는 것은 기본적으로 기술입니다. 그러므로 '미'와 '술'이 만났지만 더 중요한 단어는 '술'입니다.

저는 미술사를 공부하고 미술을 좋아하지만 '미술'이라는 용어는 좋아하지 않습니다. '아름다울 미(美)'라는 글자 때문에 사람들에게 미술에 관한 고정관념을 심어주는 것은 아닐까 하는 생각이 들기 때문입니다. 어느 날 저는 여러 학자들과의 식사 자리에서 이에 관한 고민을 토로했습니다. 그러자 제 이야기를 들은 한학 연구자가 '미'라는 한자어를 살펴봐야 한다고 말했습니다. '미(美)'는 '양(羊)' 자와 '대(大)' 자가 합쳐진 글자(美＝羊＋大)로 살진 양이 곧 아름다움의 본질이라는 것입니다. 아마도 들판을 뛰노는 오동통한 양이 아니라 중세 시대 제물의 의미를 지닌 양을 뜻하는 것이라 생각됩니다.

그는 여기서 한발 더 들어가보라고 말했습니다. 고어를 살펴보면 '큰 대(大)' 자가 아니라 '불 화(火)' 자였다는 것(美＝羊＋火)입니다. 즉 신에게 바친 양이 불타오를 때의 감정 표현, 마음의 정화, 속죄, 성찰의 의미가 바로 '미'라는 것입니다. 그 이야기를 듣고 저는 큰 깨달음을 얻었습니다. 단순히 아름답고 현란한 것이 아니라 우리 마음을 움직이고, 우리 마음이 정화될 때 드는 감정이 '미'의 본질임을 비로소 알게 된 것입니다.

2016년 겨울, 우리나라는 수많은 촛불에 휩싸였습니다. 그 모습을 보면서 미술사학자인 저는 '촛불을 가장 잘 그린 화가는 누구일까?' 하는 궁금증이 생겼습니다.

촛불만이 보여주는 독특한 표현이 있습니다. 어둠 속에서 하나의 초가 빛을 발하고 있습니다. 자세히 보면 빛 자체는 매우 약합

— 촛불

니다. 그럼에도 주변을 따뜻하게 감싸며 꽉 차는 존재감을 발휘하는 시각 효과를 보여줍니다. 돌이켜보면 과거에도 촛불을 멋지게 그려낸 화가들이 있습니다.

17세기 프랑스에서 활동했던 '조르주 드 라 투르Georges de La Tour'라는 화가의 〈작은 등불 앞의 막달라 마리아La Madeleine à la veilleuse〉입니다. 촛불이 아닌 등잔불이 등장하고 있지만 촛불과 비슷한 효과를 보여줍니다. '촛불 광선 효과candle light effect'라고 불리는 이 표현 방식은 17세기 바로크 미술의 대표적 기법입니다. 조르주 드 라 투르는 촛불 광선 효과를 가장 잘 사용한 화가 중 하나입니다. 라 투르의 다른 작품인 〈주사위 놀이꾼들Les joueurs de dés〉을 보면 정중앙에 촛불이 위치하고 있습니다. 촛불은 주사위 놀이하는 사람들의 얼굴을 비추며 그들에게 집중하게 만들어줍니다. 이를 위해 배경은

—— 〈주사위 놀이꾼들〉

—— 〈작은 등불 앞의 막달라 마리아〉

완전히 어둠에 빠져 있습니다. 일반적으로 미술사는 라 투르를 전대 화가의 영향을 많이 받은 것으로 평가합니다. 그는 바로 '카라바조Caravaggio'입니다.

그의 작품 〈엠마오의 저녁식사La cena in Emmaus〉는 죽음에서 부활한 예수가 엠마오의 한 여인숙에서 자신을 알아보지 못하는 제자들과 저녁식사를 하면서 스스로 예수임을 밝히는 순간을 담은 작품입니다. 카라바조는 반복된 살인과 투옥, 도주 생활을 이어오다 39세에 요절한 파격적인 행보를 보여준 화가입니다. 〈엠마오의 저녁식사〉는 비록 촛불이 등장하지는 않지만 촛불 광선이 있는 것처럼 중앙에 빛이 있고 주변은 어둡게 되어 있습니다. 이렇듯 두 화가

—— 〈엠마오의 저녁식사〉

―― 〈성 세바스찬을 치료하는 이레네〉

―― 〈그리스도의 매장〉

의 흡사한 표현 기법 때문에 미술사는 라 투르가 카라바조의 영향
을 받았다고 평가합니다.

　사실 미술에서 구도가 같다는 것은 그 외의 많은 것이 같음
을 의미합니다. 왼쪽 그림은 카라바조의 〈그리스도의 매장o
Sepultamento de Cristo〉입니다. 한눈에도 대각선 구조임을 알 수 있습니
다. 오른쪽 그림은 조르주 드 라 투르의 〈성 세바스찬을 치료하는
이레네Saint Sébastien soigné par Irène〉인데 역시 대각선 구도입니다. 여기
에 촛불의 효과라든지 등장인물을 거칠면서도 자연스럽게 끌어낸
방식 등이 비슷합니다. 저는 두 작품을 보면서 라 투르의 작품을

카라바조의 아류라고 생각했습니다.

그런데 작품을 오랫동안 지켜보니 의외로 카라바조의 작품은 촛불 효과가 미미하다는 것을 알게 되었습니다. 반면 라 투르의 작품은 횃불을 중심으로 불이 주는 느낌을 확실하게 표현했습니다. 〈성 세바스찬을 치료하는 이레네〉는 성 세바스찬이 화살을 맞고 치료받는 순간을 그린 것입니다. 횃불이 주는 빛의 효과는 물론 타오르면서 움직이는 일렁임까지 세세하게 나타내고 있습니다. 지금 생각해보니 촛불에 관한 진정한 대가는 라 투르였던 셈입니다.

촛불의 효과를 극대화하며 그 어느 때보다 빛을 가장 잘 활용한 시대는 바로 중세입니다. 추운 겨울 촛불이라는 작은 빛 하나로 다시 일어난 우리에게 지금 이 순간만큼은 중세 미술을 가장 잘 이해할 수 있는 시기가 아닐까요? 이제부터 중세 미술의 세계로 조금 더 깊숙이 들어가보겠습니다.

수도원, 중세 시대의 상징이 되다

빛에 이어 중세 미술을 가장 잘 보여주는 것은 '수도원'입니다. 중세 시대를 대표하는 다양한 수도원 중에서도 스켈리그 마이클Skellig Michael 수도원은 상당히 독특한 환경에 위치합니다. 아일랜드의 독도라 할 수 있는 스켈리그 마이클이라는 바위섬에 있는 이 수도원은 아일랜드 초기 기독교인의 생활 터전으로 8~9세기 수도사들이

── 스켈리그 마이클 수도원

삶을 영위한 곳입니다. 유럽의 중심에서 상당히 벗어난 아일랜드에
서도 꽤 먼 거리에 떨어져 있는 섬에서 수도원 생활을 했다는 사실
은 매우 독특합니다. 당시 사람들은 도시를 타락하고 오염된 곳이
라 여겼으며 속세와 떨어진 곳일수록 신에게 가까이 다가갈 수 있
다고 생각했습니다. 따라서 스켈리그 마이클 수도원은 좀 더 신에
게 가까이 다가가 기도하면서 삶을 영위할 수 있는 최적의 장소였
습니다.

　사진 속 벌집처럼 생긴 곳은 셀cell이라 불리는 수도실로, 여기서
수도사들은 기도하거나 미사를 드렸습니다. 죽어서는 한평생 수도
생활을 영위하던 곳에 묻혔습니다. 그런데 흥미롭게도 이곳은 SF
영화 〈스타워즈 7〉, 〈스타워즈 8〉의 배경이 되었습니다. 그밖에

—— 린디스판 수도원의 성경과 확대한 모습

도 중세의 예술 문화는 흥미롭게도 오늘날 많은 작품의 소재로 사용되고 있습니다. 이는 중세의 미학이 우리 삶 속에서 미래의 판타지로 작용하고 있음을 보여줍니다.

　이번에는 영국 북동부에 위치한 린디스판Lindisfarne에 위치한 수도원 이야기를 해보겠습니다. 중세의 수도원은 단순히 기도만 하는 곳이 아니었습니다. 주로 신앙과 예술 활동이 함께 이루어졌습니다. 린디스판 수도원은 다양한 예술 활동 중에서도 필사筆寫에 의한 사경寫經(후세에 전하거나 축복을 받기 위하여 경문을 옮겨 적는 일)을 제작했습니다.

　사진은 린디스판에서 사경 방식으로 제작된 것으로 여겨지는 성경의 일부입니다. 얼핏 보기에 우리 눈에는 XP라는 문자가 눈에 들어옵니다. 이는 그리스어로, 영어로 표기했을 때 CHR이라는 문자와 같습니다. CHR은 그리스도의 앞 세 글자를 뜻합니다. 자세히 보면 삽화 속 잉크의 농도가 곳곳마다 흐려지는 것을 볼 수 있습니다. 이는 신에게 바친다는 생각으로 한 획, 한 획 고행에 가까운 정성을 들여 일일이 손으로 그린 필사본임을 증명하는 것입니다.

성경 속 삽화의 무늬는 다양한 곳에서 발견됩니다. 당시 로마의

—— 서튼 후 지역에서 발견된
허리띠와 버클

붕괴로 게르만족이 대이동을 하면서 덴마크나 노르웨이에 있던 다양한 이민족 중 하나인 앵글로색슨이 영국을 침공합니다. 이들이 남긴 유적은 훗날 영국 동부 서튼 후-Sutton Hoo 지역에서 대량 발견되었는데 성경과 같은 표현을 확인할 수 있습니다. 로마 이외의 지역에 있던 여러 이민족의 전통 문양으로 추측되는 매듭 형태가 영국에 전파되었고, 이를 성경 필사에 적용한 것입니다. 즉 수도원은 단순 필사 작업을 떠나 기독교 신앙과 당시의 문화를 접목했으며 여기에는 다양한 민족의 문화가 융합되었습니다. 사실 순수한 고전 미술이 그대로 이어졌다면 유럽의 예술 문화는 광장히 따분했을 것입니다. 시대 상황과 맞물려 고대 미술에 유럽의 새로운 이민족이 가진 영감과 에너지가 더해지면서 유럽 미술은 다채로운 색을 띠기 시작했습니다.

영국 스태퍼드셔Staffordshire에 사는 사람들의 취미 생활 중 하나는 금속탐지기와 산책하는 것입니다. 이 지역은 약 400년 전부터 이민족들의 잦은 침입이 반복됐는데, 사람들은 적을 피해 도망가면서 중요한 물건을 잠시 땅에 묻어놓았습니다. 덕분에 이 지역에서는 다양한 보물이 많이 발견됩니

─── 《켈스의 서》 내부

다. 영국 버밍엄Birmingham 박물관 및 미술관에는 그렇게 발견된 유물들이 전시되어 있습니다. 여기에서도 우리가 필사본에서 본 문양을 쉽게 발견할 수 있습니다.

중세 시대의 예술을 잘 보여주는 필사본이자 아일랜드가 자랑하는 최고의 보물은 《켈스의 서The Book of Kells》입니다. 돋보기를 사용해 봐야 할 만큼 섬세한 이 책은 800년 경에 제작된 것으로 추측됩니다. 켈스에서 발견되었으나 제작된 수도원은 아직 확인되지 않았습니다. 정교하고 화려한 장식 문양을 보면 로마 제국의 멸망, 흑사병 등 야만과 혼돈이 가득했던 중세의 암흑기라는 혼란 속에서 피어난 예술의 혼을 느낄 수 있습니다.

비잔틴 제국에서 꽃 핀 예술

동로마라 불리는 비잔틴 제국의 도시는 콘스탄티노플Constantinople
입니다. 이곳은 현재 터키의 수도인 이스탄불 지역입니다. 이스탄불
에는 '하기아 소피아Hagia Sophia'라는 성당이 있습니다. 한국어로 번
역하면 '성스러운 지혜'라는 의미의 성당입니다.

성당 내부를 살펴보면 중앙에 높이 55m의 거대한 돔 지붕이 올
라가 있습니다. 이 둥근 지붕의 지름은 30m가 넘는데 마치 하늘에
매달려 있는 것처럼 보입니다. 돔 바깥쪽에 작은 창들이 빙 둘러져
있고 이곳으로 빛이 들어오면서 낮에는 햇빛이, 밤에는 달빛이 공
간을 채웁니다. 빛이 들어오는 효과는 성당을 더욱 성스러운 공간
으로 만들어줍니다. 이러한 건축물을 보면 설계한 사람이 빛에 대

해 얼마나 많은 고민을 했는지
알 수 있습니다. 빛의 흐름과 효
과를 극대화한 표현은 중세 미
술에서 자주 만날 수 있습니다.
앞서 우리는 중세 미술의 특징
중 하나가 촛불이라는 것을 알
아보았습니다. 이를 반영하듯 과
거 하기아 소피아 성당은 촛불
을 켜두었다고 합니다. 다만 아

— 하기아 소피아 성당 내부

—— 전등으로 장식한 하기아 소피아 성당

쉽게도 현대 문명의 발달로 지금은 촛불 모양의 전등으로 내부를 장식해 놓았습니다. 중세 종교 건축의 매력은 외부보다 내부에서 더 잘 드러납니다.

하기아 소피아 성당에는 공간의 건축적 구성 외에도 미묘한 빛의 흐름을 잘 끄집어내 성당의 매력을 극대화한 미술이 있습니다. 성당 곳곳에 위치한 '모자이크'입니다. 오른쪽의 성모 마리아 모자이크는 7m가 넘는 거대 작품으로 주변의 황금 배경이 눈에 띕니다.

흥미롭게도 하기아 소피아 성당은

—— 하기아 소피아 성당 모자이크

초기에는 기독교를 상징했습니다. 그러나 1452년 오스만 튀르크가 이곳을 점령하면서 이슬람교의 예배 장소인 '모스크'로 사용하기 시작했습니다. 이슬람 지배자들조차 하기아 소피아 성당의 아름다움을 인정했기에 파괴하기보다는 일부를 개조해 모스크 사원으로 사용한 것입니다. 모자이크는 일부는 그대로 남겨놓았으나 대부분은 석회칠로 가려둔 상태입니다. 따라서 기독교 시대에 남겨진 모자이크된 성모 마리아와 이슬람의 아라베스크 문양이 공존하는 새로운 예술을 경험할 수 있습니다.

우리가 어린 시절 미술 시간에 경험한 모자이크는 색종이 조각을 붙여 무언가를 표현하는 방식이었습니다. 그런데 모자이크는 원래 색깔돌을 시멘트나 석회 위에 붙이는 기법입니다. 그 돌을 '테세라tessera(대리석 등의 자연석으로 만든 타일 모양의 작은 조각)'라고 합니다. 보통 1~3cm 크기의 돌을 촘촘하게 붙여나갑니다. 작은 돌이 하나하나 모여 작품으로 재탄생하기 위해서는 인내심과 노동력이 필요합니다. 수작업이기에 정교함이 떨어질 수밖에 없지만 완성된 모습을 보면 밝게 빛나면서 신비롭고 강렬한 표현력을 느낄 수 있습니다. 중세 회화의 우수함을 보여준 하기아 소피아 성당의 모자이크는 성스럽고 찬란했던 중세 미술의 걸작입니다.

터키 이스탄불은 콘스탄티노플 이전에는 고대 그리스 도시인 비잔티움으로서의 역사를 가지고 있습니다. 즉 비잔티움에서 콘스탄티노플, 그리고 이스탄불로 이어지는 세 가지 역사를 거쳐온 인류

—— 하기아 소피아 성당의 세밀한 모자이크 작품

역사의 중요한 도시입니다.

하기아 소피아 성당은 532~537년에 걸쳐 건축되었습니다. 우리나라로 치면 삼국시대에 만들어진 것인데 지금까지도 거의 완벽한 모습을 유지하고 있습니다. 성당의 외부 모습을 보면 고대 건축 기

── 하기아 소피아 성당 외부 모습

술이 그대로 중세로 전달된 것을 확인할 수 있습니다. 우산처럼 여러 개의 살로 이루어진 가운데 큰 돔을 반원의 돔이 양옆에서 지지하고 있습니다. 그 아래에는 다시 세 개로 갈라진 돔이 건물을 지탱합니다. 중세의 화려함을 보여주는 공간적 아름다움은 물론 기능적으로도 완벽해 건축사적으로 상당히 주목할 만한 비잔틴 문화의 꽃이 바로 하기아 소피아 성당입니다.

17세기 초, 오스만 튀르크의 술탄은 하기아 소피아 성당이 너무 좋은 나머지 건너편에 비슷한 건물을 지었습니다. 현재 터키를 대표하는 이 사원은 내부가 주로 파란색 타일로 장식된 까닭에 블루모스크라 불립니다. 기독교의 성전이 이슬람 사원의 기준이 되는 파격적이고 아름다운 건축 예술은 성스러운 매력이 넘치는 이스탄불에서 확인할 수 있습니다.

모자이크의 도시 라벤나

이탈리아의 라벤나는 모자이크의 예술성을 체감할 수 있는 최적의 도시입니다. 이탈리아 북부 지방에 위치한 라벤나는 베니스, 피렌체, 밀라노 같은 주요 도시에 비해 낯선 지역입니다. 이 작은 도시에는 5~6세기에 세워진 성당이 곳곳에 위치하며, 내부에는 화려한 모자이크가 완벽에 가까울 정도로 잘 보존되어 있습니다.

가장 먼저 볼 것은 '산 비탈레San Vitale 성당'입니다. 6세기 초, 비탈리스Vitalis 성인을 위해 지어진 성당으로 하기아 소피아 성당과 비슷한 시기에 만들어졌습니다. 구조도 매우 비슷한데 하기아 소피아 성당의 지붕이 원형이라면 산 비탈레 성당의 지붕은 원형에 가까운 팔각형 구조입니다. 두 곳의 성당 구조를 통해 당시 원형 또는 정다각형의 독특하고 창의적인 종교 건축이 유행했다는 것을 알 수 있습니다.

내부는 석회칠로 대부분의 모자이크를 가린 하기아 소피아 성당과는 사

—산 비탈레 성당

—— 산 비탈레 성당 내부와 모자이크

뭇 다른 모습입니다. 왼쪽 사진은 대지주가 놓인 중앙으로 팔각형 구조 덕분에 천장은 마치 꽃이 핀 것처럼 아름다운 모습을 연출합니다. 오른쪽 사진의 벽과 천장을 장식한 것은 모두 모자이크입니다. 작은 창을 관통한 빛을 받은 모자이크에 촛불이 더해지는 상상을 해본다면 이 공간이 훨씬 감성적으로 다가올 것입니다.

산 비탈레 성당에서 좀 더 자세히 살펴볼 것은 내부의 중앙과 그 위에 있는 앱스apse(기독교의 교회당에서 밖으로 돌출한 반원형의 내부)라는 공간입니다. 반원형의 이 공간은 산 비탈레 성당의 가장 중요한 이야기가 적혀 있는 곳입니다. 이 곳에 그려진 모자이크를 통해 이 성당이 어떻게 지어졌는지, 왜 지어졌는지 등 성당의 역사를 한눈에 볼 수 있습니다.

207쪽 사진의 가운데 있는 인물은 예수 그리스도입니다. 가장 왼쪽은 이 성당에 봉원된 비탈리스 성인으로 초기 기독교의 순교자입니다. 따라서 모자이크는 예수가 순교자에게 관을 하사하는

— 산 비탈레 성당의 앱스

장면을 담은 것입니다. 가장 오른쪽에서 팔각형 모양의 성당을 들고 있는 인물은 이 성당을 지은 에클레시우스Ecclesius 주교입니다.

성당의 더 안쪽으로 들어가면 중요한 메시지를 담은 모자이크가 또 등장합니다. 한쪽에는 성당을 지을 당시 비잔틴 제국의 황제였던 유스티니아누스Justinianus를, 건너편에는 테오도라Theodora 황후를 새긴 모자이크입니다.

이들 모자이크는 미술사 책에도 자주 등장하는 굉장히 유명한 장면입니다. 유스티니아누스 황제와 황후 테오도라의 러브스토리는 마치 우리나라의 바보 온달과 평강 공주 이야기 같습니다. 다만 남자인 유스티니아스가 귀족 신분이었고 테오도라 황후가 천민이었다는 차이가 있습니다. 알려진 바에 의하면 테오도라는 서커스에서 춤을 추던 무희였다고 합니다. 당시 로마법상 귀족과 천민은

―― 유스티니아누스 황제와 테오도라 황후의 모자이크

결혼할 수 없었습니다. 그러나 테오도라를 너무나 사랑한 유스티니아누스 황제는 법을 고치면서까지 결혼을 합니다. 결과적으로 두 사람의 결혼은 어마어마한 성공을 가져왔습니다.

유스티니아누스가 황제로 등극한 지 얼마 되지 않아 전차 경주 단체인 데모이demoi 당파가 폭동을 일으킨 '니카 반란Nika insurrection'이 벌어졌습니다. 경기장에 있던 사람들은 순식간에 폭도로 변했고 당장 그곳을 떠나지 않으면 황제의 목숨이 위험했습니다. 그때 테오도라 황후가 도주를 계획하던 유스티니아누스 황제의 앞을 막아섰습니다. 그녀는 "옛말에 어의는 곧 훌륭한 수의라 했습니다. 수치스럽게 도망가느니 함께 죽는 것이 낫습니다"라며 황제를 설득했습니다. 이에 정신을 되찾은 황제는 벨리사리우스Belisarius라는 유능한 장군을 앞세워 반란을 완벽히 제압했습니다. 이후 반란으로 불에 탄 성당을 재건한 것이 하기아 소피아 성당입니다.

산 비탈레 성당 천장의 모자이크를 바라보면 가운데 있는 '양'의 모습이 눈에 들어옵니다. 앞서 미술의 '미'가 살진 양, 불타는 양을

208

뜻한다고 이야기했듯 중세 미술 곳곳에서 양을 확인할 수 있습니다. 산 비탈레 성당에는 아브라함과 이삭에 관한 일화를 보여주는 '이삭의 희생'이라는 주제의 모자이크가 있습니다. 아브라함이 100세에 얻은 귀한 아들을 신에게 바치는 봉헌을 하기로 결심했고, 의식을 치르려는 순간 천사가 나타나 아들 대신 어린 양을 바치게 하는 장면입니다. 여기에서도 양이 등장합니다.

— 산 비탈레 성당 천장

이 외에도 라벤나 주변 클라세라는 도시에는 초기 기독교 성당의 아름다움을 보여주는 '산타폴리나레 Sant'Apollinare 성당'이 있습니다. 이곳의

— '이삭의 희생' 일부

내부에 들어서면 210쪽 사진과 같이 앱스에 그려진 모자이크가 가장 먼저 눈에 들어옵니다. 예수 그리스도를 중심으로 초원을 거니는 양들이 곳곳에 있습니다. 홀로 있는 고독한 양부터 짝을 지어 다니는 양들의 모습을 보면 내면의 평화가 찾아오는 기분이 듭니다. 이처럼 중세 미술 속 양의 존재를 찾는 재미가 쏠쏠합니다.

그런데 중세인들은 유화로 그림을 그리면 더 자세한 표현이 가능한데 왜 이렇게 노동집약적이고 오랜 시간이 걸리는 모자이크라는

── 산 타폴리나레 성당의 앱스

방식을 선택한 것일까요? 스스로 밝게 빛나는 신비로운 표현력과 함께 보존성도 중요한 고려 대상이었습니다. 캔버스는 시간이 지날수록 작품이 손상될 위험이 큽니다. 그에 반해 모자이크는 한번 제작하면 건축물이 남아 있는 한 함께 가는 영속성을 지녔습니다. 중세인들은 한 폭의 유화에 신을 담는 것보다 더 많은 정성을 들여 오래 보존할 수 있는 모자이크로 표현하는 것이 신을 그리는 진정한 방법이라 생각한 것 같습니다.

중세 고딕 미술의 시작

빛과 모자이크의 아름다움을 표현한 성당이 건축될 당시 로마는 이민족의 침입으로 붕괴 직전까지 몰린 혼란스러운 상황이었습니다. 그런데 라벤나는 주변이 습지로 둘러싸여 있어 천혜의 요새였습니다. 그 덕에 한때 로마 제국의 수도 역할까지 했으며 초기 기독교 성당이 잘 보존되어 있습니다. 중세 유럽의 미술은 10~11세기의 로마네스크 시기에 급속도로 발전하기 시작해 12~15세기 고딕미술 시기에 절정에 달했습니다. 여기에는 '성지순례'라는 배경이 숨어 있습니다.

당시 사람들은 일생에 한 번은 기독교인으로서 참회와 용서의 시간을 갖기 위해 길을 떠났습니다. 가장 많이 찾았던 곳은 '산티아고데 콤포스텔라Santiago de Compostela'라는 곳으로 자신이 사는 마을에서 스페인의 산티아고까지 걷는 순례의 길에 나선 것입니다. 그리고 이 순례길을 따라 도시가 생성됐습니다. 순례자들은 하루 평균 20~30km를 걸었고 그 간격으로 길이 생기고, 그 길을 따라 자연스레 도시가 생긴 것입니다. 성지순례에 나선 사람들이 계속 증가하면서 도시에 활력이 생기고 오늘날 유럽의 도시와 문화가 형성되었습니다.

중세인이 순례에 나선 것은 종교적 이유가 가장 크지만 또 다른목적이 있습니다. 당시 대부분의 스페인 지역은 이슬람 세력의 지배를 받았습니다. 732년에는 프랑스 파리의 앞마당이라 할 수 있는투르 근방까지 이슬람 세력이 공격해 올라왔습니다. 당시 샤를 마르텔Charles Martel 장군이 이슬람교도군을 격파하면서 침입을 저지했지만 이슬람 세력은 이베리아 반도 대부분을 지배했습니다. 따라서 이슬람 세력을 조금씩 밀어내야 했고 이 과정은 유럽 역사의 한 축을 차지합니다. '산티아고 데 콤포스텔라'는 이슬람 세력과 기독교 세력의 완충지대로 이곳을 걷는다는 것은 단순한 순례 이전에 이 지역의 종교적 문화권을 지배하겠다는 정치적 열망을 보여주는 행위라고 할 수 있습니다.

고딕 미술이라고 하면 딱딱하고 격식 있는 이미지를 떠올리는 경우가 많습니다. 하지만 실제로 고딕 미술을 경험하고 나면 그 용어가 적절치 않다는 것을 알게 됩니다. 화려함과 빛을 이용한 예술의 정수를 끌어올린 것이 고딕 미술입니다.

'아미앵 대성당Amiens Cathedral'은 프랑스 고딕 양식의 특징을 잘 보여주는 건축물입니다. 내부를 살펴보면 천장의 높이가 무려 42m로 약 13층짜리 건물의 내부가 완전히 트여 있는 것을 볼 수 있습니다. 저절로 탄성이 나올 정도로 아름답고 웅장합니다. 고딕 성당이 높은 것은 건물 외관의 형태가 복잡하기 때문입니다. 다양한 돌기둥들이 바깥쪽으로 우뚝 솟아나 힘을 분산시키는 역할을 합니다. 아미앵 대성당은 특히 폭이 좁고 길이가 높은 구조를 가지고 있어 건물 안으로 들어서는 순간 천장의 열린 창을 통해 하늘과 맞닿는 듯한 엄청난 상승감이 느껴집니다.

아미앵 대성당은 튼튼한 뼈대 역할을 하는 돌기둥이 줄지어 서 있습니다. 돌기둥을 제외한 공간은 모두 창으로 채웠으며 위로 올라갈수록 창의 넓이가 커지는 구조로 천장이 성당 내부에서 가장

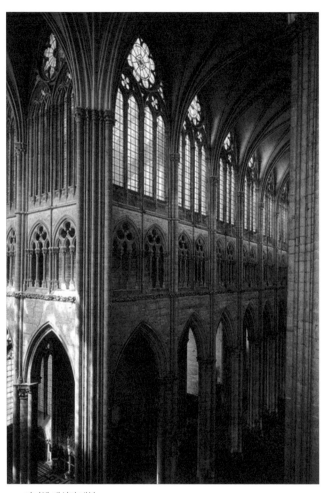

—— 아미앵 대성당 내부

밝습니다. 빛을 잔뜩 머금은 천장은 마치 천상의 세계를 보는 듯합니다. 고딕 미술의 절정이라 할 수 있는 중세 고딕 성당은 밝고 명랑한 빛의 예술 외에도 특별한 장식 없이 순수하게 본연 재료의 모습을 그대로 살리고 있습니다. 요즘 유행하는 건축 방식 중 하나인 노출 콘크리트 방식과 유사합니다.

중세 초기 미술에서는 모자이크 방식이 유행했지만 중세 후반 고딕 미술에서는 '스테인드글라스'가 그 역할을 대신했습니다. 종교 건축의 유리창이 고딕 미술의 중심 자리를 차지하게 된 것입니다. 프랑스 파리의 '생트 샤펠Sainte Chapelle 성당'은 고딕양식의 가장 훌륭한 본보기로 프랑스에서 가장 아름다운 건물로 손꼽힙니다. 성당 내부 15개의 벽면에 위치한 창문은 1천 개가 넘는 성경 속 이야기를 담고 있는데, 이는 모두 스테인드글라스 장식으로 표현한 것입니다. 호화롭고 다채로운 빛의 향연을 통해 모든 기독교의 역사를 살펴볼 수 있습니다. 화려한 색채가 창문을 통해 들어오는 빛과 만나는 순간은 마치 보석상자 안에 들어와 있는 듯한 황홀함을 전해 줍니다. 내가 빛인지, 빛이 나인지 모를 만큼 빛과 합일화 되는 경지에 이르는 스테인드글라스의 아름다움을 경험하고 나면 빛의 신비로움이 어디까지 펼쳐질 수 있는 것인지 그 끝을 보고 싶다는 욕망에 빠질지도 모릅니다.

작은 유리 조각을 이어 붙여서 만드는 스테인드글라스는 여러 사람이 수십 년의 시간을 들여야 완성할 수 있습니다. 프랑스의 국

—— 생트 샤펠 성당 내부

력이 솟아오르던 시기에 루이 9세는 생트 샤펠 성당을 지을 것을
명령했습니다. 왕실 후원에 힘입어 성당이 완성되었고, 이곳에는
예수가 십자가에 못박혔을 때 썼던 가시 면류관과 십자가 조각 등
의 성물을 보관했습니다. 이들의 값어치는 성당을 짓는 비용보다
높았을 정도로 귀했던 보물입니다. 생트 샤펠 성당은 당시 프랑스
의 성물 보관소와 다름없었던 것입니다. 그러나 가시 면류관은 프
랑스 혁명 당시 분실되고 말았습니다.

마천루의 저주

고딕 성당은 아주 명확한 목표를 보여줍니다. 시간이 지날수록 더 높게, 더 밝게, 그리고 기술적으로 더 완벽하게 변해갑니다. 1160년에 짓기 시작한 랑 성당Laon Cathedral은 높이가 24m였으나 1220년 기공한 아미앵 대성당은 42m까지 높아졌습니다. 공중부벽 flying buttress(고딕 건축의 독특한 양식 중 하나로 벽을 받치는 아치형의 구조물)과 같은 건축 기술의 발달이 높이에 영향을 준 것입니다. 파리 근교의 보베 대성당Beauvais Cathedral은 내부 높이가 무려 48m나 됩니다. 당시 건축 기술로는 최대 높이였으나 안타깝게도 균열되기 시작하면서 끝내 완성하지 못했습니다. 내부에 들어서면 엄청난 보강의 흔적을 확인할 수 있습니다.

중세 시대의 건축물이 왜 이렇게 높게 뻗어가려 했는지를 알기 위해서는 먼저 '마천루skyscraper'에 관해 이야기하지 않을 수 없습니다. 마천루는 하늘을 찌를 듯이 솟은 초고층 건물을 뜻합니다. 마천루라는 단어는 높이 381m의 미국 '엠파이어스테이트 빌딩'을 지을 때 세계 대공황이 시작되면서 널리 알려졌습니다. 그러니까 경기가 호황일 때 초고층 건물을 짓기 시작했으나 실제로 건물이 완공될 시점에는 경기 과열로 최악의 경기 불황이 찾아와 건물이 쓸모 없어져 한동안 고생했기 때문입니다. 이를 두고 마천루의 저주 또는 초고층 건물의 저주라 불렀습니다. 공교롭게도 높이 828m의 두바이 부르즈 칼리파Burj Khalifa가 완공될 당시에도 심각한 경제난에 빠진 두바이가 도시(국가) 파산의 지경에 이르게 됩니다. 동일한 현상이 반복되면 법칙이 되듯이 현재 마천루 지수에 관한 연구가 이루어지고 있습니다.

중세 시대 고딕 건축물이 점점 더 높아진 것 또한 마천루를 향한 인간의 욕망이 드러난 것입니다. 성당은 신에게 바치는 건물이지만 종교적 차원을 벗어난 인간의 경쟁의식 때문에 자꾸만 높아졌습니다. 점점 과열되는 경쟁에 높고 거대한 탑을 쌓아 하늘에 닿으려 한 것입니다. 성경에 등장하는 바벨탑 역시 신앙심보다 인간의 헛된 경쟁의식으로 주객이 전도된 참혹한 결과를 보여줍니다.

점점 더 높은 건물을 만들려 한 인간의 욕심으로 중세 시대에도 마천루의 저주가 찾아왔습니다. '14세기 대위기'라고 하는 암흑기를 맞이한 중세 시대는 1330년대부터 금융 붕괴와 대기근이 찾아왔습니다. 얼마 지나지 않아 흑사병이 유럽을 휩쓸면서 최대 위기를 맞았습니다. 하지만 위기를 기회로 만드는 것은 서양 문화의 저력이기도 합니다. 이후 펼쳐진 르네상스 시대가 그 증거입니다.

중세 미술의 또 다른 매력은 수백 년이 지난 지금까지도 여전히 우리에게 많은 감동과 영감을 전달한다는 것입니다. 소아마비 백신을 발견한 조너스 소크Jonas Salk 박사는 아무리 연구에 매진해도 진전이 없던 백신 개발 때문에 골머리를 앓았습니다. 그러던 어느 날 우연히 이탈리아 아씨시Assis에 있는 '성 프란체스코San Francesco 성당'이라는 고딕 건축물을 방문했습니다. 내부를 거닐던 중 그는 고민하던 모든 문제가 한꺼번에 해결되는 놀라운 경험을 했습니다.

조너스 박사는 자신이 깨달음을 얻을 수 있었던 것은 고딕 성당의 특징인 높은 천장이라는 공간이 주는 영감 덕분이라고 믿었습니다. 이후 그는 자신의 이름을 딴 연구소를 지을 때 무엇보다 높은 천장을 우선시했습니다. 그 덕분인지는 몰라도 연구소는 노벨상 수상자를 배출하는 등 승승장구하며 이름을 널리 알렸습니다.

성 프란체스코 성당의 높이는 19m인데 우리나라에도 이와 비슷한 높이의 고딕 성당이 있습니다. 명동성당입니다. 머릿속을 정리해야 할 일이 있을 때, 발상의 전환이 필요할 때 명동성당에 간다면 문제의 실마리를 찾을지도 모릅니다.

인류 역사에는 전진 기어만 있는 게 아니라 후진 기어도 있습니다. 앞으로 나아가기도 하고 때로는 반복되기도 하는 인류의 역사에서 중세는 먼 과거의 이야기가 아니라 우리 가까이에 있는 미래가 될 수도 있습니다. 스켈리그 마이클 수도원이 천 년이라는 긴 시간을 뛰어넘어 오늘날 우리가 즐겨 보는 SF 영화의 배경이 된 것도 중세 시대의 세계관에서 미래의 아이디어를 발견할 수 있기 때문입니다. 지금껏 중세 시대는 우리에게 낯설고 먼 이야기였지만 중세가 지닌 그윽한 신비로움은 많은 영감과 상상력의 원천이 되고 있습니다. 마술 같은 중세 미술 이야기를 통해 잠들어 있는 상상력을 깨우기 바랍니다.

3부

나와 마주하는 시간

• 조승연 •

뉴욕 대학교 스턴 비즈니스 스쿨과 프랑스 에꼴 드 루브르에서 공부했다. 영어, 불어, 이탈리아어에 능통하고 독일어, 라틴어는 독해가 가능하다. 해박한 세계사 지식과 언어 능력을 기반으로 세계문화전문가로 다방면에서 왕성하게 활동 중이다. 저서로 《이야기 인문학》《비즈니스의 탄생》 등이 있다.

삶을 풍요롭게 해주는 인문학

10여 년 전부터 우리 사회에서 인문학이 화제입니다. 하지만 인문학이란 것을 조금 알면 으쓱해하고 모르면 민망해하는 식으로 접해왔을 뿐 인문학을 정확하게 어디에, 어떻게 사용할 수 있는가에 관해서는 질문해보지 않았던 것 같습니다. 과연 우리는 인문학을 제대로 알고 있는 걸까요? 우리에게 도움을 주고 삶을 풍요롭게 해주는 인문학이란 과연 무엇일까요? 지금부터 함께 고민하고 답을 구해보는 시간을 가져볼까 합니다.

여러분은 누군가에게서 정말 소중한 것을 배운 경험이 있나요?

프랑스 유학 시절, 친구와 함께 길을 걷고 있었습니다. 그때 친구가 이런 말을 했습니다.

"아, 이제 알겠다!"

영문을 알 수 없던 저는 "대체 뭘 알았다는 거야?" 하고 물었습니다. 친구는 "너(한국인)와 친구가 된 지 2년이 돼서야 드디어 한국인, 중국인, 일본인을 구별할 수 있게 됐어"라고 대답했습니다.

우리는 한·중·일 세 나라 사람을 잘 구별할 수 있다고 생각하지만 막상 외국에 가서 보면 생각보다 구별이 쉽지 않습니다. 그래서 친구에게 어떻게 구별할 수 있는지 비결을 물어보았습니다. 친구는 "내가 지금까지 잘못 생각했어. 중요한 건 옷차림도 아니고 외모도 아니야. 중요한 건 표정이야"라고 말했습니다. 표정에 답이 있다는 말에 저는 "대체 한국인이 어떤 표정을 짓고 다니길래?" 하고 물었습니다. 매 순간 거울을 들고 다니며 표정을 살피지 않는 이상 다른 사람에게서만 배울 수 있는 이야기였기 때문입니다.

친구의 대답을 들은 저는 암울해질 수밖에 없었습니다. 다른 관광객들은 이곳 파리에 놀러 왔다는 즐거운 표정인데 한국인들은 관광객임에도 출근길 직장인처럼 심각하고 쫓기는 표정이라는 것입니다. 생각도 못 한 대답에 뒤통수를 맞은 듯한 저는 한국 관광객이 지나가는 모습을 관찰해 보았습니다. 과연 패키지 관광객들은 눈앞에 에펠탑이 있고, 루브르박물관이 있음에도 감흥 없는 표정으로 스윽 훑어본 뒤 다음 일정으로 향하는 데만 급급했습니다.

그때부터 저는 한국인이 심각하고 화난 표정을 짓는 이유를 생각하기 시작했습니다. 실제로 통계자료 속 한국인의 분노지수는 높고, 행복지수는 굉장히 낮습니다. 2016년 OECD 통계를 보면 13년째 자살률 1위, 전 국민 4명 중 1명이 우울하고 불안하다고 생각하는 나라가 바로 한국입니다.

흔히 우리는 21세기를 일컬어 기술과 지식은 엄청난 속도로 발전했으나, 경험을 통해서만 가질 수 있는 지혜의 속도는 이를 따라가지 못한다고 이야기합니다. 우리나라는 세계적으로 유례없는 빠른 경제 성장과 지식과 기술의 발전을 이룩했지만, 늘 시간과 일에 쫓겨 새로운 경험은 사치가 된 것이 현실입니다. 지혜에 투자할 시간을 얻지 못한 것입니다. 그러다 보니 엄청난 격차가 생겼고, 그로 인해 우리는 늘 불안하고 화를 내고 있습니다. 남보다 뒤처지면 안 된다는 생각이 결국 우리 스스로를 불행하게 만드는 것은 아닐까 하는 생각이 듭니다. 그렇다면 지혜라는 것은 어떻게 가질 수 있을까요?

인문학은 타인의 지혜를 훔치는 것이다

다음 문장을 보시기 바랍니다.

A - 우리 헤어져.

B - 어떤 놈이야?

두 사람의 대화를 마치 시라고 생각하면서 5초 동안 문학적으로 음미하시기 바랍니다.

한 가지 질문을 던지겠습니다. A와 B는 어떤 관계일까요? 답은 너무도 간단합니다. 연인 관계입니다. 그렇다면 A와 B 중 여자는 누구일까요? 이 역시 바로 대답할 수 있습니다. A가 여자입니다. 마지막 질문입니다. B가 생각하는 이별의 원인은 무엇일까요? 다른 남자가 생겨서일까요? 다른 남자가 생겼다는 사실을 어떻게 알 수 있을까요? 우리는 A가 B에게 헤어지자고 한 정확한 이유를 알지 못합니다.

사실 이 대화는 정말 형편없는 데이터입니다. A와 B의 외모나 성별은 물론 대화가 이루어지는 상황도 전혀 알 수 없습니다. 어느 정도 거리에서 떨어져서 이야기하고 있는지, 어떤 목소리로 대화가 오간 것인지 아무것도 모릅니다. 게다가 중요한 것은 두 사람이 나눈 대화는 모두 네 단어로 이루어져 있는데, 그중에서 가장 중요한 단어의 맞춤법이 틀렸다는 사실입니다. '헤어져'라는 단어가 '해어져'라고 쓰여 있습니다. 만일 컴퓨터에 이 데이터를 줬다면 절대 해독하지 못했을 것입니다.

그런데 인간은 미스터리한 능력을 가지고 있습니다. 아무리 정보가 부족해도 유추를 통해 맥락을 파악할 수 있다는 것입니다. 방금 전만 해도 형편없는 대화가 주어졌지만 우리는 두 사람의 관계와 상황을 어느 정도 알아냈습니다. 언어학자들은 인간만이 가진 이 미스터리한 능력을 '은유 능력'이라고 부릅니다. 저는 이 은유 능력이야말로 모든 인간이 가진 지혜의 기반이 된다고 생각합니다. 그렇다면 이 은유 능력은 어떻게 생겨날까요?

우리가 앞서 두 문장만 보고 상황을 파악한 이유는 무엇일까요? 연애 경험 덕분입니다. 내가 연애를 해봤거나, 주변 친구들이 연애 하는 모습을 봤거나, 부모님이 부부싸움 하는 소리를 들었거나, 아니면 영화나 드라마에서 싸우는 커플을 봤기 때문에 A와 B가 나눈 대화를 통해 분위기와 의미를 바로 캐치한 것입니다.

인문학은 타인의 지혜를 훔치는 방법입니다. 우리는 문학을 통해, 역사를 통해, 철학을 통해 살아보지 않은 인생을 간접적으로 경험할 수 있습니다. 그 경험 덕분에 우리의 지혜도 차곡차곡 쌓입니다. 즉 남의 것을 내 것으로 만드는 과정이 바로 인문학이라는 것입니다.

공자가 남긴 문장 중 "삼인행三人行 필유아사언必有我師焉 택기선자이종지擇其善者而從之 기불선자이개지其不善者而改之"라는 것이 있습니다. "세 사람이 길을 가다 보면 그중에 반드시 내 스승이 있다. 그들의 좋은 점은 골라서 따르고, 나쁜 점은 살펴서 스스로 고쳐야 한다"는 말로, 배움은 남에게서 얻으라고 이야기합니다. 이런 관점에서 본다면 이 세상은 넓고 배울 곳은 넘치는 멋지고 아름다운 곳입니다. 70억 명이 넘는 사람들은 모두 나름대로 경험을 가지고 있고, 그들의 지혜 역시 제각각 다른 모습을 하고 있습니다. 이 세상에는 70억 명의 배울 사람이 있는 셈입니다. 결국 인문학이란 세상을 누비며 방방곡곡 존재하는 지혜를 훔치는 것입니다. 그것이야말로 인문학의 묘미라 할 수 있습니다. 그런데 우리나라는 대체로 인문학을 두 가지로만 분류합니다. 동양인문학과 서양인문학이 그것입니다.

여기서 동양이라는 것은 아시아 전체를 말하는 것이 아니라 대체로 한자 문화권인 한·중·일의 인문학을 뜻합니다. 서양인문학 역시 유럽 전체를 말하는 것이 아니라 산업혁명을 통해 대제국을 이룬 독일, 프랑스, 영국을 뜻합니다. 그렇다면 우리가 알고 있는 인문학으로 세계를 바라봤을 때 이 세상은 어떻게 보일까요? 세상을 보는 우리의 시야는 그림처럼 매우 좁습니다. 보기만 해도 답답한 저 구멍에서 빠져나가야 하는데 그것이 쉽지만은 않습니다.

그 이유는 우리가 '공감대의 함정'이란 것에 빠져 있기 때문입니다. 책을 읽거나 영화를 본 우리의 최고 칭찬이나 감상평은 '공감 백퍼!'입니다. 정말 재미있게 봤다는 뜻으로 해석합니다. 반면 재미

── 우리가 보고 있는 세계

없다면 별로 공감대가 없다고 평가합니다. 그런데 인문학적 관점에서 보면 공감대가 클수록 배움은 적어집니다. 읽을수록 공감하는 책이란 것은 저자의 경험과 나의 경험이 비슷하다는 뜻입니다. 그런 책에는 우리가 훔칠 수 있는 경험이 많지 않습니다. 서로 비슷한 경험이 많으니 우물 안 개구리가 되기 십상입니다. 반면 공감하기 어렵다는 것, 즉 이질감이 든다는 것은 상대의 경험이 나의 경험과 많이 다르다는 뜻입니다. 타인의 경험에서 오는 이질감을 이해하려고 노력할 때 우리의 시야가 넓어집니다. 인문학을 제대로 즐기려면 우리는 공감대의 함정에서 빠져나와 동질감 대신 이질감을 즐길 줄 알아야 합니다.

인생을 가볍게 사는 인도의 지혜

그럼 지금부터 우리에게 이질감을 전해줄 낯선 나라의 인문학을 탐험해보겠습니다. 첫 번째 나라는 인도입니다. 인도는 한국인에게 가장 이질적인 나라 중 하나입니다. 소를 숭배하는 문화가 있어 고속도로에서 소가 지나가면 모든 자동차가 무조건 기다려주는 풍경을 어렵지 않게 볼 수 있습니다. 이런 이질적인 인도인이 어떤 생각을 하는지 그들의 머릿속을 들여다보면 가장 먼저 인도 신화를 만나게 됩니다.

그들을 이해하기 위해 인도 신화를 엿보는 시간을 가져볼까 합니다. 사실 인도 신화는 접근이 상당히 어려운 편입니다. 우리에게 친숙한 것은 《그리스 로마 신화》인데 올림포스 12신의 라틴어 이름을 외우는 것도 결코 쉽지 않습니다. 그런데 인도 신화에는 1천 명이 넘는 신이 등장합니다. 게다가 조각이나 그림을 보면 저마다 비슷하게 생겼습니다. 팔다리가 여러 개인 괴상한 외모는 기본이고 이름조차 난해합니다. 그래서인지 인도 사람들도 신의 이름을 모두 알지는 못한다고 합니다.

인도에는 신뿐 아니라 수행을 통해 깨달음을 얻는 현자라고 하는 사람들도 매우 많습니다. 이들은 우리가 이해하기 힘든 기이한 행동을 보이는데 가령 추위와 배고픔을 자청하며 방랑 생활을 하거나, 자신의 몸을 괴롭히는 고행을 통해 깨달음을 얻기도 합니다. 사진 속 사람은 고대부터 이어져 내려오는 요가의 한 종류를 하고

— 인도의 요가 수행

있습니다. 그는 40℃가 훌쩍 넘는 한여름에 자신의 몸 가까운 곳에 세 더미의 석탄을 쌓고 불을 지른 뒤 그 안에 앉아 수행하는 중입니다. 이를 가리켜 '5개의 열 요가'라고 부릅니다. 세 개의 석탄 더미에서 올라오는 열과 자신의 몸에서 올라오는 체열, 그리고 하늘에서 내리쬐는 태양의 열

—— 인도의 카주라호 신전 외벽

이라는 5가지 열을 버텨내며 깨달음을 얻는다고 합니다. 이처럼 인도의 인문학은 알면 알수록 우리와 점점 더 멀어져갑니다. 그만큼 배울 점이 많습니다.

이들의 예술 또한 한국인이 이해하기 힘든 코드가 가득합니다. 인도의 사원 '카주라호Khajurāho'의 외벽에는 많은 형상이 조각되어 있습니다. 그런데 성스러운 공간인 신전임에도 매우 에로틱한 조각이 많습니다. 우리는 대체로 신전이라고 하면 깨끗한 의복을 입고 경건한 마음을 갖고 가야 한다고 생각합니다. 하지만 카주라호의 외벽에는 남녀의 성적 결합을 노골적으로 보여주는 조각들이 펼쳐집니다.

너무도 이질적인 문화라 공감이 어려운 것은 사실이지만 이들의 지혜를 조금만 열어봐도 우리는 새로운 것을 경험할 수 있습니다.

인도의 문화에 조금 더 쉽게 접근할 수 있도록 인도 신화 속 이야기를 함께 나눠볼까 합니다.

인도 신화에서 제가 가장 좋아하는 이야기는 '인드라와 개미'입니다. 인드라Indra는 고대 인도 신화에 나오는 전쟁의 신입니다. 처음 우주가 탄생했을 때 신들이 존재했고 이들을 반대하는 무리도 있었습니다. 인드라는 신들을 모아 거대한 군대를 만들어 신에 대항하는 무리를 무찔러 우주의 질서를 세우고 천하를 통일했습니다. 전쟁의 신이자 신들의 왕이 되어 최고 권력자가 된 인드라는 자신의 명성에 맞는 궁전을 짓기 위해 신들의 건축가인 비슈바카르만Vishvakarman을 소환했습니다.

인드라는 "세상에서 가장 아름다운 궁전을 지어라"라고 부탁합니다. 이에 비슈바카르만은 "인드라 신, 하루만 자고 일어나세요"라고 화답합니다. 다음 날 정말 이 세상에서 본 적 없는 화려한 궁전이 뚝딱 만들어져 있었습니다. 그러나 인드라의 욕심은 끝이 없었고 비슈바카르만에게 화려한 정원, 화려한 벽화, 화려한 분수 등 끝없이 새로운 것을 만들어내도록 요구했습니다. 끝을 모르는 갑의 횡포에 지친 비슈바카르만은 인드라와 전혀 다른 시간의 차원에 살고 있는 그곳 최고의 신 비슈누Vishnu를 찾아가 하소연했습니다. 이 이야기를 들은 비슈누는 "내가 인드라에게 깨달음을 주겠노라" 하며 화답했습니다. 그리고 동자의 모습으로 인드라를 찾아갑니다.

비슈누를 본 인드라는 예사롭지 않은 동자의 모습에 무릎을 꿇

—— 인드라를 찾아간 비슈누

고 가르침을 빌었습니다. 순간 궁전 문이 열리면서 바닥을 새까맣게 뒤덮을 만큼 수많은 개미가 들어왔습니다. 깜짝 놀란 인드라가 "이 개미들은 다 무엇입니까?" 하고 물었습니다. 이에 비슈누가 씨익 웃으며 "이 개미 한 마리, 한 마리는 모두 전생에 너와 같은 인드라였다"라고 대답했습니다. 인도 신화에 의하면 인드라의 생은 430만 년을 71번 곱한 것만큼이나 된다고 합니다. 그러니까 인간이 상상할 수 없는 시간을 사는 강력한 존재인 자신이 고작 개미 군단의 한 마리에 지나지 않는다는 사실에 인드라는 깜짝 놀랄 수밖에 없었습니다.

개미 떼가 모두 들어오자 때마침 파괴의 신이라 불리는 시바Shiva가 등장했습니다. 시바의 가슴에는 털이 수북했는데 일부분이 비어 있었습니다. 이상하다고 생각한 인드라는 "시바 신이여, 왜 가슴털이 비어 있나요?" 하고 물었습니다. 그러자 시바는 "내 가슴 털이 우주의 시간이라면 인드라가 한 명 죽을 때마다 털이 하나씩 빠진다"라고 대답했습니다. 인드라의 삶은 한 가닥 털에 불과할 정도로 보잘것없는 존재라는 것입니다. 깊은 회의감에 빠진 인드라는 인생무상을 느끼고 화려한 궁전도 버리고 수양자의 삶을 살기로 결심합니다.

갑자기 집도 가족도 모두 버리고 깨달음을 추구하겠다는 인드라의 말에 충격을 받은 그의 아내는 현자를 찾아가 조언을 구합니다. 아내의 하소연을 들은 현자는 인드라에게 "어차피 이번 생은 인드라로 태어났으니 권력과 가족을 버리기보다 가진 것에 행복을 느끼며 부부 생활에서 깨달음을 얻으라"고 조언합니다. 그러면서 《카마수트라》라는 책을 주었다고 합니다. 이 책은 산스크리스트어로 쓰인 고대 인도의 성애性愛에 관한 경전이자 교과서입니다. 인드라는 부부 생활을 통해 깨달음을 얻었고, 인도 사람들은 그 깨달음을 카주라호 신전의 벽면에 조각해넣은 것입니다. 이 조각은 미투나

mithuna라고 부르며, 사랑하는 남녀의 성적 결합을 표현한 인도의 조각 또는 회화를 뜻합니다. 이렇게 신화를 살펴보면 그들의 문화가 괴상한 것이 아니라 매우 깊은 지혜라는 것을 알 수 있습니다.

인도 인문학의 가장 핵심적인 가치는 시간 개념입니다. 인도는 시간을 헤아릴 수 없는 억겁의 세월이라고 여깁니다. 역사에 관심이 많은 사람들은 백 년 단위로 시간을 구분하기도 합니다. 조선왕조 500년, 기원전 700년의 고대 로마와 같은 방식으로 공부하기 때문입니다. 그에 반해 트렌드 세터의 시간은 빠르게 흐릅니다. 특히 패션 트렌드를 연구하는 사람들은 1년을 반으로 쪼개 F/W 시즌, S/S 시즌으로 나누어 구분합니다. 그런데 인도의 시간관념은 우주의 탄생과 소멸 주기를 몇십 억 만 년으로 제곱한 시간의 관점에서 구분합니다. 가늠하기도 어려운 어마어마한 스케일을 상상하는 것이 인도 인문학의 특징입니다.

인도 신화는 이처럼 엄청난 시간관을 조금이나마 쉽게 이해하기 위한 것이기도 합니다. 가령 인간이 살고 있는 지구가 생성되고 소멸하기까지 430만 년이 걸립니다. 인드라는 지구의 재탄생을 71번 목격할 만큼의 생을 삽니다. 그런데 인드라의 생애는 창조의 신이라 불리는 브라흐마Brahma의 삶에서 고작 반나절을 차지합니다. 브라흐마가 잠에서 깨면 인드라가 태어나고 잠들 때면 인드라가 죽습니다. 하루에 수많은 인드라의 생사를 마주하는 셈입니다. 그리고 인드라가 죽을 때마다 앞서 이야기했듯이 시바의 가슴 털이 하

── 비슈누와 브라흐마

나씩 빠집니다. 워낙 헤아리기도 어려운 시간 개념이기에 이해도
를 높이기 위한 맞춤형 스토리텔링이 바로 인도 신화라 할 수 있습
니다.

그렇다면 브라흐마는 얼마나 살까요? 인드라의 생애를 반나절로
볼 때 브라흐마의 일생은 신들의 시간으로 100년을 사는 것으로
알려져 있습니다. 브라흐마의 평생인 100년의 시간은 그보다 한 단
계 높은 차원에 있는 비슈누가 눈을 한 차례 깜빡이는 시간에 불과
합니다. 즉 비슈누가 눈을 깜빡거릴 때마다 우주가 도는 것입니다.
신화를 살펴보면 비슈누가 눈을 뜨면 그의 배꼽에서 연꽃이 튀어
오른다고 합니다. 사진을 보면 그 연꽃 위에 브라흐마가 앉아 있는
모습을 확인할 수 있습니다.

우리가 인도나 동남아시아 국가를 여행했을 때 무심코 지나쳤을
조각에 이처럼 시간의 거대함이 담겨 있습니다. 이것이 바로 앎의

즐거움입니다. 브라흐마가 자신의 평생인 100년을 살고 소멸할 때는 하늘에서 파괴의 신 시바가 내려와 파괴의 춤을 춘다고 합니다. 그럼 우주 전체가 소멸해버리고 다시 새로운 우주가 시작됩니다. 인도 신화는 비슈누로 시작해 시바로 끝나는 우주의 생성 과정을 담고 있습니다.

거대한 스케일과 오묘한 문화의 인도 철학은 새로운 아이디어를 갈망하는 할리우드의 감독이나 실리콘 밸리의 개발자들의 많은 관심을 받고 있습니다. 어쩌면 지금까지 한 이야기를 어디선가 들어본 것 같다고 생각한 사람이 있을지도 모르겠습니다. 영화 〈인셉션〉을 떠올려 보면 의문이 금방 풀릴 것입니다. 현실에서는 몇 분 안 되는 시간이 꿈속에서는 몇 년처럼 느껴지는 설정은 인도의 시간 개념과 유사합니다. 이처럼 인도 철학에서 영향을 받은 영화는 생각보다 많습니다. 동양철학에 심취한 것으로 알려진 크리스토퍼 놀런 Christopher Nolan 감독은 작품에 그러한 사상을 자주 반영합니다. 〈배트맨 비긴즈〉에는 티베트에서 수련하는 장면이 등장하는데 놀런 감독은 특히 남아시아 철학에 매우 깊은 견해를 가지고 있습니다. 그에 비해 〈매트릭스〉는 노자 철학을 기반으로 하는 동아시아 철학에 기반하는 영화입니다. 따라서 남아시아 철학과 동아시아 철학을 비교하는 좋은 방법 중 하나가 〈인셉션〉과 〈매트릭스〉를 연달아 감상하는 것입니다. 동양철학이 담고 있는 사상을 꼭 경전에서만 찾을 수 있는 것은 아닙니다. 현대에도 다양한 분야에서 응용되고 있으므로 두 편의 영화로도 타인의 지혜를 활용할 수 있습니다.

그렇다면 인도 사람들은 왜 상상조차 어려운 긴 시간관념을 가질까요? 그리고 그들의 생각은 21세기를 살아가는 우리에게 어떤 지혜를 줄까요?

억겁인 인드라의 시간도 시바의 가슴 털 하나에 불과한데 하물며 인간의 시간이란 먼지 한 톨도 안 될 만큼 짧습니다. 우리는 모두 우주의 먼지에 불과한 것입니다. 이처럼 짧은 시간을 산스크리트어로 '크샤나ksana'라고 부릅니다. 크샤나는 중국을 통해 우리나라에 들어오면서 '찰나'라는 단어가 됩니다. '인생은 찰나에 불과하다.' 이것이 인도 철학의 핵심입니다.

우리의 삶이 찰나라는 것을 깨닫는 순간 삶을 바라보는 태도와 방식은 변합니다. 아무리 화려한 집도 시간이 지나면 폐허가 되고, 멋진 자동차도 결국 고철이 되며, 위대하다는 평가를 받는 사람도 결국 시체가 됩니다. 모든 것이 언젠가는 사라지고 마는 것입니다. 때문에 우리의 삶을 지나는 찰나 그 자체를 즐겨야 합니다. 작은 것에 흔들리지 않고, 무언가 쥐려 하지 말며, 찰나의 순간을 소중히 여기며 살자는 것이 인도의 지혜입니다. 우리는 매 순간을 영원히 살 것처럼 착각하며 살아갑니다. 이 잘못된 생각은 가지면 가질수록 커져가는 물욕을 불러일으킵니다. 그런데 인도의 지혜는 우리 삶이 찰나에 가깝다고 가르칩니다. 따라서 심각하고 무거운 마음으로 살아갈 것이 아니라 가벼운 마음으로 매 순간을 즐겁고 행복하게 즐기기 위해 살아갑니다.

삶의 무게를 내려놓는 페르시아의 지혜

인생을 가볍게 사는 지혜를 가진 두 번째 나라에 관한 힌트는 다음 세 단어의 공통점입니다.

영화 〈300〉, 고양이, 왕자.

바로 페르시아입니다. 대체로 페르시아라고 하면 양탄자와 고양이 정도만 떠올립니다. 신화로만 접하다 보니 우리에겐 생소한 나라인 것이 사실입니다. 지금은 존재하지 않지만 페르시아는 고대 오리엔트를 통일하고 찬란한 문명을 가졌던 나라였습니다. 페르시아는 지금의 이란, 아프가니스탄, 파키스탄 일대에 존재했습니다. 이들 세 나라를 떠올리면 지혜로운 지역이라는 생각보다는 위험한 지역이라는 생각이 지배적입니다. 50여 년 전부터 시작된 종교 분쟁과 내전, 쿠데타 등으로 얼룩진 탓에 폐허가 된 모습부터 떠올리기 십상입니다.

사진은 아프가니스탄 '헤라트'라는 곳입니

— 전쟁으로 폐허가 된 아프가니스탄

── 페르세폴리스

다. 안타깝게도 전쟁으로 훼손되었지만 엄청난 지혜가 담겨 있던 곳입니다. 그들의 현재 모습만 보고 지혜의 깊이를 무시하는 실수를 저질러서는 안 됩니다. 헤라트는 동서양의 문화가 공존하던 실크로드의 중심지였습니다.

위의 사진은 나라의 중요한 행사를 치르고 왕들의 안식처로 사용했던 페르세폴리스Persepolis라는 유적지입니다. 무려 지금부터 2,500년 전에 저 정도의 도시를 건설할 만큼 뛰어난 건축술과 예술성을 가진 문명이었음을 보여줍니다.

다행히도 페르시아의 지혜는 상당 부분이 남아 우리에게 전해지고 있습니다. 페르시아 역시 인도와 마찬가지로 이야기를 통해 지혜를 전파하는 민족이었습니다. 이란의 건국 신화와 역사를 다룬

《샤나메Shah-nama》에는 모든 이야기가 담겨 있습니다. '왕의 책'이란 뜻의 샤나메는 당시 페르시아 왕자들이 지혜롭게 백성을 다스리기 바라는 마음에서 왕에게 구전된 이야기를 전승하기 위해 무려 35년에 걸쳐 약 6만 구절을 필사해 만든 책입니다. 유네스코 세계기록유산으로 등재된 페르시아 문학의 정수로 내용뿐 아니라 삽화와 캘리그라피도 매우 유명합니다. 그런데 안타깝게도 《샤나메》의 별명이 '한국인만 읽지 않는 고전'이라고 합니다. 우리의 문화 편식을 보여주는 대표적인 사례라 하겠습니다.

이렇듯 이야기를 중요하게 생각한 옛 페르시아 지역을 중심으로 지금도 교훈과 지혜를 얻을 수 있는 많은 이야기가 전해 내려오고 있습니다. 그중 하나를 나누기 위해 우즈베키스탄의 '사마르칸트'라는 곳으로 가보겠습니다. 지금은 유명한 관광지이기도 한 사마르칸트는 과거 신비한 도시로 사람들의 입에 자주 오르내렸습니다. 영국의 시인이자 극작가인 제임스 엘로이 플레커James Elroy Flecker는 자신의 희곡 〈핫산Hassan〉에서 사마르칸트를 여행하는 과정을 다음과 같이 묘사했습니다.

"뜨거운 바람이 우리의 불같은 심장에 부채가 되고 알아서는 안 되는 것을 알고 싶다는 욕망으로 우리는 사마르칸트 황금의 여행을 한다."

동서양을 잇는 곳에 위치해 교역과 학문의 중심지였던 사마르칸트는 사람들의 상상 속에서 황금빛 길 위에 우뚝 선 오아시스 왕국과 같았습니다. 수많은 지혜가 담겨 있기에 알지 말아야 할 것을 알고 싶은 욕망으로 가득 차서 가는 곳이 바로 사마르칸트입니다. 지금도 그곳에 가면 사진 속 건물과 같은 곳이 남아 있습니다.

사마르칸트 궁전에 내려오는 설화를 하나 들려드리겠습니다. 오래전 굉장히 어진 술탄이 나라를 다스리고 있었습니다. 그의 밑에는 젊고, 잘생기고, 일도 잘하는 장관이 있었습니다. 어느 날 궁전으로 출근하던 장관은 입구에서 저승사자를 만났습니다. 누구를 데리러 왔느냐는 물음에 저승사자는 "궁전에서 일하는 장관 중에 핫산이라는 자를 데리러 왔다"라고 대답합니다. 핫산은 장관의 이름이었습니다. 그는 너무도 놀란 나머지 술탄에게 뛰어갔습니다.

── 사마르칸트의 궁전

그러고는 "술탄, 저를 살려주세요. 이렇게 죽음을 맞이할 수는 없습니다!"라며 저승사자를 만난 사실을 이야기했습니다. 아끼는 신하를 살리고 싶었던 술탄은 가장 빠른 말을 빌려주면서 사마르칸트에서 멀리 떨어져 있지만 살기 좋은 도시인 부하라로 도망가면 그사이 자신이 저승사자를 따돌릴 것을 제안했습니다. 장관은 곧바로 술탄이 준 말을 타고 도망갔습니다.

저녁이 되고 하루 일과를 마친 술탄은 아직도 궁전에서 어슬렁거리는 저승사자를 만났습니다. 술탄은 저승사자에게 다가가 "왜 일 잘하는 장관을 데려가려고 합니까? 나라를 다스리는 데 꼭 필요한 인재를 데려가면 우리나라 사람들은 어떻게 합니까?"라며 화를 냈습니다. 그러자 저승사자는 깜짝 놀라며 "당신이 나에게 화낼 일이 아니다. 울고 싶은 건 오히려 나다. 분명히 내 임무서에는 내일 부하라에서 장관을 데려가라고 써 있다. 그래서 부하라에 가는 도중에 이곳에서 하룻밤 묵을 생각이었는데 장관이 오늘 아침에 멀쩡하게 사마르칸트 궁전으로 출근하는 모습을 보고 너무 놀랐다"라고 대답했습니다. 이 이야기에 담긴 페르시아의 지혜는 과연 무엇일까요?

이슬람권을 여행하다 보면 우리를 속 터지게 하는 단어가 있습니다. '인샬라In Sha Allah'라는 단어입니다. '만약 신이 원하신다면'이라는 뜻의 이 단어는 한국인을 허탈하게 만듭니다. 가령 이슬람 여행 중 "내일 투어는 몇 시에 출발하나요?" 하고 물어보면 "4시오, 인샬라"라는 대답을 들게 됩니다. 이는 4시일 수도, 4시가 아닐 수도 있다는 뜻입니다. 하늘이 도와서 날씨가 좋고, 자동차 타이어도 펑크 나지 않고, 기름도 충분하고, 나도 아프지 않아 기분이 좋다면 4시에 출발할 수 있다는 겁니다. 만일 길이 막혀 약속한 4시를 넘겨도 지각한 것은 하늘의 뜻이라고 설명하면 그뿐입니다. 그래서 한국인에게 인샬라는 화를 부르는 단어 중 하나입니다.

하지만 저는 인샬라를 '하면 된다'의 반대말이라고 생각합니다. 우리는 어렸을 때부터 의지와 노력만 있다면 세상에 안 될 일은 없다고 배워왔습니다. 고등학교를 졸업할 때까지 하면 된다는 말을 귀에 못이 박히도록 들어오는데, 막상 대학을 졸업해 사회생활이 시작되면 해도 안 되는 일이 너무 많습니다. 어릴 때부터 하면 된다고 세뇌당한 우리는 일이 잘 안 풀리면 불안감에 옴짝달싹 못 합니다. 결국 하면 된다는 말은 한국인들이 평생을 어깨에 짊어지고 살아야 할 인생의 무게가 되고 맙니다. 그 말이 우리의 삶을 짓누를 때 과감하게 "나는 못 해요"라고 말할 용기가 필요합니다.

그에 반해 페르시아 사람들은 지혜가 담긴 이야기를 통해 인생을 살다 보면 내 힘으로 안 되는 불가능한 일도 있다고 가르칩니다. 이 모든 것은 하늘의 뜻이라는 '인샬라'에는 "이 세상에는 네가 할 수 있는 게 있고, 네가 할 수 없는 것도 있다. 그러니 두 가지를 분간해서 할 수 있는 것은 하고 그럴 수 없는 것은 다른 존재에게 맡겨라"라는 의미가 담겨 있습니다. 이런 지혜를 통해 페르시아 사람들은 전쟁과 가난이라는 열악한 환경에서도 어려움을 이겨내며 다른 민족보다 가벼운 마음으로 삶을 살 수 있었던 것 같습니다.

웃으며 사는 태국의 지혜

인생을 가볍게 살면 마음이 가벼워지고 저절로 웃음이 나옵니다. 세계에서 웃는 얼굴이 가장 유명한 나라는 태국입니다. '타이 스마일Thai smile'이라는 단어가 있을 만큼 태국인들은 웃음 넘치는 인생을 삽니다. 이번에는 웃음에 담긴 태국의 지혜를 훔쳐볼 차례입니다.

제가 태국에서 가장 좋아하는 곳은 '아유타야Ayutthaya'라는 곳입니다. 14~18세기 옛 태국의 수도였던 곳으로 세상의 모든 지혜를 이곳으로 끌어모으려 했습니다. 캄보디아를 침략해 문화유산을 약탈하거나 스리랑카에 유학을 보내 유실된 고서의 내용을 베끼기도 했습

—— 아유타야의 화려한 불상

니다. 아유타야는 세계 무역의 중심지로 수많은 사람들이 지혜를 찾기 위해 몰려들었고 덕분에 다양한 문화가 오갔습니다. 이러한

역사적 배경으로 지금은 불교 유적의 천국이기도 합니다. 그런데 사진에서 보듯 아유타야는 한국의 사찰과는 180도 다른 분위기를 보입니다.

태국이나 미얀마의 사찰은 우리에게 익숙한 사찰과는 다른 분위기를 풍깁니다. 학자들은 이에 관해 우리나라는 대승불교를, 태국은 소승불교를 추구하기 때문이라고 설명합니다. 소승불교는 테라바나Theravada라고 부르는데 이는 팔리어로 Thera는 장로라는 뜻을, vada는 가르침이라는 뜻을 담고 있습니다. 즉 소승불교는 우리에게 익숙한 대승불교와 비교했을 때 옛사람들의 가르침인 온고지신溫故知新의 자세를 어떻게 실천했느냐의 차이를 가진다고 볼 수 있습니다.

과거의 태국은 이야기가 곧 권력이자 부富를 상징하는 나라였습니다. 즉 이야기보따리가 많을수록 부자였던 셈입니다. 예를 들어 많은 이야기를 아는 사람은 어느 집이든 자연스럽게 문을 두드리고 들어갈 수 있었습니다. 이야기를 들려주는 대신 숙식을 해결할 수 있어 현자는 끼니를 거르는 일이 없었다고 합니다. 지혜가 곧 자산이었기 때문에 당시 태국 학생들은 고승을 찾아가 이야기를 듣고 그것을 기억하는 게 일이자 공부였습니다. 수많은 이야기를 모두 기억하기는 힘들어 책을 가지고 다니며 열심히 적고는 했습니다. 하지만 태국에는 우기라는 큰 변수가 있었습니다. 당시에는 책가방이 없어서 책을 들고 다녀야 했는데 갑자기 스콜을 만나면 책은 이미 너덜너덜해져 알아볼 수 없게 되고 말았습니다. 이야기를 놓칠 수 없었던 태국인들은 스콜에 대항할 만한 지혜를 냅니다.

사진 속 물건은 나무가 아닌 바나나 잎사귀에 송곳으로 글자를 새긴 다음 그 위에 재를 뿌린 것입니다. 각인된 글자 사이에 재가 끼어서 까만 글자가 나타납니다. 물론 비가 오면 글자는 다 쓸려나갑니다. 하지만 송곳 자국은 그대로 남아 있으니 다시 재를 뿌리면 글자가 나타납니다. 잎사귀의 가운데에 구멍을 뚫어 실로 엮으면 한 권의 책이 완성됩니다. 사람들은 이것을 허리춤에 걸고 다녔습니다. 많은 책을 매달고 다니는 사람일수록 극진한 대접을 받았으

—— 나뭇잎으로 만든 책

며 그 역시 값진 이야기로 화답했다고 합니다.

이번에는 태국의 지혜를 알 수 있는 유명한 이야기를 함께 나눠볼까 합니다. 오래전 태국에 매우 가난한 청년이 살았습니다. 그는 가난에서 벗어나기 위해 쉬지 않고 노력했지만 여전히 가난에 허덕였습니다. 힘든 삶에 지친 청년은 어느 날 스님을 찾아가 "왜 저는 이렇게 열심히 노력해도 가난에서 벗어나지 못하는 건가요?"라고 물었습니다. 스님은 "당신은 전생에 업보가 있어 평생 10개의 물건밖에 가질 수 없습니다"라고 대답했습니다. 아무리 열심히 살아도 영원히 가난할 것이란 사실에 놀란 청년은 이번에는 운명에서 벗어날 방법을 물었습니다. 스님은 자신도 답을 알지 못한다며 직접 부처를 찾아가 물어보라고 이야기할 뿐이었습니다.

지독한 가난에서 정말로 벗어나고 싶은 청년은 부처를 만나기 위한 여정을 시작했습니다. 길을 가던 중 해가 져서 머물 곳이 필요하자 길가의 부잣집을 두드려 하룻밤 머물게 해달라고 부탁했습니다. 흔쾌히 방을 내준 주인 덕분에 무사히 밤을 보낸 청년은 수심에 가득 찬 주인의 표정을 보며 "이렇게 돈이 많은데 무슨 걱정이 있나요?"라며 물었습니다. 주인은 "돈이 많은 게 무슨 소용입니까. 하나뿐인 딸아이가 태어난 이후로 단 한 번도 말을 한 적이 없는데. 부처를 만나면 나 대신 딸아이가 말을 하지 않는 이유를 꼭 물어봐주시오"라고 말했습니다. 청년은 그러겠노라는 약속을 하고 다시 길을 떠났습니다.

한참을 가다 보니 거대한 강이 길을 가로막고 있었습니다. 강을 건널 방법을 고민하는 청년 앞에 거북이 한 마리가 나타나 자신의 등을 타고 강을 건너도록 도와주었습니다. 감사를 표하는 청년에게 거북이는 "저는 이 강에 사는 다른 파충류들과 함께 용이 되기 위해 무려 천 년을 노력했습니다. 뱀, 이무기, 악어까지 모두 용이 되어 승천했는데 저만 아직 용이 되지 못했습니다. 부처를 만나면 그 이유를 꼭 물어봐 주세요"라고 이야기했습니다. 고마운 마음에 그러겠노라 약속을 하고 다시 길을 나섰는데 이번에는 거대한 산이 길을 가로막고 서 있었습니다. 산을 넘어갈 방법을 고민하는 청년 앞에 마법사가 나타났습니다.

"내가 가지고 있는 지팡이는 하늘을 날 수 있는 지팡이입니다. 내가 산을 넘는 걸 도와드리리다. 어디로 갑니까?"

"부처를 만나러 갑니다."

청년이 산을 넘도록 도와준 마법사 또한 부처를 만나면 대신 질문을 해달라고 부탁했습니다. 오랜 시간 열반에 오르기 위해 수행을 했는데 열반에 오르지 못하는 이유를 알고 싶다는 것입니다. 청년은 마법사의 요청도 흔쾌히 수락한 뒤 다시 길을 나섰습니다.

그리고 마침내 부처가 있는 곳에 도착했습니다. 청년을 만난 부처는 "먼 길 오느라 수고했다. 너에게 세 가지 질문을 할 수 있는 기회를 주겠다"라고 말했습니다. 하지만 청년이 이미 부탁받은 질문만 세 가지였습니다. 동남아시아에는 은혜를 입으면 반드시 보답

해야 한다는 윤리관이 있습니다. 청년은 자신이 배운 윤리관에 따라 본인의 질문을 과감히 포기했습니다. 자신을 재워주고, 강을 건너도록 도와주고, 산을 넘을 수 있게 해준 그들이 아니었다면 부처를 만나지도 못했을 것이며, 이제는 자신이 보답할 차례가 왔다고 생각한 것입니다.

부처에게 세 가지 질문에 대한 답을 받아 집으로 돌아가던 청년은 마법사를 만났습니다. 자신이 열반에 오르지 못한 이유를 묻는 마법사에게 청년은 "지팡이를 버려야 열반에 오를 수 있다고 합니다"라며 부처의 답을 전해주었습니다. 그러자 마법사는 자신의 지팡이를 청년에게 주었고 바로 열반에 올랐습니다. 그다음 강에 도착해 거북이를 만나 "껍질의 무게에 짓눌려 용이 되지 못하는 것이니 껍질을 벗어던지세요"라고 부처의 대답을 알려주었습니다. 청년의 이야기를 들은 거북이는 껍질을 벗어던지고 용이 되어 승천했습니다. 그런데 거북이가 벗어던진 등껍질에는 금은보화가 가득했습니다. 거북이에게 등껍질은 곧 탐욕이었기 때문에 용이 되지 못했던 것이었습니다. 덕분에 청년은 금은보화도 손에 넣었습니다. 마지막으로 부잣집에가 문을 두드린 청년은 주인에게 "당신의 딸은 사랑하는 사람이 아니면 대화하지 않겠다는 굳은 신념 때문에 말을 하지 않는 것입니다"라고 부처의 답을 전해주었습니다. 그때 딸아이가 다가오더니 "또 오셨네요"라며 청년에게 말을 했습니다. 청년은 자신의 질문을 포기한 대신 사랑, 재력, 권력을 모두 손에 넣었습니다.

오래전부터 전해져 내려오는 이 이야기에 담긴 지혜의 깊이를 모두 헤아릴 수는 없지만 동남아시아의 문화에 존재하는 'reciprocity'라는 매우 중요한 관념을 깨닫게 됩니다. 우리 말로 번역한다면 서로 도와 편익을 주어 끼치는 은혜라는 뜻의 '호혜'라는 단어에 가깝습니다. 이 관념은 주는 것이나 받는 것이나 모두 같다는 의미를 가지고 있습니다. 이는 현대 자본주의 시대를 사는 사람은 이해하기 힘든 개념입니다. 우리는 주는 것과 받는 것을 엄격하게 계산합니다. 어릴 때부터 알게 모르게 인간관계에서조차 이익을 계산하도록 훈련받은 탓에 인간관계에서 받는 스트레스가 상당합니다. 누가 더 많이 주고, 누가 더 많이 받느냐를 따지는 눈치 게임 같은 인간관계는 우리의 삶을 무겁게 만드는 주범 중 하나입니다.

그런데 태국 설화는 주는 것과 받는 것은 결국 같은 것이며, 줄 때는 목적 없이 주고 결코 받기를 바라지 말라고 가르칩니다. 인간관계에 관한 이들의 가벼움 속에서 계산되지 않은 미소, 바로 타이 스마일의 지혜가 나온 것은 아닐까요?

우리가 다른 문화에 주목하는 이유

우리가 지금까지 먼 나라의 이야기를 돌아본 이유는 무엇일까요? 프랑스의 인류학자이자 구조 인류학의 선구자로 불리는 클로

—— 조금은 넓어진 우리의 시야

드 레비 스트로스Claude Levi Strauss는 원시 부족을 연구하는 데 평생을 바쳤습니다. 그는 자신의 연구에서 얻은 것은 '동떨어진 시선'이라고 이야기했습니다. 서양인이면서 기술이 발전된 자본주의 사회에서 자라 있는 그대로 원시 부족을 볼 수는 없지만 원칙과 관습으로 자족해온 하나의 문명을 보니 어느 대륙의 어느 문명이든 우월하거나 열등한 문명은 없다는 것입니다. 세 나라의 새로운 문화와 그에 관한 다양한 이야기를 습득한 우리의 시야는 아마도 위의 그림처럼 바뀌었을 것입니다.

인도, 페르시아, 태국 모두 그들의 사고를 지배하는 전설과 신화를 가지고 있습니다. 대한민국에도 우리의 사고를 지배하는 신화가 있습니다. 어렸을 때부터 너무 많이 듣고 자라서 실화보다 더 실화같은 이야기이자 우리의 인생을 좌우할 정도로 엄청난 영향력을 발

250

휘하는 신화는 무엇일까요?

바로 '엄친아의 전설'입니다.

엄친아는 대한민국 엄마들의 염원이 친구들의 거짓말과 만나 만들어진 신화적 피조물입니다. 엄친아들은 대체로 엄마 말을 잘 듣고, 공부를 잘하며, 그래서 좋은 대학에 들어갑니다. 그리고 엄마가 원하는 곳에 취직하거나 고시에 합격해 엄마가 원하는 이성을 만나 결혼을 하고, 엄마가 좋아할 만한 넓은 아파트에서 산다고 합니다. 이러한 엄친아의 전설을 통해 우리는 두 가지 인생관을 갖게 됩니다.

첫 번째는 시험에 통과하는 인생만이 성공한 것이라는 인생관입니다. 대학 입학부터 시작해 대기업, 공무원 등으로 이어지는 바늘구멍보다 좁은 시험에 통과하는 인생만 가치 있다고 여기는 것입니다. 그런데 기성세대는 이러한 모습을 두고 도전 정신도 없이 안정만 추구한다며 비판합니다. 그런데 가만히 생각해보면 대기업이나 공무원 시험은 합격률이 1,000 대 1에 가깝습니다. 0.001%의 확률에 매달리는 것이 과연 안정을 추구하는 것일까요? 이들은 모두 자신이 엄청나게 불리한 확률에 도박을 하고 있다는 사실을 인지하고 있습니다. 그럼에도 대기업이나 공무원 취업에 몰리는 것은 어렸을 때부터 엄친아의 신화를 수없이 들으면서 시험에 통과하는 것이 진짜 성공이라고 배웠기 때문입니다.

두 번째로 한국인이 생각하는 잘 사는 인생이란 말랑말랑한 것을 딱딱한 것으로 바꾸는 인생관입니다. 이는 대체 무슨 뜻일까요? 청춘, 듣기만 해도 말랑말랑한 것입니다. 그런데 우리는 말랑말랑한 청춘을 버리고 학위를 따는 데 인생을 바칩니다. 학위, 듣기만 해도 딱딱합니다. 그뿐 아닙니다. 어려운 시험을 이겨내고 얻은 30대와 40대라는 말랑말랑한 인생도 딱딱한 야근과 맞바꾼 다음 그보다 더 딱딱한 아파트라는 콘크리트를 삽니다. 결국 우리 인생에 말랑말랑함이란 존재하지 않습니다.

그에 반해 인도, 페르시아, 태국의 지혜는 딱딱한 인생을 추구하지 말라고 이야기합니다. 왜냐하면 인생이란 것이 딱딱하지 않기 때문입니다. 인생은 말랑말랑한 것이라 계속해서 변화합니다. 거대한 궁전도 폐허가 되고 아무리 멋있는 자동차도 고철이 되는 것이 인생의 이치인데 딱딱한 명예와 탐욕만을 좇다 보면 스스로 감당할 수 없는 인생의 무게를 짊어질 수도 있다는 것입니다. 인생이 말랑말랑하다는 것을 자각하고 사는 인문학적 문화를 '로맨틱'하다고 표현합니다. '로맨틱Romantic'이라는 단어에는 '로마Roma'라는 단어가 들어 있을 정도로 로맨틱한 인생과 로마의 인문학은 깊은 관계가 있습니다. 로맨틱 정신이 가득한 로마의 시를 한 편 소개하겠습니다.

너와 나, 우리가 몇 살까지 살 것인지, 이것은 신들의 영역이니 함부로 궁금해하지 말아라.

바빌로니아 점쟁이들의 점술판은 아예 쳐다보지 말아라.

미래도, 과거처럼 어깨 위에 지고 가는 것이 차라리 좋다.

주피터가 우리에게 많은 겨울을 보도록 허용할지,

아니면 티렌 해의 파도가 해변의 바위를 때리며 힘을 낭비하는 이번 추위가

우리의 마지막 겨울이 될지 알려 하지 말아라.

그냥 와인을 줄이고, 현명하게 살아라. 인생은 짧은데 더 바랄 것이 있겠는가?

우리가 이야기하는 바로 이 순간에도 질투 많은 시간은 세어 나가고 있으니,

오늘을 꽉 움켜잡고, 내일은 아주 조금만 믿어라.

고대 로마의 시인 호라티우스Horatius의 〈송가(頌歌)〉의 일부입니다. '너와 나 우리가 몇 살까지 살 것인지, 이것은 신들의 영역이니 함부로 궁금해하지 말거라.' 이 문장은 페르시아가 추구하는 지혜와 일맥상통합니다. 한 치 앞도 알 수 없는 것이 인생이며 통제하려 들수록 오히려 더 힘들어진다는 것입니다.

'바빌로니아 점쟁이들의 점술판은 아예 쳐다보지 말아라.' 불안한 미래가 궁금한 인간은 점술에 의지하기도 합니다. 하지만 호라티우스는 미래도 과거와 다를 게 없다고 이야기합니다. 과거의 일이 이미 일어난 것처럼 미래도 어차피 일어날 일이기에 어쩔 수 없다는

것입니다. 그냥 과거처럼 어깨 위에 짊어지고 걸어가면 됩니다.

'주피터가 우리에게 많은 겨울을 보도록 허용할지.' 이 문장은 로마인의 인생관을 보여줍니다. 우리는 나이가 지긋해 보이는 사람에게 "춘추가 어떻게 되시나요?" 하고 묻습니다. 춘추春秋는 말 그대로 봄과 가을입니다. 이는 1년 중 가장 아름다운 계절입니다. 춘추를 묻는 것은 따뜻하고 아름다운 봄과 가을을 몇 번이나 보았느냐를 묻는 것과 같습니다. 그런데 〈송가〉는 우리가 얼마나 많은 겨울을 보게 될 것인지를 궁금해합니다. 인생이라는 것이 봄과 가을처럼 아름답기만 한 것이 아니라 추운 겨울처럼 힘겨운 시기도 존재한다고 말합니다.

뒤이어 짧은 인생을 궁금해하지 말고 무언가를 더 바라지 말라고 당부합니다. 왜냐하면 시간은 질투가 많아 도망치고 있기 때문입니다. 우리는 즐겁고 신나는 순간은 찰나처럼 느끼고 재미없고 지루한 순간은 한없이 길게 느낍니다. 이는 시간의 여신이 질투가 많아 다른 사람이 즐거워하는 것을 견디지 못하기 때문이라고 합니다. 따라서 지금 흘러가는 시간을 꽉 잡아야 합니다. 이 시에서 가장 유명한 구절은 '카르페 디엠Carpe diem'입니다. Carpe는 꽉 잡으라는 뜻이고 diem은 오늘이라는 뜻입니다. 오늘을 꽉 잡은 다음에는 내일을 아주 조금만 믿으라고 말합니다. 이는 인생이 말랑말랑하다는 것을 알게 되면 우리가 목표 지점까지 가면서 만나는 모든 것들을 지나가는 풍경으로 여기지 않고 모든 순간 그 자체가 중요하

다는 것을 깨닫기 때문이라고 생각합니다. 인도, 페르시아, 태국이
말하는 여유 있는 삶의 지혜는 물질 중심의 가치관에 사로잡힌 우
리의 삶을 조금 더 로맨틱하게 만들어줄 것입니다.

• 한순구 •

서울대학교 경제학과를 졸업하고, 미국 하버드 대학교 대학
원에서 노벨경제학상 수상자인 에릭 매스킨 교수와 드류 푸
덴버그 교수로부터 게임이론을 지도받아 경제학박사 학위
를 받았다. 현재는 연세대학교 경제학과에서 학생들을 가르
치는 동시에 홈페이지와 SNS를 통해 학생들의 학업과 진
로를 상담해주는 교수로도 유명하다. 저서로 《경제학 비타
민》《대한민국이 묻고 노벨 경제학자가 답하다》 등이 있다.

인생을 경제적으로 사는 법

　우리의 목숨을 돈의 가치로 따지면 얼마일까요? 생명은 돈으로 환산할 수 없다는 것에 많은 분이 동의하실 겁니다. 하지만 경제학자라는 직업적 특성상 법적 보상을 위해 가치를 측정해야 할 경우가 있습니다. 그런데 자기 목숨의 가치가 무한대라고 느끼지 않는 사람이 있을까요? 누구에게나 목숨은 가장 귀한 것이며 돈으로 환산할 수는 없지만 1조 원이라고 가정해 보겠습니다.

　앞으로 30년간 근무한다는 조건으로 건설 현장에서 근무하는 것과 사무실 컴퓨터 앞에서 근무하는 것 중 근무 중 사고사 확률이 높은 쪽은 어디일까요? 굳이 비교하자면 건설 현장이 1%라도 높을 것입니다. 중장비를 다뤄야 하고 신체를 사용해야 하는 일이 많아 실제로 사무실 업무에 비해 사고 비율이 높습니다. 이러한 결과를 살펴봤을 때 우리는 당연히 사무실 근무를 선택해야 합니다. 그런데 건설 현장이 인력 부족으로 앞으로 30년간 연봉 1억 원을 보장한다고 합니다. 그에 반해 사무실은 연봉이 3,000만 원입니다. 게다가 해고의 위험성까지 있습니다. 과연 어느 쪽을 선택하겠습니까? 대부분의 사람들은 당연히 건설 현장을 선택할 것입니다.

그런데 이해가 가지 않습니다. 목숨의 가치가 무한대라면 사망률이 1% 늘어나는 이 일을 했을 때 사망률도 무한대가 됩니다(무한대×사망률 1%). 그러니 연봉이 얼마든 사무실 근무를 택하는 것이 이치에 맞습니다. 그럼에도 1년에 7,000만 원을 더 벌 수 있다는 이유로 무한대 가치의 목숨을 포기합니다. 이는 자신의 목숨값을 암묵적으로 인정한 것입니다. 만일 사망률이 1% 높은 대신 1,000만 원을 더 주는 직업으로 변경한다면 스스로의 목숨값을 10억 원으로 간주한 것과 같습니다(1,000만 원×100년의 수명).

이렇듯 경제학은 가치를 돈으로 따지는 학문입니다. 때문에 아름다운 학문은 아닌 것처럼 느껴지지만 우리 생활에서는 반드시 필요한 학문이기도 합니다.

사랑도 가족도 돈과 연결된다

분할연금이라는 단어를 들어본 적 있나요? 퇴직 후 부부 사이에 받는 연금 비율을 뜻합니다. 같은 집에서 사는 부부 사이에는 연금 비율을 설정할 필요가 없습니다. 그렇다면 연금 비율을 따져야 할 때는 언제일까요? 배우자와 이혼했을 때입니다. 과거에는 이혼하면 배우자에게 연금이 지급되지 않았습니다. 그런데 지금은 50 대 50 으로 나눠야 합니다.

일본은 2007년 분할연금 제도를 시행했습니다. 남편이 연금을 타는데 2007년 이후에 이혼하면 부인도 50%를 분할 수령할 수 있게 된 것입니다. 과연 분할연금 제도는 황혼 이혼에 영향을 미칠까요? 다음의 그래프를 보면 확인할 수 있습니다.

그래프에서 보듯 황혼이혼은 꾸준히 상승합니다. 한 가지 이상한 것은 이혼율이 잠시 하락했다가 다시 상승했다는 사실입니다. 분할연금 시행은 2007년도에 시행되었는데 2004~2006년 사이에 이혼율이 감소했습니다. 힌트는 분할연금을 시행하기로 결의한 것

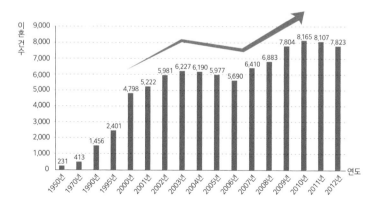

—— 일본의 60세 이상 이혼 추이

이 2004년이라는 것입니다. 즉 이혼을 결심했던 아내들이 분할연금 제도가 시행된다는 사실을 알고 수십 년을 참아왔는데 고작 2년을 못 참을까 싶어 2007년까지 인내한 것입니다. 분할연금과 황혼이혼의 충격적인 상관관계를 알고 나니 겉으로 드러나지는 않지만 경제 문제가 생각 이상으로 가족생활이나 일상의 저변에 많은 영향을 준다는 것을 알 수 있습니다.

어느 날 산신령이 나타나 "그동안 내 너를 지켜보니 인품이 훌륭하도다. 세 가지 능력을 제시할 테니 하나를 골라 보아라"라고 말합니다. 첫 번째는 우주 생성의 원리를 깨달을 수 있는 과학적 능력입니다. 두 번째는 인생의 의미를 깨달을 수 있는 철학적 사고능력이고, 마지막으로 다음날의 주가를 정확히 알 수 있는 능력입니다. 어느 것을 선택하겠습니까?

《삼국지》를 보면 싸움은 장수인 관우, 장비, 조자룡이 잘합니다. 그런데 이들을 호령하는 사람은 제갈공명입니다. 왜 싸움도 못하는 그에게 충성할까요? 그는 날씨와 싸움 전략 예측에 있어서만은 누구보다 뛰어난 능력을 보였습니다. 언제 남동풍이 불지, 적군이 무슨 작전을 쓸 것인지를 예측했고 그에 따라 전쟁 전략을 세울 수 있었습니다. 과거에는 이러한 미래 예측 능력을 갖춘 사람을 점술가라고 칭했지만 오늘날에는 과학이 그 역할을 대신합니다.

과학이 날씨와 기후 등을 예측한다면 경제학 개념은 부동산 가격, 환율, 주가 등 다양한 부분을 예측합니다. 세븐일레븐은 일본

도쿄를 대표하는 편의점입니다. 이 기업을 이끄는 스즈키 도시후미 회장은 하루 대부분의 시간을 어느 한 가지를 연구하는 데 사용합니다. 만일 여러분이 편의점을 운영한다면 가장 큰 고민은 무엇일까요? 아무래도 정확한 재고 파악일 것입니다. 컵라면 같은 인스턴트 식품은 유통기한이 길지만 도시락, 김밥 등 신선 제품은 유통기한이 짧아 정확한 재고 파악이 매우 중요합니다.

잘 팔릴 것 같은 메밀국수는 20개를, 김밥은 5개만 갖다 놓았는데 점심시간에 사람들이 김밥만 찾는다며 어떻게 될까요? 김밥은 고작 5개만 팔고 팔지 못한 메밀국수는 모두 폐기 처리해야 합니다. 결국 편의점 운영에서 가장 중요한 것은 다음 날의 예상 판매량입니다. 편의점이라는 공간이 재고를 쌓아두기에는 협소하고 신선 식품은 유통기한이 짧으므로 최대한 폐기량을 줄여야 하기 때문입니다. 그러나 사람들이 세븐일레븐에 가서 김밥을 먹을지, 국수를 먹을지, 샌드위치를 먹을지 알 방법이 없습니다. 그저 전날의 판매량에 따라 막연하게 다음 날의 판매량을 예측할 뿐입니다.

스즈키 도시후미 회장은 오랜 연구 끝에 고객이 어떤 음식을 선택할지 예측할 방법을 찾아냈습니다. 오늘 날씨와 내일 날씨를 비교해 판매 수량을 파악하는 것입니다. 그는 기상청과 연계해 각 지역의 날씨 정보를 습득한 뒤 음식과의 상관관계를 연구했습니다. 즉 어제 기온이 10℃였고 오늘은 20℃라면 온도 차에서 고객이 냉면과 같은 시원한 음식을 구매할 것이라는 요구를 파악하는 것입니다. 이 예측은 실제로 매우 정확했고 덕분에 재고량을 정확하게 파악하게 된 세븐일레븐은 편의점 업계에서 확고한 위치를 차지했습니다. 이처럼 인생의 의미를 깨닫는 철학적 사고도 중요하지만 실생활에서 필요한 것은 경제 예측 능력입니다.

경제학은 어머니다!

예산이라는 것은 주어진 금액 안에서 구매할 수 있는 물건을 미리 헤아려 계산하는 것을 뜻합니다. 다음의 그래프에서는 노란 선 아래쪽 삼각형이 우리에게 한정된 예산의 범위입니다. 이를 넘어서는 것은 살 수 없다는 것을 알려주는 것이 예산의 개념입니다.

여기서 한 가지 질문을 드리겠습니다. 가진 돈이 10만 원뿐인데 백화점에서 20만 원어치의 물건을 구매하는 방법은 무엇일까요?

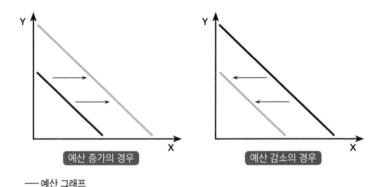

예산 증가의 경우   예산 감소의 경우

— 예산 그래프

두 가지 방법이 있습니다. 하나는 물건을 슬쩍하거나 남의 돈을 슬쩍하는 범죄자가 되는 것입니다. 이런 사람들은 자신이 보유한 예산에 구애받지 않고 물건을 살 수 있습니다. 범죄자 외에 예산에 관계없이 마음껏 돈을 쓰는 직업군은 바로 정치인입니다. 이들은 돈이 없어도 남의 돈으로 얼마든지 원하는 것을 할 수 있습니다.

일본의 간사이 공항은 오사카만 해안에 위치한 것으로 매년 평균 50cm씩 가라앉고 있습니다. 더 이상 가라앉지 않게 하려면 공항을 넓혀야 하는데 불가능합니다. 인천공항은 영종도와 용유도라는 섬과 섬 사이를 매립해 건설했는데 간사이 공항은 바다를 매립해 인공섬을 만든 뒤 건설한 것으로 건축공학적으로는 인정받을지 몰라도 경제학적으로는 매우 비효율적인 공항으로 평가됩니다. 일본의 홋카이도와 혼슈를 잇는 길이 53.9km의 바다 밑 연결 터널도 비효율적인 터널로 유명합니다. 이는 수십 년 전 기차를 타고 갈 수 있는 해저 터널을 만든 것인데 그 사이에 두 지역을 오가는 비행기가 생기면서 이제는 아무도 이 터널을 사용하지 않습니다. 도쿄에서 홋카이도까지 비행기로 1시간 반이 걸리는데 해저 터널을 이용하면 7시간이 넘게 걸리기 때문입니다. 엄청난 돈을 들인 만큼 경제적으로 큰 손실을 가져왔습니다. 만일 정치인들이 본인의 재산을 사용했다면 낭비 없이 공항과 터널을 건설했을 것입니다.

실제로 경제학을 전공한 정치인은 예산이라는 개념을 잘 알기 때문에 경제학적으로 터무니없는 공약을 하지 않습니다. 그에 반해 경제학 원리를 모르는 정치인은 예산은 염두에 두지 않고 투표자의 환심을 사기 위해 불가능한 공약을 남발합니다.

저는 이렇듯 예산을 다루는 학문인 경제학이 어머니와 같은 역할을 한다고 생각합니다. 통 큰 경제파 아버지가 가끔 외식을 하자고 하면 꼼꼼하게 예산을 관리하는 경제 실속파 어머니는 수익과 지출의 상관관계를 따져본 뒤 외식 여부를 결정합니다. 따라서 경제학이 어려운 남성이라면 아내의 말이 곧 경제학이라는 생각으로 고민 없이 따르면 됩니다.

어느 날 저는 아이와 함께 놀이동산에 갔습니다. 너무도 즐거워한 아이는 내일 또 놀이동산에 가자고 말했습니다. 저도 재미있기는 했지만 내일 다시 놀이동산에 가야겠다는 생각은 하지 않았습니다. 아이와 저 모두 즐거웠음에도 왜 서로 다른 생각을 했을까요? 모든 원인은 돈에 있습니다. 아이는 놀이동산에서 즐기는 데 전혀 돈이 들지 않았다고 생각합니다. 입장료부터 밥값, 교통비 등은 모두 아빠 돈이기 때문에 아이 입장에서는 공짜인 셈입니다. 공짜로 재미있게 놀 수 있는데 내일 또 가지 않을 이유가 없습니다. 하지만 아빠는 돈을 생각하지 않을 수 없습니다. 모든 움직임에 비용이 발생하는데 매일같이 놀이동산에 가는 것은 불가능합니다. 이런 상황을 파악하고 나니 종종 장난감 가게에서 아이가 원하는 것을 사주지 않는다며 떼쓰며 우는 것이 공짜라고 생각하기 때문은 아닐까 하는 생각이 들었습니다.

그래서 저는 아이가 유치원에 다닐 때 동그라미 제도를 만들었습니다. 아이에게 앞으로 장난감을 사주지 않을 것이며 대신 착한 일을 하면 동그라미를 줄 테니 그것을 모아 원하는 것을 살 수 있다고 설명했습니다. 동그라미 하나에 500원짜리 장난감을 살 수 있는 가치를 부여했습니다. 그러자 아이의 행동이 완전히 바뀌었습니다. 마음에 드는 장난감을 발견하면 사달라고 조르는 대신 언제 할인을 하는지, 흠집이 난 것은 가격을 깎아줄 수 있는지 등을 흥정했습니다. 세상에서 가장 깐깐한 소비자가 탄생한 것입니다.

돈에 대한 주인 의식이 없는 아이는 자신의 행위가 낭비인지 모를 정도로 경제 개념이 제로에 가깝습니다. 하지만 스스로 노력해 돈의 가치를 얻으면 저절로 합리적으로 소비하게 됩니다. 따라서 장난감을 사달라고 떼쓰는 아이와 정치인은 근본적으로 차이가 없습니다. 다른 사람의 돈으로 물건을 사기 때문입니다. 투명한 재정 관리를 위해서 우리는 항상 정치인을 향한 합리적 견제와 감시를 해야 합니다.

무엇이 독점을 만드는가?

지금은 비닐봉투가 흔하지만 발명 당시만 해도 세상을 놀라게 한 획기적인 상품이었습니다. 미국의 듀폰DuPont이라는 기업이 비닐봉투를 개발하자 종이봉투를 만들던 업체의 걱정은 늘어갔습니다.

이대로 가다가는 망하겠다는 생각이 들자 듀폰이 만드는 비닐봉투는 독점이니 규제해 달라며 소송을 제기했습니다. 이에 듀폰은 절대로 독점이 아니라고 주장했습니다. 이 모든 논쟁의 시발점은 오직 듀폰만이 비닐봉투를 제작한다는 것입니다. 싸움의 결과는 독점이 아니라는 듀폰의 승리로 마무리되었습니다.

사진 속 두 대의 자동차는 다른 차종입니다. 이들은 같은 제품일까요? 다르다고 생각한다면 같은 차종의 다른 색깔의 자동차, 즉 빨간색 소나타와 검은색 소나타는 같은 제품일까요? 만일 다른 제품이라고 생각한다면 이들 자동차를 만드는 현대자동차는 독점 기업이 됩니다. 검은색 소나타, 빨간색 소나타, 파란색 소나타 등 각양각색의 저마다 다른 자동차를 현대자동차만 생산하기 때문입니다. 이런 논리를 적용하면 모든 제조 기업은 독점 기업이 됩니다. 세상의 모든 기업이 독점성을 가지고 있다는 사실, 이것이 바로 듀폰이 승소한 이유입니다.

그렇다면 여기서 한 가지 질문을 드리겠습니다. 2,000만 원짜리 자동차인 소나타와 SM5가 있습니다. 둘 중 SM5를 구매하기로 결

— 소나타 vs SM5

266

정했는데 갑자기 가격이 2,200만 원으로 올랐다면 원래대로 SM5를 사겠습니까, 아니면 소나타로 바꾸시겠습니까? 아마 대다수의 사람들이 소나타를 구매할 것입니다. 두 가지 상품 중 하나의 상품 가격이 올랐을 때 소비자들의 구매 행태가 변하는 경우는 두 상품이 비슷하다는 것을 뜻합니다. 즉 상관관계가 존재하는 것입니다. 이를 가리켜 한 재화의 가격 변화가 다른 재화의 수요량에 미치는 영향을 말하는 '교차탄력성'이라고 말합니다.

이를 종이봉투와 비닐봉투 사례에 적용해보겠습니다. 만일 비닐봉투 가격을 올리면 사람들은 비닐봉투 대신 종이봉투를 구매할 것입니다. 두 제품은 모양도, 특징도 다르지만 소비자는 생김새는 다를지 몰라도 쓰임새는 비슷한 것으로 인식합니다. 때문에 듀폰만이 비닐봉투를 생산해도 봉지라는 커다란 상품군에 속해 있으므로 이를 독점이라고 판단하는 것은 무리가 있다고 결론 내렸습니다.

제가 이제껏 본 영화 중 가장 무서웠던 것은 〈스타워즈〉와 〈스타트렉〉 시리즈입니다. 영화 속 주인공들은 괴상하게 생긴 외계인과 거침없이 의사소통을 합니다. 이는 영화에 등장하는 만능 번역기universal translator 덕분입니다. 그 외에도 버튼 하나만 누르면 멀리 떨어진 사람이 눈앞에 바로 나타나 같은 공간에 있는 것처럼 느껴지는 홀로그램 기술도 나옵니다.

이들 기술을 우리 일상생활에서도 사용할 수 있는 날이 오면 아마도 저는 금세 실업자로 전락하고 말 것입니다. 저 대신 하버드 대학과 MIT에 있는 교수나 노벨경제학상을 받은 사람의 강의를 홀로그램 기술과 만능 번역기를 통해 들을 수 있기 때문입니다. 앞으로 다가올 두려운 미래 때문에 저는 〈스타워즈〉를 보면서도 마냥 즐거울 수만은 없었습니다.

그런 의미에서 보면 우리가 대우받고 사는 것은 나만이 할 수 있는 자기만의 것이 있기 때문입니다. 특히 최고 대우를 받는 사람들은 모두 그들만의 특별함을 가졌습니다. 세계적으로 유명한 경제학자가 많음에도 제가 많은 사람들 앞에서 경제학을 강의할 수 있는 것도 이와 관련이 있습니다. 수많은 경제학자 중에서 한국에 산다는 지리적 특징과 한국어를 할 수 있다는 언어적 특징이라는 저만의 희소성 덕분입니다. 즉 같은 언어를 사용하는 같은 문화권 내에는 라이벌이 적다는 뜻입니다. 독점이라는 것은 기업의 제품 생산뿐 아니라 우리의 인생이라는 상황에서도 얼마든지 적용할 수 있습니다. 따라서 우리는 지금 하는 일에 있어서만큼은 나를 대신 할 수 있는 사람이 없고, 나 아니면 누구도 생각할 수 없을 만한 독점적인 지위를 만들어야 할 것입니다.

269쪽의 사진처럼 유조선 한 대의 가격이 지난해 대비 100만 원이 상승했고 판매량은 5대 감소했습니다. 그리고 귤 한 상자의 가격이 5,000원 상승했고 판매량은 1,000상자가 감소했습니다. 어떤 물건이 가격에 민감한 것일까요?

유조선의 가격은 보통 수천억 원이 넘습니다. 사진 속 유조선 가

가격 100만 원 상승
판매량 5대 감소

굴 한 상자

가격 5,000원 상승
판매량 1,000상자 감소

—— 어떤 물건이 가격에 더 민감할까?

격이 2,000억 원이라면 100만 원이 상승했다는 것은 2,000만 원짜
리 소나타의 가격이 100원 오른 것과 같습니다. 그런데 유조선은
1년에 30대도 채 팔리지 않습니다. 이런 제품의 판매량이 5대나 감
소했다는 것은 0.0005% 미미한 가격 상승 대비 판매량은 무려 약
20% 이상 감소했음을 뜻합니다.

굴 한 상자의 가격은 1만 원정도입니다. 그런 굴 값이 1만 5,000
원이 됐습니다. 가격이 무려 30%나 상승한 것입니다. 우리나라 사
람들이 1년에 굴 반 상자를 먹는다고 하면 매년 약 2,000만 상자가
팔리는 셈입니다. 즉 가격이 5,000원 상승하고 판매량이 1,000상자
감소했다는 것은 가격이 30%나 상승한 데 비해 판매량이 0.005%

밖에 감소하지 않았다는 것입니다.

높은 가격 변동에 비해 판매량 변화가 미미한 귤과 달리 유조선은 가격 변동이 거의 없음에도 높은 판매량 변화가 발생했습니다. 이는 유조선이 귤보다 가격에 대한 민감도가 높다는 뜻입니다. 단순한 숫자가 아닌 수요에 대한 퍼센트의 개념으로 확인해야 합니다.

우리가 결혼하는 경제학적 이유

이 세상의 유부남에게 결혼하기 전의 아내가 더 상냥했는지, 결혼한 뒤의 아내가 더 상냥한지를 물어본다면 대부분 주저 없이 "결혼 전!"이라고 외칠 것입니다. 마찬가지로 아내들에게 결혼 전의 남편이 더 멋있고 잘해주는지, 결혼한 뒤의 남편이 더 멋있고 잘해주는지 물어본다면 "결혼 전!"이라는 대답이 들려옵니다.

저 역시 결혼 전에는 매일 아침 자동차로 아내를 출퇴근시켜주고 주말이면 좋은 곳, 예쁜 곳을 다니며 시간을 보냈습니다. 아마도 그녀는 저를 자신의 아버지와는 다른 사람이라고 생각했을 것입니다. 그러나 결혼 후 저는 마치 소파와 결혼이라도 한 듯 소파와 물아일체가 되어 TV를 봅니다. 저도 아내의 아버지와 같은 사람이었던 것입니다.

그렇다면 서로를 너무 사랑하고 잘해주는 죽고 못 사는 연인 관계에서 로맨스 없는 현실 부부가 돼버리는 결혼을 왜 하는 것일까요? 결혼하지 않고 계속해서 애틋한 연인으로 지내면 되는데 말입니다. 제가 결혼 전 아내에게 무한 애정을 쏟았던 것은 그때 저와 아내는 경쟁 사회에서 관계를 맺었기 때문입니다. 즉 아내가 저 말고 얼마든지 다른 남자를 만날 수 있는 상황이었습니다. 음식점에 갔는데 주인이 불친절하면 다른 가게로 갈 수 있는 상황과 같습니다. 음식점이 단골손님을 잡기 위해 다양한 서비스를 제공하듯 저도 아내가 다른 사람에게 가지 못하도록 필승 전략을 펼친 것입니다.

그런데 결혼이라는 것은 곧 독점계약을 맺는 것입니다. 저 아닌 다른 사람을 사귀면 위법이 됩니다. 이렇게 독점계약을 체결하면 서비스가 조금 나빠져도 고객은 다른 음식점에 가지 못합니다. 제가 아내와 독점계약을 맺은 뒤 소파에 붙어 지내는 것도 이러한 이유입니다. 경쟁이라는 것이 고객에게는 좋지만 생산자의 입장에서는 매우 힘들기 때문에 하루빨리 독점계약을 서두르게 되면서 많은 사람이 결혼이라는 것을 선택합니다.

따라서 결혼은 경제학적으로 볼 때 쌍방독점계약의 관계입니다. 서로에게 제공하던 서비스의 질은 떨어지지만 독점계약을 맺는 순간부터 경쟁에서 이겨야 한다는 압박에서 자유로워지기 때문입니다. 한마디로 비정규직에서 정규직으로 바뀌는 것과 같습니다.

재미있게도 이런 남녀 관계는 대기업과 중소기업 간의 관계와 유사한 모습을 보입니다. 먼저 남녀 관계의 원리를 알아보겠습니다.

한 남자가 어느 날 꿈에 그리던 이상형을 만났습니다. 그녀는 핑크색을 너무 좋아합니다. 자신의 남자친구가 되기 위해서는 자동차, 가방, 머리 색깔, 옷, 신발, 속옷까지 모조리 핑크색으로 바꿔야 한다고 말합니다. 만일 그녀를 위해 모든 것을 핑크색으로 바꾸면 과연 여자친구가 잘해줄까요?

심리적인 것을 배제하고 두 사람의 관계를 객관적으로 분석하는 게임이론의 시선에서 볼 때 모든 것을 핑크색으로 바꾸는 것은 나만의 협상력이나 권력을 포기하는 것입니다. 따라서 슬프게도 앞으로 여자친구가 남자에게 잘해주는 일은 없을 것입니다. 오히려 여러 가지 무리한 요구를 했을 때 들어줄 수밖에 없는 관계가 됩니다. 두 사람의 관계 끝에서 남는 것은 서로의 관계가 좋다가도 티격태격하며 싸우고 나면 언제든 다른 인연을 찾아 떠날 가능성이기 때문입니다. 그런데 자동차, 가방, 머리 색깔, 옷, 신발, 심지어는 속옷까지 핑크색인 남자를 다른 여자가 좋아할 리 없습니다. 아무리 노력해도 새로운 여자친구는 생기지 않습니다. 여자친구는 핑크색으로 치장한 남자를 받아줄 사람은 자신밖에 없다는 사실을 알고 있기에 애써 남자친구에게 잘해주려 하지 않습니다.

이처럼 투자가 오히려 인질이 되어 자신의 입지를 약하게 하는 것을 경제학에서는 '홀드업 문제'라고 합니다. 여자친구를 위해 핑크색으로 변신한 투자가 오히려 볼모로 잡히는 계기가 되고 만 것입니다. 여자친구의 요구를 들어주면 들어줄수록 남자는 빠져나갈 수 없는 인질로 잡힙니다.

홀드업 문제는 대기업과 중소기업 사이에서 많이 발생합니다. 가령 A라는 중소기업이 B라는 대기업의 자동차에 핸들을 납품하는 계약을 맺는 순간, A사는 다른 자동차 회사의 주문을 받을 수 없게 됩니다. 제조사마다 자동차의 핸들 모양이 각기 다른데 A사는 모든 생산 라인을 B사의 자동차 핸들을 만들도록 변경했기 때문입니다. 앞서 남자가 여자친구를 위해 모든 것을 핑크색으로 바꾼 것과 같습니다. 이때부터 B사는 A사가 자신에게만 물건을 납품할 수밖에 없는 처지라는 것을 이용해 점점 더 많은 조건을 요구합니다. B사의 인질이 된 A사는 무리한 요구도 들어줄 수밖에 없습니다.

세계 최대 자동차 회사인 GM은 자동차의 몸체를 만드는 피셔바디Fisher Body라는 회사와 협상을 진행하면서 난항을 겪었습니다. 재미있는 사실은 인질이 된 게 피셔바디가 아니라 GM이라는 것입니다. 피셔바디는 GM과 차체 생산을 독점계약한 뒤 가격 인상을 요구했습니다. GM이 요구를 거절하자 피셔바디는 제작을 중단하겠다는 초강수를 두었고, GM은 피셔바디가 아니면 지금 당장 자동차 생산 공장을 멈춰야 하는 처지에 놓였습니다.

경제학적으로 남녀 관계는 쉽지 않은 문제입니다. 결혼을 하면 문제가 없는데 그 전에 밀고 당기는 작업으로 인해 다양한 갈등이 발생하기 때문입니다. GM과 피셔바디의 결론은 남녀 관계와 비슷했습니다. 결국 GM이 피셔바디를 합병한 것입니다. 결혼을 선택함으로써 밀고 당기기를 끝냈습니다.

결과적으로 연인이 핑크색 취향을 요구할 때 우리가 취할 수 있는 최선의 행동은 요구를 들어주되, 결혼한 뒤에 바꾸겠다는 조건을 다는 것입니다. 그래야 홀드업 문제가 발생하지 않습니다.

모험이 없다면 이익도 없다

저는 연세대학교에서 학생들에게 경제학을 가르치고 있습니다. 그런데 어느 날 불현듯 제 연봉이 제가 벌어들이는 수익의 어느 정도를 차지하는지 궁금해졌습니다. 제 수업을 듣는 학생 수와 그들이 학교에 내는 등록금을 알고 있고, 학생들이 평균적으로 6과목을 수강한다는 사실을 반영해 경제학 수업료를 책정했습니다. 저는 제 연봉의 4배에 가까운 금액을 학교에 벌어다 주고 있었습니다. 생각보다 저에게 돌아오는 돈이 적다는 사실에 큰 충격을 받았던 기억이 있습니다.

그런 와중에 어느 대학 교수가 학교를 그만두고 학원행을 선택했다는 말을 들었습니다. 교수 월급의 5배가 넘는 돈을 받는 말도 함께였습니다. 이런 상황이라면 저도 학교를 그만두고 학원으로 가야 합니다. 독립해서 내가 벌어들이는 돈을 모두 가져올 수 있으니까요. 그런데 왜 그만두지 않을까요? 저뿐 아니라 많은 직장인이 화가 머리끝까지 치밀어올라도 묵묵히 직장에 다닙니다.

이유는 당연하게도 불안정이라는 리스크 때문입니다. 학교를 그만두고 학원으로 갔을 때 인기가 많다면 지금보다 훨씬 많은 돈을 벌 수 있습니다. 허나 몇 년 지나 인기가 사그라지면 수입이 전혀 없을 수도 있습니다. 평균 수입은 늘어나겠지만 급락이 발생할 수 있다는 불안정성을 안고 살아가야 합니다. 그래서 저는 비록 수입을 학교와 나누지만 그것을 일종의 보험료라고 생각합니다. 다른 직장인 역시 다소 비싸지만 안정감이라는 보험료를 내고 일을 하고 있습니다.

인생을 경제학적으로 살기 위해서는 높은 수입을 위해 위험을 감수한 도전을 할 것인지 결정해야 합니다. 만일 안정적으로 살고 싶다면 상대적으로 이득이 저조하다는 것을 받아들이고 그에 맞춰 생활하는 자세가 필요합니다. 인생을 살면서 우리가 맞이하게 될 가장 큰 리스크는 죽음입니다. 아무리 큰 수익이 생겨도 죽으면 모든 것이 끝납니다. 하지만 우리는 모두 언젠가는 생의 마지막을 맞이해야 합니다. 내 인생에서 가장 큰 리스크, 그 무엇으로도 막을 수 있는 리스크가 다가오고 있습니다. 그렇기에 한 번쯤 위험을 감수한 도전이 필요합니다. 내가 얼마나 오래 살 수 있을지, 그리고 어디까지 리스크를 받아들일 수 있을지 생각해보기 바랍니다. 안정을 선택할지, 모험을 선택할지를 결정하는 것만으로도 인생을 경제학적으로 살아갈 준비가 된 것입니다.

•강원국•

서울대학교 외교학과를 졸업한 뒤 기업에서 17년, 청와대에서 8년간 일했다. 그 가운데 9할은 글 쓰는 일을 했다. 바람직한 기업문화는 상하 간의 원활한 소통에서 출발한다고 생각하며 말하기와 글쓰기를 통한 신뢰 구축이 그 길이라고 믿는다. 현재는 전북대학교 초빙교수로 활동하며 기업과 학교, 공공기관 등에서 글쓰기 및 소통에 관한 강연을 하고 있다. 저서로 《대통령의 글쓰기》《회장님의 글쓰기》등이 있다.

글쓰기가 두려운 어른들에게

남녀차별이 없는 나라, 교육도 일도 심지어는 먹고사는 집도 동일한 나라, 지배자도 피지배자도 없는 나라, 물론 부자도 가난한 자도 없는 나라, 게다가 하루에 딱 6시간만 일하는 꿈같은 곳. 토마스 모어Thomas More의 소설 《유토피아》 속 이야기입니다.

하지만 우리가 하루 중 대부분의 시간을 보내는 직장에서 모두가 행복하게 일하는 환경을 만나기는 쉽지 않습니다. 특히나 스트레스에 취약한 제가 오랜 고민과 노력 끝에 찾은 유토피아라는 해답은 '공유'였습니다. 사람은 원활한 공유가 이루어지면 스스로 찾아 일하고 주인의식이 높아집니다. 그런데 정보가 공유되지 않으면 마치 영문도 모른 채 꽉 막힌 고속도로에 갇힌 꼴이 됩니다. 정보의 공유로 도로 상황을 잘 알고 있다면 답답하거나 불안하지 않을 텐데 말입니다. 직장에서도 내가 왜 이 일을 해야 하는지 배경, 취지, 의도, 목적을 공유하면 행복한 직장생활을 할 수 있다고 생각합니다. 그리고 이러한 공유의 기술은 글쓰기로도 연결됩니다.

과거에는 글을 써야 하는 상황이 한정되어 있었습니다. 하지만 오늘날은 SNS부터 시작해 자기소개서, 이메일, 보고서, 기획안, 품의서, PT자료 등 다방면에 글쓰기가 필요합니다. 30여 년 글을 써온 저에게도 글쓰기란 늘 막막하고 어려운 일입니다. 재능을 타고난 것도 아니고, 독서량이 많은 것도 아닌 제가 실전 글쓰기를 통해 터득한 노하우를 '공유'해보려 합니다.

글의 흐름을 깨우치는 법

초등학교 2학년 때 어머니가 돌아가셨습니다. 그리고 얼마 후 어머니가 돌아가신 줄 모르던 담임선생님께서 곧 어머니날이니 학교에 어머니를 모셔오라고 했습니다. 어린 마음에 어머니가 안 계시다는 사실이 부끄러웠는지 선생님께 아무 말도 못 하고 집에 와서 밤새 걱정만 했습니다. 그러고는 다음 날 학교에 가서 선생님께 어머니가 안 계시다고 고백했습니다. 얼마 후 글짓기 대회에서 그날 밤 고민한 이야기를 써냈습니다. 어머니날을 기념해 전교생이 운동장에 모인 조회에서 교장 선생님은 제가 쓴 글을 낭독했습니다. 읽던 도중 울먹이기도 하는 모습을 보면서 내가 글을 쓸 줄 아는구나

하고 생각했던 기억이 납니다.

제가 결정적으로 글쓰기의 흐름을 깨우친 계기는 서재였습니다. 중학생 시절 잠시 이모 댁에서 생활했는데 이모부의 서재가 제 방이었습니다. 심심할 때마다 책을 요리조리 구경했는데, 우연히 한국 단편소설을 읽게 됐습니다. 특히 김동인 〈감자〉, 나도향 〈물레방아〉 같은 소설은 에로티시즘의 극치라 할 수 있습니다. 당시만 해도 국어사전을 찾아보며 성적 호기심을 충족하던 저는 리얼한 묘사 덕에 소설의 매력에 흠뻑 빠졌습니다. 단편소설로 시작한 독서는 어느덧 장편소설로 이어졌습니다. 《풀잎처럼 눕다》,《불새》 등 제목만 봐도 내용을 파악할 수 있게 되더니 나중에는 목차만 봐도 어느 대목에 절정이 있는지 직감적으로 캐치할 수 있는 경지에 다다랐습니다. 저도 모르는 사이 글의 흐름을 파악할 수 있는 능력을 키운 것입니다. 우리는 학교에서 글의 구성을 서론-본론-결론이라고 배우지만 무엇보다 중요한 것은 감입니다.

모든 말과 글에는 기본 구성요소가 있습니다. 기념사, 축사, 치사 등 글의 종류마다 구성이 다릅니다. 치사致詞는 대통령이 소방관이나 경찰 등의 공무원에게, 회사의 사장이 직원에게 건네는 칭찬을 담은 글입니다. 치사를 잘하려면 첫째, 상대가 이룬 업적이나 성과를 나열합니다. 둘째, 고생했다며 치하합니다. 셋째, 여기서 안주하지 말고 나아갈 방향을 제시해 동기 부여합니다. 넷째, 상대의 역할을 당부합니다. 다섯째, 자신도 가만히 있지 않겠다며 처우 개선 및

복리 증진을 약속합니다. 마지막으로 함께 잘해보자며 격려로 마무리합니다. 이것이 치사의 구성입니다.

축사의 구성은 조금 다릅니다. 행사에 참석해서 갑작스럽게 축사를 요청받으면 대개 머릿속이 하얘지면서 아무 생각도 나지 않습니다. 이때 마치 준비해온 것처럼 술술 이야기하는 사람이 있습니다. 축사의 구성을 꿰뚫고 있는 것입니다. 첫째, 축하를 건넵니다. 둘째, 행사의 대단함을 느낀다며 의미 부여를 해줍니다. 셋째, 이런 행사가 더 잘됐으면 좋겠다는 기대 표명을 합니다. 넷째, 다시 한번 축하합니다. 다섯째, 건승을 빈다며 덕담으로 마무리합니다.

이처럼 상황에 맞는 구성만 있으면 글을 잘 쓸 수 있습니다. 축사, 독후감, 일기 중 우리가 가장 잘할 수 있는 글쓰기는 무엇일까요? 일기를 쓰면서 막막해 하는 사람은 없습니다. 자신이 오늘 한 일과 느낌에 관해 쉽게 구성할 수 있기 때문입니다. 구성력은 많이 써볼수록 탄탄해집니다. 나만의 다양한 구성력을 갖고 싶다면 온라인 서점에 들어가 책의 목차를 즐겨 보는 것도 좋은 방법입니다. 목차 읽기 훈련이 어느 정도 진행되면 좋아하는 칼럼니스트의 칼럼 여러 편을 출력해 반복해 읽습니다.

처음은 내용을 이해하면서 읽고, 두 번째는 내용을 요약해 주제를 파악하며 읽고, 세 번째는 반론을 제기하며 읽습니다. 칼럼 내용에 공감하더라도 억지로 반론하는 연습이 필요합니다. 마지막으로 글의 시작부터 전개, 마무리까지 구성을 분석하며 읽습니다. 칼럼은 글 쓰는 사람에 따라 시작하는 방법과 마무리하는 방법이 다양합니다. 최근의 사건으로 시작하거나 이론이나 학설 또는 자신의 일화를 소개하는 사람이 있는가 하면 구체적으로 주제를 던지기도 합니다. 칼럼마다의 시작 방식을 분석하면 우리도 얼마든지 칼럼니스트가 될 수 있습니다. 저 역시 과거 김대중 전 대통령의 말과 글을 다듬는 일을 하면서 강준만 교수의 칼럼을 읽으며 연습한 덕분에 머릿속에 구성의 틀이 생겼습니다.

어휘력 완전 정복 비결

《태백산맥》을 집필한 소설가 조정래 선생이나 《노인과 바다》를 쓴 어니스트 헤밍웨이처럼 내로라하는 작가들도 수없이 글 고치기를 반복합니다. 그 이유는 더 많은 단어를 찾기 위해서라고 합니다. 이처럼 글쓰기는 어휘력에 의존해 쓰는 것이라 해도 과언이 아닙니다. 글쓰기가 두려운 어른들의 문제는 어휘력을 키우는 방법을 모른다는 것입니다.

저는 김대중, 노무현이라는 두 분의 전직 대통령의 말과 글을 다듬는 일을 했습니다. 2007년 10월 평양에서 7년 만에 남한과 북한 최고 지도자들의 제2차 남북정상회담이 열렸습니다. 회담을 마치고 돌아오는 길에 대통령께서 보고 연설을 해야 하는데 아무리 일정을 살펴봐도 연설문 쓸 시간이 촉박했습니다. 평소와 달리 주변

행정관이나 인터넷의 도움을 받을 수도 없는 환경이기도 해 걱정이 많았습니다. 고민 끝에 제가 준비한 한 가지만 믿고 정상회담 길에 동승했습니다. 저는 과연 무엇을 준비했을까요?

과거 정상회담 내용을 살펴보니 가장 많이 쓴 단어가 '말했다' 였습니다. 북측 대표가 무어라 말했다, 남측이 무어라 말했다라는 내용은 빠질 수가 없습니다. 그런데 '말했다'라는 어휘만 사용하면 정확한 의미 전달이 어렵습니다. 저는 밝혔다, 언급했다, 강조했다, 설명했다, 반박했다, 뜻을 같이했다, 공감했다, 합의했다 등 '말했다'의 동의어와 유의어 30여 개를 준비해 책상에 붙여놓았습니다. 연설문을 준비하면서 '말했다'라는 단어가 나올 때마다 동의어와 유의어를 보면서 상황에 맞는 단어를 찾아 적용했습니다. 사실 같은 의미의 단어를 바로 떠올리는 게 쉬운 일은 아닙니다. 미리 동의어와 유의어를 준비한 덕에 다채로운 표현이 가능했고, 단어만 바꾸었을 뿐인데 그럴싸한 문장이 나왔습니다.

적절한 단어가 생각나지 않아 시간을 잡아먹다 보면 글 쓰는 시간이 오래 걸립니다. 마크 트웨인은 "꼭 맞는 단어와 적당히 맞는 단어의 차이는 번갯불과 반딧불의 차이다"라고 말했습니다. 글쓰기는 사실 꼭 맞는 단어를 찾아가는 과정입니다. 어휘력이 부족한 사람은 평생 같은 단어만 고수합니다. 가령 '발전'이라는 단어에는 발달, 진전, 진보, 융성, 도약, 성장, 성숙, 신장, 약진 등 동의어와 유의어가 다양한데도 하나의 단어만 고집합니다. 그렇게 쓰면 의미가 모호하고 지루한 글이 됩니다.

어휘력을 키우는 가장 좋은 방법은 사전을 찾아보는 것입니다. 옛날처럼 사전을 뒤질 필요 없이 포털사이트의 국어사전을 검색하면 됩니다. 의무적으로 한 페이지의 글을 쓸 때 세 단어를 검색해보기 바랍니다. 유의어를 살펴보면 더 알맞은 단어를 발견할 수 있습니다. 그럴 때면 글의 품격이 상승한다는 희열을 느끼기도 합니다. 이 과정을 반복하다 보면 자신도 모르게 어휘력이 상승한 것을 확인하게 됩니다.

자타공인 명문가 소설가 김훈 선생의 글쓰기 비법 역시 국어사전이라고 합니다. 명사, 형용사, 부사, 조사, 어미 등 사전을 찾아가며 다양한 품사를 사용해 글을 씁니다. 그는 《칼의 노래》를 쓰면서 첫 구절을 '버려진 섬마다 꽃은 피었다'로 할지 '버려진 섬마다 꽃이 피었다'로 할지 고민하다가 '꽃이 피었다'를 선택했다고 합니다. 조사 '은'과 '이'가 주는 미묘하지만 엄청난 차이는 한 글자만으로도 문장의 맛이 달라진다는 것을 잘 보여줍니다. 그럼에도 우리는 조사나 어미도 사용하는 것만 고수합니다. 사전을 검색해 더 맞는 단어를 골라서 쓰는 작은 수고만으로도 완전히 다른 글이 탄생합니다.

생각은 말이 되고, 말은 글이 된다

앞서 이야기했듯 저는 글을 쓸 때 자료에 의지하는 편입니다. 그

중 가장 많이 찾아보는 것은 칼럼입니다. 칼럼에 담긴 사실, 관점, 독특한 해석을 바탕으로 내 생각을 만들 수 있기 때문입니다. 다양한 칼럼을 읽다 보면 어느새 A 칼럼의 전개 방식과 B 칼럼의 내용이 더해져 내 생각을 담은 글이 만들어지는 등 글쓰기에 많은 도움이 됩니다.

김대중 전 대통령은 남의 생각을 알기 위해 자료를 보는 것은 의미가 없다고 하셨습니다. 타인의 글을 통해 내 생각을 창안할 때 비로소 자료를 보는 의미가 있다는 것입니다. 그가 알려주신 '내 생각을 만드는 방법'을 공유해볼까 합니다. 첫째, 자료를 보기 전에 제목을 보고 내용을 추측하라. 일명 호기심을 가져보라는 것입니다. 둘째, 그리고 자료를 읽어라. 셋째, 내용을 떠올려보라. 넷째, 내용을 읽고 든 생각을 내 경험에 적용해보라. 이 자기화 과정은 지식이 지혜가 되고, 남의 것이 내 것이 되는 가장 중요한 단계입니다.

우리는 주로 '형식지'라 부르는 인터넷과 책을 통해 지식을 접합니다. 허나 여기서 그치면 안 됩니다. 습득되어 있지만 겉으로 드러나지 않는 지식인 '암묵지'를 체득해야 합니다. 암묵지는 대개 머릿속에 들어 있습니다. 가령 직장 상사가 그동안 쌓아온 경험과 노하우는 우리 눈에 보이지 않습니다. 그 속에 담긴 일의 배경, 맥락, 취지, 목적 등은 질문을 통해서 습득할 수 있습니다. 그렇게 얻은 지식은 반드시 내 것으로 만들어야 합니다. 포털 사이트의 이미지 검색도 좋은 자료입니다. 단어와 연관된 다양한 그림을 보며 생각을 창출할 수 있습니다. 만일 자신의 글이 좀처럼 써지지 않는다면 자료를 찾는 노력이 부족한 것은 아닌지 생각해보기 바랍니다.

제가 고등학교에 다니던 시절에는 국어 교과서에 '한국의 현대시'라는 과정이 있었습니다. 선생님은 이를 모두 암기하라는 숙제를 주셨습니다. 열심히 외우다 보니 시를 쓰고 싶은 욕구가 생겼고 끄적어보니 시가 술술 써졌습니다. 타오르는 창작열을 누르지 못해 친구들이 저녁 먹으러 간 사이 칠판에 창작한 시를 적었습니다. 나중에 보니 창작이라기보다 제가 외운 현대시의 조합에 가까웠습니다. 그때 암기함으로써 자연스레 시의 패턴을 습득했다는 깨달음을 얻었습니다. 문장력을 높이고 싶다면 20편 정도의 시를 암송하거나 20개 정도의 명언을 암기해보기 바랍니다. 그 안에 담긴 문장의 수사와 형식을 습득할 수 있습니다. 우리의 뇌는 글을 쓸 때마다 그 문장에 담긴 형식을 재현해냅니다.

과거의 인공지능은 개와 고양이를 구별하지 못했습니다. 비정량적 데이터이기 때문에 개와 고양이의 특징을 아무리 입력해도 소용없었습니다. 그러다가 개와 고양이의 사진을 대량으로 투입하자 그때부터 구분이 가능해졌습니다. 컴퓨터가 여러 데이터를 이용해 스스로 학습하는 기술인 '딥러닝' 방식으로 패턴을 인식할 수 있게 된 것입니다. 마찬가지로 좋은 문구나 시를 암송하면 자연스럽게 문장력도 상승합니다. 암기가 힘들다면 좋은 문장을 필사하는 것도 문장력 발전에 도움이 됩니다.

아이가 글보다 말을 먼저 배우듯이 글쓰기보다 말하기가 더 쉽습니다. 우리는 보통 머릿속의 생각을 바로 글로 옮기려고 합니다. 쉬워 보이지만 매우 어려운 일입니다. 좋은 글을 위해서는 그보다 생각을 말로 옮긴 뒤 다시 쓰는 것을 추천합니다. 이 방법은 노무현 전 대통령의 가르침이기도 합니다. 그분을 모시면서 제가 가장 많은 시간을 할애한 일은 '대통령의 말 듣기'입니다. 주말에는 무려 8시간씩 관저에서 이야기를 들었습니다. 처음에는 정리되지 않은 생각을 이야기하지만 말하면서 생각이 정리되고 발전되는 것을 느낄 수 있었습니다. 말에는 생각하게 해주는 힘이 있습니다.

그래서 저는 바쁜 원고 마감일에도 누군가 만나자고 하면 만납니다. 그리고 원고에 관한 애로사항을 토로합니다. 말하다 보면 스스로 해답을 발견하는 경우가 적잖기 때문입니다. 실제로 이에 관한 실험이 진행되기도 했습니다. A에게 글을 쓰게 한 후 B에게 쓴 내용을 말하도록 했습니다. B에게는 A에게 들은 내용을 다시 글로 써내라고 했습니다. 그 결과 같은 내용임에도 B의 글이 훨씬 이해가 잘 됐습니다. A가 B에게 자신이 쓴 글을 말하면서 생각이 정리됐고, B는 정리된 말을 바탕으로 글을 썼기 때문에 읽을 때 이해가 쉬운 것입니다. 따라서 말을 들어줄 상대를 만드는 것도 글쓰기에서 매우 중요합니다.

제가 글을 쓰는 또 하나의 방법은 시간에 의지하는 것입니다. 청와대와 기업에서 일하다 보면 갑작스럽게 글을 써야 하는 경우가 있습니다. 이럴 때일수록 심지어 중요하기까지 합니다. 주변에서는 계속 언제 글이 마무리되느냐며 재촉하고 저는 대답할 시간도 촉박한 상황에서 잘 써야 한다는 부담감까지 떠안고 글을 씁니다. 이런 일은 직장에서도 종종 발생합니다. 어느 날 이대로는 안 되겠다는 생각에 스스로 시간을 정해놓고 쓰기 시작했습니다. 수시로 시간을 확인해가면 누구나 목표한 시간 안에 글쓰기가 가능합니다. 아는 것, 생각나는 것만 쓰기 때문입니다. 시간 내에 쓰지 못한다면 욕심내는 중입니다. 더 잘 써야 하고, 더 많이 아는 사람처럼 보여야 한다는 욕심은 글쓰기를 방해합니다. 이럴 때 시간 제약을 두면 욕심을 내려놓게 됩니다. 그래서 저는 시간 내에 쓰는 것을 우선 목표로 합니다.

다른 한편으로는 직관을 동원합니다. 인간은 위기의식을 가지면 잠재력을 드러냅니다. 학창 시절 시험 기간에 시험 감독 선생님이 들어와 책상 위에 있는 것을 모두 치우라고 하면 노트를 가방에 넣기 직전까지 눈을 떼지 못합니다. 그때만큼은 인공지능 저리 가라 할 정도로 고도의 집중력을 발휘합니다. 위기감이 불러오는 능력인 셈입니다.

반대로 시간 여유가 있을 때는 쓸 수 있는 만큼만 쓰고 막힐 때는 잠시 다른 일을 하고 돌아와 다시 글을 쓰는 방식을 시도해보는 것도 좋습니다. 쓸 만큼만 쓰면 되니 글쓰기에 대한 부담이 줄어듭니다. 이때 우리 뇌는 다른 일을 하면서도 계속 글쓰기를 생각합니다. 생각을 숙성시키고 발효시켜서 더 좋은 생각이 번뜩 떠오르기도 합니다. 계속 글에만 빠져 있으면 창의적 생각이 숨어버립니다. 다른 일을 통해 낯설게 하기로 참신한 생각을 다시 불러들이는 것입니다. 다른 일을 하고 돌아오면 자신의 글을 객관적으로 바라볼 수 있습니다. 바둑을 둘 때도 훈수하는 사람이 훨씬 수를 잘 읽는 이치와 같습니다. 이 과정을 통해 글의 수정과 보태기를 반복하면 훨씬 좋은 글을 쓸 수 있습니다.

글 쓸 수 있는 뇌를 만들어라

저는 《대통령의 글쓰기》를 쓰기 위해 직장에 두 달간 휴직계를 냈습니다. 반드시 책을 마무리하겠다는 생각으로 호기롭게 휴직을 했는데 각오와 달리 20여 일 동안 전혀 글을 쓰지 못했습니다. 비록 글은 안 써져도 제가 습관적으로 했던 일이 아침 산책입니다. 근처 대학을 한 바퀴 걷고 돌아오는 길에 커피를 한 잔 샀습니다. 그렇게 집에 와서 씻고 글쓰기를 시도했는데 이 과정을 매일 반복했던 것입니다. 그렇게 20여 일이 지나자 갑자기 봇물 터지듯 글이 써졌습니다.

당시에는 그 이유를 몰랐는데 훗날 책에서 보니 '습관의 힘'이라는 것이었습니다. 제 뇌는 부담감에 계속해서 글쓰기를 거부하고, 저항하고, 방해했습니다. 그럼에도 지속적으로 시도하자 결국 받아들이고 말았습니다. 좀처럼 글을 쓰지 못하면서도 어김없이 산책하고 커피를 마시고, 샤워한 뒤 책상에 앉는 제 모습에 체념한 뇌가 차라리 글쓰기를 빨리 끝내자고 결심한 것입니다. 그다음부터는 쓸 내용이 넘치도록 떠올라 바삐 손을 움직여야 했습니다. 운동선수들이 긴장감 해소와 최상의 경기력을 위해 음악을 듣거나 목을 축이는 습관적 행동을 하듯이 글쓰기도 나만의 습관적 의식을 치르며 뇌에 신호를 보내는 것이 좋습니다.

저는 글 쓸 때면 늘 두렵고 막막했습니다. 그럴 때마다 외우는 주문이 있습니다. 일종의 자기 최면인 셈입니다. 첫째, 누구나 글쓰기는 어렵다. 둘째, 남들은 내 글에 크게 관심 없다. 우리가 쓰는 글은 일종의 주례사와 같습니다. 주례를 서는 사람은 할 이야기를 밤새 고민하지만 막상 결혼식장에서 주례사를 제대로 듣는 사람은 거의 없습니다. 셋째, 글쓰기는 죽고 살 일이 아니다. 못 쓴다고 당장 어떻게 되지는 않습니다. 넷째, 천하의 명문을 써야 하는 것이 아니다. 다섯째, 쓰다 보면 언젠가는 잘 써지는 순간이 온다. 그걸 믿고 쓰자. 이처럼 글쓰기가 두렵고 막막하다면 자기 최면을 거는 주문을 만들어 되새겨보시기 바랍니다.

글쓰기는 결국 자기 생각 쓰기입니다. 그러니 자기 생각을 정리해두는 습관을 들이는 것이 좋습니다. 제가 청와대로 처음 출근한 날, 두 편의 글을 쓰라는 지시를 받았습니다. 열심히 썼지만 반응이 좋지 않았습니다. 그날부터 열흘간 퇴근도 반납하고 김대중 전 대통령이 집필한 책을 읽으며 단어 중심으로 재분해 했습니다. 그러자 김대중 전 대통령의 생각을 파악할 수 있는 800여 개의 단어를 정리할 수 있었습니다. 대통령의 〈어록집〉이 탄생한 것입니다.

그 뒤로 3년 가까이 글을 쓸 때마다 주제와 관련한 김대중 전 대통령의 생각을 〈어록집〉에서 찾아보며 문제의 실마리를 풀었습니다. 가령 9·11테러에 관한 글을 써야 할 때면 〈어록집〉에서 '테러'를 검색했습니다. 그럼 대통령이 쓴 《옥중서신》에 실린 "빈곤이 테러를 부른다, 빈곤 문제를 해결해야 테러를 근절할 수 있다"라는 문장을 확인할 수 있습니다. 글쓰기가 막막했던 것은 대통령의 생각이 담긴 이 한 줄이 없었기 때문입니다. 대통령의 어록이 있으니 대통령의 글도 써낼 수 있었습니다. 따라서 내 글을 쓰려면 나의 어록이 있어야 합니다.

제가 모신 두 대통령은 글쓰기나 말하기를 앞두고 설레했습니다. 생각을 정리해둔 덕분에 할 말이 있고 쓸 말이 있었기 때문입니다. 그중에서 할 말을 선택하면 되는데, 골라 쓰는 것은 퍽 재미있는 일입니다. 만일 글쓰기나 말하기를 앞두고 불안하고 초조하다면 정리해둔 생각이 없는 것입니다. 그때부터 할 말, 쓸 말을 만들어야 하니 불안할 수밖에 없습니다. 그만큼 생각을 정리해두는 습관은 중요합니다.

두 대통령은 5가지를 통해 자신의 생각을 만들었습니다. 독서, 토론, 학습, 관찰, 메모가 그것입니다. 섬세한 눈으로 자연을 묘사하는 시인이나 사회가 돌아가는 것을 유심히 보고 그냥 넘기지 않고 글로 풀어내는 소설가에게 관찰은 매우 중요한 능력입니다. 두 대통령 역시 무엇 하나 무심코 넘기지 않았습니다. 뉴스를 꼭 챙겨 볼 때마다 의문을 품고 해결 방안을 모색했습니다. 그러면서 자기만의 생각이 만들어지는 것입니다.

하루에 5분만 생각을 정리할 나만의 시간을 내보기 바랍니다. 그리고 한 가지 주제를 정한 후, 누군가 나에게 질문한다면 어떻게 대답할지 한 줄로 답을 써보는 겁니다. 핵심은 생각한 결과는 반드시 글로 남겨야 한다는 것입니다. 우리의 뇌는 인지적 구두쇠라서 생각하기 싫어합니다. 받아주지 않으면 곧바로 생각하지 않을 핑곗거리를 찾습니다. 글쓰기를 통해 생각을 사용하면 그것이 가치 있는 일이라고 판단해 번뜩이는 생각을 내놓습니다. 쌓이는 생각만큼 글 실력도 향상됩니다. 하루에 하나씩만 생각하고 글로 남긴다면 글쓰기의 두려움이 사라질 것입니다.

잘 쓴 글은 없다, 잘 고쳐 쓴 글만 있을 뿐

우리가 위대한 작가처럼 쓰지 못하는 것은 그들만큼 많이 고치지 않기 때문입니다. 헤밍웨이는 "무얼 쓰든 초고는 일고의 가치도 없다"라는 글쓰기의 명언을 남겼습니다. 그의 글은 수십 번, 수백 번 고친 결과물입니다. 그런데 우리는 과정이 아닌 결과로만 글을 평가하며 자신의 글쓰기 능력을 의심하고 깎아내립니다. 글쓰기에서 중요한 것은 퇴고 과정입니다. 우리도 그들만큼 고치면 얼마든지 멋진 글을 만들어낼 수 있습니다. "잘 쓴 글은 없다. 잘 고쳐 쓴 글만 있을 뿐"이라는 말이 있습니다. 이 말의 의미를 확인하기 위해서는 먼저 무엇을 고쳐야 하는지 알아야 합니다.

김대중 전 대통령은 뛰어난 문필가였습니다. 문장이 긴 것이 특징이며, 주로 화려체와 만연체를 구사하는 유려한 문장력이 일품이었습니다. 반면 노무현 전 대통령은 간결한 문체를 선호했습니다. 되도록 우리말과 쉬운 단어를 사용해 이해가 쉽고, 힘 있는 글을 썼습니다. 식사 대신 밥, 영토가 아닌 땅이라는 단어를 사용하는 등 어려운 단어는 최대한 배제했습니다. 그가 직접 쓴 연설문 중 가장 인상 깊은 것은 "존경하는 국민 여러분, 독도는 우리 땅입니다. 그냥 우리 땅이 아니라 40년 통한의 역사가 뚜렷하게 새겨져 있는 역사의 땅입니다"라는 문장으로 시작하는 것입니다. 듣는 이가 이해하기 쉽도록 배려하는 마음과 쉽지만 강력한 힘이 담긴 문장은 노무현 전 대통령의 특징입니다.

참여정부가 시작되고 얼마 지나지 않은 어느 날 노무현 전 대통령으로부터 호출을 받았습니다. "자네가 내 글을 쓰게 됐으니까 어떻게 써야 하는지 방법을 알려드릴게요"라며 한 시간 반 동안 이야기를 해주셨는데 돌아와 메모한 내용을 보니 무려 32가지나 되었습니다. 그것을 정리해 책상에 붙여놓고 글을 쓸 때마다 확인했습니다. 그러자 고쳐야 할 문장이 수두룩했습니다. 이런 퇴고 체크리스트를 만들면 글 쓸 때는 미처 몰랐던 오류나 실수를 바로잡을 수 있습니다. 만드는 방법은 간단합니다. 온라인 서점에 들어가 글쓰기 카테고리에 등록된 책의 목차를 살펴봅니다. 그중에서 내가 사용하면 좋을 방법과 절대 사용해서는 안 될 방법을 추려 정리합니다. 예를 들어 '과도한 조사(을, 를, 은, 는, 이, 가) 사용 금지'와 같은 항목을 만드는 것입니다. 글 쓸 때마다 항목을 참고해 반영하다 보면 자연스레 글쓰기 능력이 숙달됩니다.

글쓰기의 두려움을 없애는 마지막 방법은 독자에 의지해 쓰는 것입니다. 독자가 읽지 않으면 어떤 글도 의미를 갖지 못합니다. 글쓰기의 최종 종착점은 독자의 반응입니다. 다 썼다고 해서 끝나는 것이 아니라 독자가 읽고 반응했을 때 비로소 글은 완성됩니다. 소설가들은 글 쓸 때 독자를 앞에 앉혀놓았다고 상상하며 어떻게 써야 지루해서 떠나지 않게 붙들어놓을 수 있을지 고민한다고 합니다. 우리가 독자를 상상하면서 쓰기 가장 좋은 글은 연애편지입니다. 한 줄만 써도 상대가 어떤 표정을 짓고 어떤 반응을 할지 짐작이 가능합니다. 외롭게 혼자 쓰지 말고 상상 속 나만의 독자를 만들어 내 앞에 앉혀놓고 대화하면서 글을 쓰기 바랍니다.

이때 내가 쓰는 글로 독자에게 도움을 주겠다고 생각해야 합니다. 오로지 나만 생각한, 무게중심이 나에게 있는 글은 독자의 공감을 얻기 어렵습니다. 글을 잘 쓰는 것처럼 보이려면 오히려 중언부

언 문장이 길어집니다. 이는 독자를 위한 글이 아닙니다. 독자가 모르는 것을 알려줘야겠다(정보 전달), 아니면 웃기게 만들어야겠다(재미 전달) 등 독자를 위한 진정성과 감동을 담아 쓴 글은 독자가 먼저 알아봅니다. 무엇을 쓰고 어떤 도움을 줄 것인가에 집중한다면 글쓰기가 훨씬 수월해질 것입니다.

누구에게나 글을 잘 쓰고 싶어지는 계기가 있습니다. 지금까지 이야기한 내용이 글쓰기가 두려운 어른들에게 글을 쓰고 싶은 용기를 주는 계기가 되었으면 좋겠습니다.

4부

행복을 배우는 시간

• 서은국 •

연세대학교 졸업 후 미국 일리노이 주립대학교에서 행복 과
학 분야의 세계 최고 권위자 에드 디너 교수의 지도를 받으
며 성격·사회 심리학 박사 학위를 취득하였다. 캘리포니아
주립대학 심리학과 교수를 거쳐 현재 연세대학교 심리학과
교수로 재직 중이다. 저서로《행복의 기원》이, 역서로《행복
에 걸려 비틀거리다》 등이 있다.

행복에 대한 새로운 시각

우리는 행복이라는 단어를 정말 자주 사용합니다. 하지만 막상 행복이 무엇이냐고 물으면 명확한 대답을 하지 못합니다. 알 것 같으면서도 모르는 것이 행복입니다. 마치 비 내리는 밤 와이퍼가 고장 난 자동차 안에서 바깥세상을 바라보는 느낌과 같습니다. 어렴풋이 보이긴 하지만 선명하지 않은 희미하고 흐릿한 어떤 모습. 이러한 행복의 본질은 무엇인지, 어디에서 오는지 새로운 시각으로 접근해 행복해질 수 있는 방법을 찾아보고자 합니다.

행복은 오래된 철학적 주제이기도 합니다. 이탈리아 화가 라파엘로 산치오 Raffaello Sanzio가 남긴 작품 중 〈아테네 학당 Scuola di Atene〉이라는 것이 있습니다. 298쪽의 그림 가운데 있는 두 사람의 모습이 눈에 띄는데 왼쪽은 플라톤, 오른쪽은 아리스토텔레스입니다. 아

— 〈아테네 학당〉

리스토텔레스가 들고 있는 것은 그의 대표적 저서 《니코마코스 윤리학》으로 추정됩니다. 그는 이 책에서 행복을 가리켜 'summum bonum'라고 표현했습니다. 라틴어로 '최고의 선'이라는 뜻입니다.

그렇다면 아리스토텔레스가 주장한 '최고선'이란 과연 무슨 뜻일까요? 인간 대부분의 행동이나 가치는 그 자체가 목적이 아니고 더 큰 목적을 위한 수단이나 도구에 불과하다는 말입니다. 예를 들면 모두 아침에 양치를 하지만, 이를 깨끗이 하는 것이 인생을 사는 이유는 아닙니다. 직장인이라면 회사에 출근하기 위한 준비 과정이겠지만 우리 인생의 궁극적인 목적이 회사에 다니는 것은 아닙니다. 이렇게 따지면서 우리 인생의 모든 행동이나 가치를 거슬러 올라가면 그 목적은 궁극적으로 행복해지기 위한 과정이라는 사실을 알 수 있습니다. 아리스토텔레스가 말한 "행복은 최고선이다"라는 말은 이러한 의미입니다.

우리는 성공하고 출세해서 많은 돈을 벌면 행복이라는 인생의 목표에 다가갈 수 있다는 막연한 생각을 가지고 열심히 달리고 또

달립니다. '행복은 삶의 궁극적인 목적'이라는 말은 철학적으로는 의미가 있을지 몰라도 과학적 시선으로 바라봤을 때는 행복의 본질을 이해하는 데 오히려 방해꾼 역할을 합니다. 하지만 대부분의 사람들은 오래전 철학자들이 내린 행복의 정의에 큰 관심이 없습니다. 아리스토텔레스나 플라톤이 말한 행복의 의미보다 무엇이 행복의 높고 낮음을 만들어내는지, 인간이 행복을 느끼는 순간은 언제인지 등 행복에 관한 객관적 사실을 알고 싶어 합니다.

행복, 과학으로 풀다

누구보다 행복을 구체적이고 과학적으로 연구한 사람은 미국의 심리학자 에드 디너Ed Diener입니다. 과거 심리학에서 행복이란 매우 생소한 분야였지만 지금은 심리학뿐 아니라 사회과학 전 분야에서 활발히 연구하는 주제입니다.

사람들은 흔히 행복해지기 위해서는 삶의 조건이 좋아야 한다고 생각합니다. 좋은 학력, 높은 연봉 등 윤택한 삶의 조건을 많이 가질수록 행복하다는 것입니다. 허나 이런 객관적인 삶의 조건은 그 사람의 실제 행복도를 예측하기에는 한계가 있습니다. 그렇다면 행복을 좌우하는 가장 중요한 변인은 무엇일까요? 행복한 사람과 행복하지 않은 사람의 가장 분명한 차이는 사회적인 관계의 양과 질입니다. 행복한 사람은 풍성한 사회적 관계를 맺고 있지만 행복하지 않은 사람은 사회적 관계가 빈약합니다. 사회적 관계와 행복은 과연 무슨 연관이 있는 것일까요?

이를 알아보기 위해서는 우선 행복의 본질적인 속성 두 가지부터 짚고 넘어가야 합니다. 첫째는 행복은 본질적으로 생각이 아닌 경험이라는 것입니다. 가령 압정이 손가락을 찌른다는 상상을 하면 어떨까요? 아플 것이라는 생각은 들겠지만 그 고통을 실제 경험하는 것과는 다릅니다. 그런데 실제로 찔린다면 눈물이 쏙 빠질 정도로 아프거나 피가 나면서 고통을 직접 체험하게 됩니다. 이때 누군가 다가와 살포시 안아주면서 "아프다고 생각하지 마세요"라고 이야기한다면 과연 고통이 거짓말처럼 사라질까요? 절대로 그럴 일은 없을 것입니다. 전자(상상)가 생각이라면, 후자(직접 찔리는 것)는 경험입니다.

우리가 행복에 관해 가장 많이 접하는 지침은 "감사해라", "긍정적으로 생각해라"와 같은 것입니다. 이는 '생각'을 바꾸라는 뜻입니다. 물론 감사하면서 긍정적으로 사고하는 것은 좋은 일입니다. 하지만 생각의 전환만으로는 한계가 분명합니다. 행복은 생각이 아닌 경험이기 때문입니다. 행복의 실체를 알기 위해서는 행복감이라는 '경험'의 본질에 대한 파악이 우선되어야 합니다. 따라서 경험이란 언제, 왜 일어나는지 생각해볼 필요가 있습니다.

행복의 두 번째 속성은 그것이 생명체의 목적이라기보다는 생존과 번식을 위한 도구라는 점입니다. 인간이 궁극적으로 행복을 추구한다는 것은 어쩌면 우리가 동물과는 질적으로 다른 우월한 존재로 생각하는 인간의 교만 섞인 생각입니다. 사실 어떤 생명체도 행복을 삶의 목적으로 두지 않습니다. 모든 생명체는 궁극적으로 생존과 번식을 위해 존재합니다. 인간의 고유한 특성으로 여겨지는 사고나 감정 또한 생존과 유전자를 남기는 데 필요한 도구로 보는 것이 보다 과학적인 해석입니다.

예를 들어 꿀벌들에게 "인생의 목적이 무엇이냐"라고 묻는다면 "우리는 꿀을 모으기 위해서 산다"라고 대답할 가능성이 높습니다. 이 말을 들은 인간은 이렇게 대답할 가능성이 높습니다. "그건 착각이야. 꿀을 모으는 것은 생존과 번식의 과제를 해결하기 위해 너희들에게 절대 필요한 도구일 뿐이야." 하지만 여기에 큰 모순이 있습니다. 만약 인간에게 왜 사느냐라는 질문을 외계인이 던진다면 많은 사람들은 '행복'이라고 말할 것입니다. 이는 꿀벌이 꿀을 모으는 것을 삶의 목적이라고 착각하는 것과 비슷합니다. 꿀도, 인간이 말하는 행복도 생명체의 궁극적 목적이 아닌 생존을 위한 일종의 '도구'로 보는 것이 더욱 사실에 가깝습니다. 잠시 도구라는 뜻의 의미를 생각해보겠습니다.

다음 페이지의 왼쪽과 오른쪽 사진 중 보자마자 반사적으로 더 좋다고 느껴지는 것은 어느 쪽인가요? 아마 모든 사람들이 왼쪽이라고 대답할 것입니다. 우리가 왼쪽 사진을 보면 쾌감을 느끼고 오른쪽 사진을 보면 불쾌감을 느끼는 이유는 무엇일까요? 어떤 절대

——어느 쪽 사진이 더 좋을까?

적인 물리 법칙이 존재하기 때문일까요? 사실 특별한 이유는 없습니다. 그저 왼쪽 자극이 더 좋았던 사람들이 현재 생존해 사진을 보고 그러한 선택을 한 것일 뿐입니다. 즉 수만 년 전 오른쪽 사진을 더 좋아했던 호모 사피엔스는 생존할 확률이 낮았고 그의 유전자 또한 후대에 전해지지 못한 것입니다. 우리가 무언가를 경험할 때 좋고 나쁨 등의 느낌은 생존을 위한 수많은 선택에서 좀 더 유리한 방향으로 인도하는 뇌 속의 '신호등'과 같은 역할을 합니다. 이것이 바로 감정이 생존과 번식을 위한 도구라는 의미입니다.

인간은 언제 행복할까?

우리가 만족감이나 쾌감을 느낄 때를 편의상 뇌에서 '행복 전구'가 켜지는 순간으로 생각해보겠습니다. 그러면 '인간은 언제 행복할까?'라는 거창한 질문을 '인간 뇌의 행복 전구는 언제 켜질까?'로 조금 더 단순하게 생각할 수 있습니다. 옥수수 알갱이에 열과 압력을 가하면 우리가 극장에서 먹는 팝콘으로 변신합니다. 행복 전구가 켜지는 것을 옥수수가 팝콘이 되는 것에 비유한다면, 우리의 뇌는 언제 팝콘(행복 전구)이 될까요?

많은 사람들은 이 행복 전구가 자동차, 집, 학벌, 직장 등 좋은 조건을 갖춰야 켜진다고 믿습니다. 즉 삶의 좋은 것들을 많이 갖는 것이 머릿속 행복 전구를 켜는 비결이라고 생각합니다. 물론 틀린 생각은 아닙니다. 실제로 남자들이 자동차를 사거나 여자들이 명품 가방을 사면 행복 전구가 켜집니다. 하지만 이런 것들이 행복 전구를 얼마나 오래 켜지게 하는지도 살펴봐야 합니다. 수십 년간 허리띠 졸라매며 모은 돈으로 꿈에 그리던 집을 사면 행복 전구가 반짝반짝하게 빛날 것입니다. 하지만 오랜 고생 끝에 맛본 이 행복감은 야속하게도 며칠 가지 않는 경우가 많습니다. 인간의 감정은 변하지 않는 것에는 더 이상 반응하지 않기 때문입니다. 행복은 본질적으로 감정적 경험입니다. 집이 없던 상태에서 집이 생기면 이 새로운 변화에 감정(행복)이 상승하지만, 한 번 생긴 집은 시간이 지나도 더 이상 큰 변화는 없습니다. 이 변화가 사라지는 순간 함께 딸려 왔던 감정(행복감)도 떠납니다.

그래서 저는 "행복은 아이스크림이다"라고 비유합니다. 아이스크림은 달콤한 맛으로 우리에게 행복함을 줍니다. 하지만 그냥 두면 녹아버린다는 결정적인 문제가 있습니다. 행복을 추구하는 우리가 흔히 하는 착각은 녹지 않는 영원불멸의 아이스크림이 어딘가에 존재한다고 믿는 것입니다. 허나 애석하게도 그런 아이스크림은 없습니다. 누가 됐든, 무엇이 됐든 일정 시간이 지나고 나면 행복 전구는 꺼지고 맙니다. 이 과정을 '적응'이라고 합니다. 그렇다면 좀 더 오래 행복 전구를 켜기 위한 돌파구는 무엇일까요?

우선 커다란 한 번의 행복감보다 소소하지만 잦은 즐거움을 찾는 것입니다. 실제로 행복한 사람들의 눈에 띄는 특성이 바로 이 점입니다. 또 하나는 행복한 사람들과 그렇지 않은 사람들의 근원적인 차이를 이해하는 것입니다. 여기서 행복에 관한 매우 중요한 사실이 등장합니다. 행복은 이론적으로 정복하는 것이 아닙니다. 만약 행복에 대한 이론적 지식이 절대적이라면 이 주제를 반평생 연구한 제가 누구보다도 행복감이 높아야 하지만 행복 연구를 전혀 하지 않은 제 여동생이 더 행복감이 높습니다. 그렇다면 저와 동생의 행복을 좌우하는 것, 나아가서는 행복의 개인차를 좌우하는 가장 큰 요인은 무엇일까요?

행복의 개인차를 유발하는 요인은 다양하지만, 가장 손꼽히는 것 중 하나가 바로 부모로부터 물려받은 유전자입니다. 우리의 신체적 특징이 유전적 영향을 받는 것은 널리 알려진 사실입니다. 그런데 심리적, 정서적 특성도 유전의 영향을 받습니다. 이 사실은 일란성 쌍둥이를 대상으로 한 연구로 확인할 수 있습니다. 미국의 미네소타 대학 등 세계 여러 연구실에서 진행되는 쌍둥이 연구는 일란성(유전자 100% 일치) 대 이란성(유전자 50% 일치) 쌍둥이들이 성격과 행복도 등에서 얼마나 유사한지를 비교합니다.

한 유명한 연구에서는 같은 가정에서 성장한 이란성 쌍둥이(A군)와 입양 등의 이유로 다른 환경에서 자란 일란성 쌍둥이(B 군)의 행복 수위가 얼마나 비슷한지를 살펴보았습니다. 중요한 발견은 A군의 쌍둥이(유사 환경, 50% 유전자 동일)보다 B 군 쌍둥이(다른 성장환경, 100% 유전자 동일)의 행복 수위가 훨씬 비슷하다는 것입니다. 즉 누가 더 행복하고 덜 행복하냐는 개인차에 유전적인 요인이 분명히 존재한다는 것을 보여주는 결과입니다.

이런 쌍둥이 연구는 행복이 태도나 습성의 일시적 변화와 같은 '행복 테크닉'의 한계를 암시합니다. 행복이 이론적, 논리적 변화로 크게 바뀌기 힘들다는 점은 심리학에서 유명한 '바퀴벌레' 연구를 통해서도 이해할 수 있습니다. 우리가 바퀴벌레를 맛있게 먹을 수 없는 이유는 그것이 더럽고 비위생적이기 때문이라고 생각합니다. 하지만 이것이 정말 가장 큰 이유라면 논리적으로 위생 처리를 거친 깨끗한 바퀴벌레는 문제없이 먹을 수 있어야 합니다. 실제로 이렇게 '깨끗한' 바퀴벌레를 제공하면 사람들이 이것을 맛있게 먹을 수 있을까요? 물론 여전히 못 먹습니다. 그 이유는 동물적 수준에서 올라오는 역겨움 때문입니다. 결국 비위생적이라서 벌레를 안 먹는다는 것은 순전히 우리 머리에서 만든 그럴듯한 설명일 뿐이며, 실질적인 이유는 스스로도 통제하기 힘든 본능적 역겨움입니다.

이 동물적이고 원초적인 느낌은 어떤 이성적 사고로는 쉽게 설득할 수 없습니다. 사랑이 마음처럼 되지 않듯이 바퀴벌레가 유발하는 강렬한 역겨움 또한 '생각'의 영역 밖에서 이루어집니다. 다양한 측면에서 행복은 이러한 원초적 경험에 가깝습니다. 그렇다면 인간은 왜 행복감과 같은 원초적 경험을 하며, 어떤 상황에서 행복감이 유발되는 것일까요? 이런 중요한 질문을 던지도록 영감을 준 사람은 진화론자 찰스 다윈Charles Darwin입니다.

생존을 위한 도구, 행복

진화론의 핵심 메시지는 간단합니다. 모든 생명체가 가진 특성은 우연의 산물이 아니라 생존과 번식을 위한 도구라는 것입니다. 사실 최근까지 대부분의 심리학자는 진화론과 심리학의 관련성을 중요하게 생각하지 않았습니다. 심리학은 말 그대로 마음을 연구하는 학문이므로 진화론에서 말하는 생명체의 신체적 변화나 선택 등의 내용과 큰 관련이 없다고 생각했습니다. 하지만 동물의 신체적 모양을 넘어 감정과 같은 정신적 특성까지 생존의 도구라는 진화론의 메시지를 최근에 깨닫게 되었습니다. 이때부터 이야기는 달라집니다. 행복도 이 새로운 관점에서 재조명해볼 필요가 있습니다.

진화론에서 말하는 생존을 위한 '도구'의 개념을 가장 잘 보여주는 사례가 공작새의 꽁지깃입니다. 사실이 공작의 꼬리는 다윈을 깊은 고민에 빠트렸습니다. 다윈이 1859년에 출판한 《종의 기원》은 진화생물학의 기틀을 제공했지만 여전히 설명하기 어려운 몇 가지 현상이 남아 있었습니다. 대표적인 예가 공작입니다.

공작은 포식자가 아닌 피식자로 다른 동물의 먹이 대상입니다. 피식자의 입장에서 크고 눈에 잘 띄며 도망가기 번거로운 큰 꽁지깃은 큰 핸디캡입니다. 공작은 또한 섭취하는 영양의 대부분을 이 큰 꽁지깃을 치장하는 데 사용합니다. 언뜻 보기에는 '실용성'이라고는 찾아보기 힘든 이 공작이라는 생명체가 어떻게 지금까지 생존했는지 이해하기 어렵습니다. 이 수수께끼는 다윈의 밤잠을 빼앗았습니다. 이 기간에 다윈이 친구에게 쓴 서신을 보면 "나는 공작을 볼 때마다 고통스럽다"라는 내용이 있을 정도입니다.

그러나 다윈은 결국 이 수수께끼를 풉니다. 생명체의 궁극적 목적은 단순한 생존이 아니라 자신의 유전자를 남겨 자손을 번식하기 위해 산다는 것을 알게 된 것입니다. 이 궁극적인 생명체의 목적(번식)을 위해 공작은 생명의 위협을 무릅쓰고도 크고 화려한 꽁지깃을 오랜 시간 유지해온 것입니다. 다윈의 생각 덕분에 그 후 생물학자들은 수컷 공작이 꽁지깃을 펼쳤을 때 암컷이 반하는 매력 포인트를 찾아냈습니다. 꽁지깃 속 눈 모양의 동그란 무늬의 개수가 결정적입니다. 공작 중 이 무늬가 많은 녀석일수록 짝짓기 빈도가 높고, 이 눈 모양의 무늬를 제거할수록 짝짓기 빈도가 낮은 것을 확인할 수 있었습니다. 공작은 생존의 위협을 감수하면서까지 번식의 '도구'인 화려한 꽁지깃을 유지하고 있는 것입니다.

공작의 꽁지깃은 행복의 본질을 이해하는 데도 도움이 됩니다. 우리 뇌는 하루아침에 만들어진 것이 아니라 유구한 진화의 여정을 거쳐 만들어졌습니다. 우리의 뇌는 현대인들이 일상에서 하는 많은 문명 생활 속 행위(운전, 글 읽기 등)들을 잘 하기 위해 만들어진 것이 아닙니다. 생명체의 가장 근원적인 과제는 생존과 성공적으로 유전자를 후대에 남기는 일입니다. 이 큰 과제를 해결하기 위해 최적화된 것이 우리의 뇌이고, 그 안에는 중요한 '소프트웨어'가 장착되었습니다. 감정은 대표적인 소프트웨어입니다. 이 감정 중 일부가 행복감이라는 경험의 원료가 됩니다. 즉 행복의 재료가 되는 감정적 경험은 우리가 생존과 번식의 과제를 해결하는 데 절대적 공헌을 하는 '도구'라고 볼 수 있습니다. 공작의 꽁지깃이 유전자를 남기는 데 절대적 도움을 주는 것과 비슷한 맥락입니다.

인간의 감정은 크게 두 범주로 나눌 수 있습니다. 쾌(기쁨, 즐거움, 통쾌 등)와 불쾌(슬픔, 우울, 두려움 등)입니다. 그중 쾌의 감정을 유발하는 수많은 경험, 사건, 기대 등을 '행복'이라는 개념으로 묶어 생각하는 것입니다. 이 쾌와 불쾌의 감정들이 갖는 본질적 기능은 우리에게 생존과 번식을 위해 물러설 때와 무엇을 추구할 때를 알려주는 일종의 '뇌의 신호'라고 볼 수 있습니다. 가령 두려움, 역겨움과 같은 부정적인 감정은 생존에 위협이 되는 상황이니 물러서라고 알려주는 신호 역할을 합니다. 우리는 절벽이나 독거미와 마주했을 때 두려움을 느끼고 뒤로 물러납니다. 즉 부정적인 감정은 우리를 위험으로부터 피신시키며 보호하는 역할을 합니다.

그렇다면 우리의 관심사인 행복과 관련한 긍정적 감정은 어떤 역할을 할까요? 생존을 위해서는 독거미와 같은 위험을 단순히 피하는 것만으로는 부족합니다. 생존에 필요한 자원을 찾아 나서야 합니다. 그런 생존 자원에 관심을 갖고 추구하도록 만드는 것이 긍정적인 감정의 본질적 역할입니다. 이를 압축적으로 보여주는 연구가 있습니다.

미국 텍사스 대학의 씽Singh과 동료들은 수많은 성인 남성을 대상으로 310쪽과 같은 세 가지 그림을 보여주었습니다. 전 세계 성인 남성들에게 그림 중 어떤 몸매가 가장 아름다운지 물어볼 때 압도적인 선택을 받는 것은 '2번'입니다. 하지만 남성들도 왜 2번이 좋은지 잘 알지 못합니다. 사실 여기에는 매우 중요한 진화론적인 이유가 존재합니다. 세 가지 신체 모양의 미묘한 차이는 골반과 허리의 비율입니다.

1번은 골반을 1이라고 하면 허리의 비율이 0.60입니다. 2번은 골

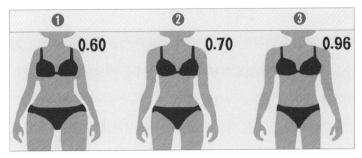

—— 여성의 신체 모양

반이 1일 때 허리가 0.70이고, 3번은 골반이 1일 때 허리가 0.96입니다. 여성의 황금비율 몸매는 0.68~0.72로 알려져 있는데, 이 비율에는 중요한 생물학적 의미가 담겨있습니다. 여성의 골반 대비 허리의 비율이 0.70에서 벗어날수록 임신과 순산의 확률이 유의미하게 떨어진다고 합니다. 남성의 입장에서 볼 때 유전자를 남기는 데 최적의 파트너가 될 이성은 2번에 가까운 신체 비율을 가진 여성입니다. 이 여성과 유전자를 공유하기 위해서는 그녀에게 다가서서 데이트 신청을 해야 하는데, 그러기 위해서는 무엇보다도 그녀에 대한 긍정적 정서(좋다, 아름답다)가 유발되어야 합니다. 여성의 몸매를 육안으로 한 번도 보지 못한 선천적 시각장애인 남성도 마네킹을 통한 촉각 실험을 한 결과 같은 선택을 했습니다. 이러한 선호는 학교나 부모를 통해 학습된 것이 아니라 지난 600만 년 동안 우리 뇌에 축적 된 생존과 번식에 필요한 지혜입니다.

우리가 행복해지는 데 꼭 필요한 것들

앞서 이야기했듯 행복에 대한 소망은 우리의 머릿속 행복 전구가 자주 켜지는 것과 직결됩니다. 행복 전구는 우리가 생존하는 데 꼭 필요한 것으로 다가가도록 유도하는 신호입니다. 생존을 위한 필수품에 우리가 자주 다가설수록 이 행복 전구는 켜질 가능성이 커집니다. 그렇다면 인간이 생존하는 데 절대적으로 요구됐던 '자원'은 무엇이었는지를 생각해볼 필요가 있습니다. 그 자원에 행복 전구는 가장 강렬하게 반응할 것이기 때문입니다.

가장 먼저 필요한 것은 단연 음식입니다. 유구한 시간 동안 인간이 느낀 가장 큰 기쁨 중 하나는 먹는 행위입니다. 생존에 필요한 단백질을 얻기 위해 인류는 며칠씩 사냥을 하며 먹이를 쫓아야 했습니다. 이런 힘든 노력을 하게 만든 근원적 힘은 '쾌감'입니다. 허기진 배에 고기를 채울 때 경험하는 강렬한 쾌감을 경험하기 위해 힘든 사냥을 했고, 그 쾌감을 다시 맛보기 위해 다음 주에 또 사냥을 나서게 되는 것입니다. 쉽게 말해 쾌감은 생존을 위해 절대적으로 필요한 행위(사냥)를 하도록 만들었고, 이 쾌감은 그 자원(음식)이 생존에 미치는 영향이 클수록 강력했습니다. 음식을 통해 쾌감을 느끼는 능력 덕분에 우리는 영양실조로 사라지지 않고 지구에 남아 있습니다.

음식만큼 생존에 중요했던 또 다른 자원은 바로 '사람'이었습니다. 요즘에는 친구보다 돈이 우선인 세상이 되어 혼자 먹거나 혼자 놀 수 있는 방법이 많습니다. 하지만 인류의 역사에 돈이 등장한 것은 매우 최근입니다. 진화의 여정에서 사회적으로 고립된 호모 사피엔스는 차근차근 죽음을 맞이했습니다. 무리에서 떨어져 나가는 순간 맹수의 먹이가 되었습니다. 목숨을 지켰다고 할지라도 유전자를 남길 짝을 만나지 못해 번식이 불가능했습니다. 결과적으로 외톨이 유전자들은 선별적으로 걸러졌고 친구와 연인이 존재했던 사회적인 사람들만이 성공적으로 유전자를 우리에게 전해주었습니다.

생존을 위해서는 절대적으로 동료가 필요하다는 사실을 잘 보여주는 예가 중남미에 서식하는 흡혈박쥐의 삶입니다. 이들의 주식은 다른 동물의 피입니다. 어미 박쥐는 허기진 새끼에게 먹이를 주기 위해 저녁마다 사냥을 나가 동물의 피를 구해옵니다. 그런데 사냥에 실패하고 빈손으로 귀가하는 날도 있기 마련입니다. 피가 없

──흡혈박쥐

는 이런 날, 어미는 어떻게 새끼의 배고픔을 해결할까요? 놀랍게도 이웃 흡혈박쥐에게서 피를 빌립니다. 자연에서 친구는 일종의 '비상 식량 장치'라고 볼 수도 있습니다. 흡혈박쥐의 평균 수명이

친구의 수와 연관이 있을 정도로 타인의 존재는 동물의 생사에 절대적 역할을 했습니다. 중요한 것은 이러한 모습이 흡혈박쥐에게만 해당하는 이야기가 아니라는 사실입니다. 얼마 전까지만 해도 우리 인간 역시 이러한 상황에 놓여 있었습니다. 그래서 지금도 인간이 느끼는 가장 큰 고통과 두려움은 외로움과 고독입니다. 혼자라는 상태가 주는 이 오래된 공포는 현대인의 삶에서도 여전히 강렬하게 작동합니다.

몇 해 전 미국에서 화제가 됐던 일화가 있습니다. 뉴욕 맨해튼에 사는 30대 후반의 '제프'라는 남성은 여자친구와 헤어지고 외로움에 몸부림치던 중 어떤 행동에 나섰습니다. 누구라도 좋으니 자신과 이야기를 나눌 사람은 전화해달라는 애절한 내용의 전단을 도심 곳곳의 전봇대에 붙여 놓은 것입니다. 놀랍게도 무려 7만 명이 넘는 사람들이 전단지를 보고 제프에게 전화를 걸었습니다. 그들이 제프와 공유한 내용은 바로 외로움이었습니다.

사회적 고립은 생존에 치명적인 타격을 안겨줍니다. 때문에 우리 뇌에는 고립을 막기 위한 장치가 존재합니다. 그중 대표적인 것이 사회적 고통을 느끼도록 하는 것입니다. 발에 상처가 나면 신체적 고통을 느껴야 합니다. 고통을 느끼지 못한다면 다친 줄도 모르고 있다가 상처가 악화될 가능성이 매우 높습니다. 하지만 이런 고통을 느끼는 정확한 신체 부위는 발이 아니라 뇌의 전두엽입니다. 발이 아파도 진통제를 먹는 이유는 약 성분이 고통을 감지하는 뇌 부위를 진정시키는 역할을 하기 때문입니다.

이런 신체적 고통보다 더 힘든 것이 사람과 관련된 고통입니다. 누군가와 헤어지고, 배신당하고, 이별할 때 느끼는 고통은 강력합니다. 흥미롭게도 최근 심리학 연구에 의하면 사회적 고통을 느끼는 뇌의 부위와 신체적 고통을 느끼는 뇌의 부위가 일치한다고 합니다. 더 놀라운 사실은 사회적 고통을 줄이는 데도 진통제가 효력이 있다는 연구 결과입니다. 뇌의 입장에서는 신체적 위협(상처)이나 사회적 고립(이별)의 차이가 별로 중요하지 않습니다. 둘 다 생존에 위협이 되는 상황이고, 이 경보를 울리는 뇌의 부위 또한 같습니다. 그러므로 통증 경보를 진정시키는 진통제는 몸이든 마음이든 아픔을 줄이는 데 효력이 있다는 것입니다.

인간에게 다른 인간의 존재가 얼마나 절대적이었는지를 보여주는 연구 결과입니다. 우리의 원시적인 뇌의 입장에서 보면 생존에 절대적으로 필요했던 가장 굵직한 자원은 음식과 다른 사람이었습니다. 행복 전구의 비유로 표현한다면 이 전구를 가장 민감하게 켜는 자극이 사람이라고 할 수 있습니다. 이 비유는 지난 30년간의 행복 연구를 통해 내려진 큰 결론과도 일치합니다. 행복을 좌우하는 가장 중요한 단일 요소는 사회적 경험의 양과 질입니다. 이 결론을 충실히 담고 있는 일상의 순간이 있는데, 그것은 바로 좋은 사람과 맛있는 음식을 먹는 장면입니다. 물론 '좋은' 사람이라는 조건이 중요합니다. 그렇지 않은 사람과 과도한 시간을 나누는 것은 오히려 행복에 역효과를 불러옵니다. 이 점은 어쩌면 한국인들이 비교적 낮은 행복감을 보이는 이유의 하나가 될 수 있습니다.

행복과 가장 거리가 먼 인생의 정반대 점은 어디일까요? 그것은 가난이나 병이 아니라 인생에서 다른 사람과의 의미 있는 관계가 모두 끊어진 고독한 삶입니다. 객관적으로는 가진 것이 많은 사람들도 살면서 "왜 나는 썩 행복하지 않지?"라고 묻는 순간이 반드시 있습니다. 행복 전구는 인생에서 어떤 거창한 것을 이루었는가보다 일상의 소소한 경험에 민감합니다. 일상의 즐거움을 함께 나눌 수 있는 사람이 있는 인생과 없는 인생의 차이가 어쩌면 행복과 불행의 차이입니다. 행복은 구체적인 모습으로 가까이에 있습니다.

• 모 가댓 •

뛰어난 사상가이며, 구글 최고의 브레인 집단으로 미래를
상상하는 '꿈의 공장'인 구글X의 신규사업개발총책임자
(Chief business officer, CBO)다. 2014년, 사랑하는 아들을 의
료사고로 잃었지만 영원한 행복을 보장하는 방정식 덕분에
절망의 구렁텅이에서 벗어날 수 있었다. 지금은 행복을 연
구하는, 글로벌 기업 구글의 비밀 병기로 100개국 이상에서
행복을 주제로 강연을 펼치고 있다.

행복하려면
불행의 이유를 찾아라

"행복한 가정은 모두 엇비슷하지만, 불행한 가정은 그 이유가 제각기 다르다."

대문호 레프 톨스토이Lev Tolstoy의 소설 《안나 카레니나》는 이렇게 시작합니다. 얼마 전 한국인이 가장 사랑하는 첫 문장으로 뽑히기도 한 이 문장은 문학 역사상 가장 유명한 첫 문장이 아닐까 싶습니다. 톨스토이는 제각기 다른 이유로 수많은 불행이 존재한다고 말했지만 조금 더 깊이 들여다보면 분명 공통점을 찾을 수 있습니다.

저는 마이크로소프트와 IBM을 거쳐 지금은 구글에서 일하고 있습니다. 제가 구글을 선택한 것은 수십억 명의 사람들에게 영향을 줄 수 있는 문제를 해결하려고 노력하는 기업이기 때문입니다. 더 좋은 세상을 만들기 위해 노력한다는 점이 제 신념과 맞았습니다. 저는 공학자로서 구글에서 일하고 있지만 동시에 수많은 사람에게 영향을 주는 행복에 대해 연구하는 사람이기도 합니다.

우리가 행복을 사치라고 여기는 사실은 매우 흥미롭습니다. 우리는 행복에 관해 "행복하면 좋겠지만 그게 꼭 중요한 것은 아니야"라고 생각합니다. 저 역시 그런 생각을 가진 사람 중 하나였습니다. 그러나 행복은 매우 중요한 것입니다. 구글은 직원의 행복에 매우 적극적인 기업입니다. 직원을 아끼기도 하지만 그들이 행복을 느낄 때 일의 경제적 가치도 향상되기 때문입니다. 영국 워릭대학은 심리 연구를 통해 행복한 직원들은 생산성이 12% 향상되고 행복하지 않은 직원들은 생산성이 10% 하락했다는 결과를 발표했습니다. 인간은 긍정적인 느낌을 가질 때 뇌가 훨씬 더 잘 작동합니다. 행복한 직원은 더 나은 결정을 내리며 시간을 잘 관리하고 뛰어난 리더십을 발휘하므로 궁극적으로 행복은 생산성 향상의 직접적인 요인이라 할 수 있습니다. 따라서 우리에게 행복이란 사치가 아닙니다.

행복은 세상을 더 좋게 만든다

23세까지만 해도 저는 정말 행복한 청년이었습니다. 하지만 그 뒤로는 삶에 집중할수록 점점 더 불행해졌습니다. 20대 후반에 저는 모든 걸 다 가졌을 정도로 성공했습니다. 돈은 물론이고 아이들에게 최고의 엄마인 아름다운 부인과 기적과 같은 두 아이도 있었습니다. 그러나 정작 저 자신은 불행했습니다.

　당시 저는 중동에서 살고 있었는데 그곳 문화는 남자의 심리 치료를 불필요한 것이라고 여겼습니다. 남자는 강해야 한다는 고정관념이 있어 자신이 불행하거나 약하다는 것을 인정하려 하지 않았습니다. 이런 문화 때문에 저는 불행하다고 느꼈지만 어떤 심리 치료도 받을 수 없었습니다. 할 수 있는 유일한 치료법은 독서였습니다. 불행에 관한 책을 읽는 것은 너무 힘들어 행복에 관한 책을 잡히는 대로 읽어나갔습니다. 엄청난 양의 책을 꼼꼼히 봤지만 아무것도 얻지 못했습니다. 2년 반이라는 시간이 지나자 저는 문제에 대한 접근방식을 바꿔보기로 했습니다.

　저는 공학자이고 제 뇌는 매우 체계적인 방식으로 작동했습니다. 따라서 문제 해결을 위해 먼저 문제의 정확한 정의를 파악하는 공학자의 시각에서 바라보기로 한 것입니다. 행복은 감정의 산물인데 공학과 무슨 관계가 있느냐고 묻는다면 이렇게 말해보겠습니다. 가령 자동차가 고장 났을 때 공학자가 할 일은 무엇일까요? 매뉴얼을 보고 자동차가 작동하는 원리를 찾을 것입니다. 자동차를 움직이는 알고리즘을 알아내면 문제가 되는 부분을 찾아내 해결할 수 있기 때문입니다. 마찬가지로 저는 인간이라는 기계가 왜 행복한지 또는 왜 불행한지, 그 알고리즘을 알아내고 싶었습니다.

　그리고 스스로에게 무엇이 나를 불행하게 만드는지 묻기 시작했습니다. 나의 어느 부분이 망가진 것인지 이상 여부를 점검해나갔습니다. 원인을 찾게 된다면 고칠 것이고 앞으로 같은 문제가 일어난다 해도 계속해서 고칠 수 있으니까요. 이런 방식으로 행복과 불행에 관해 연구하기 시작하자 모든 것이 달라졌습니다. 저는 총 12년에 걸쳐 행복에 관해 연구했습니다. 7년은 큰 발전이 있었고, 이후에는 연구 결과를 제 삶에 적용했으며, 지금도 여전히 행복을 찾아 연구하고 있습니다. 짧지 않은 시간 행복에 관해 연구하며 얻은 소중한 결과물을 지금부터 함께 나누고 싶습니다.

제게는 두 명의 아이가 있습니다. 아들 알리가 태어난 지 한 달이 되었을 때만 해도 정말 평온했습니다. 울지도 않았고, 화를 내지도 않았으며, 불행하다고 느끼지도 않았습니다. 대부분의 시간은 조용했고 행복이 무엇인지 알게 될 정도였습니다. 제 딸 아야는 에너지 그 자체인 아이였습니다. 삶을 즐기는 법을 알고 주말이면 집에 있기보다 밖으로 나가 다양한 경험을 했습니다. 두 아이와 함께 행복을 연구하며 저와 우리 가족은 점점 행복해졌습니다.

알리는 평온한 아이였는데 저는 가끔 힘들 때마다 아들에게 평정심을 찾는 법을 묻기도 했습니다. 아들은 많은 것을 알려주었고 덕분에 금세 다시 행복해지곤 했습니다. 알리는 16세가 되던 해에 "전쟁의 심각성은 평화롭게 살아가는 사람들에게 아무런 의미가 없다(The Gravity Of The Battle Means Nothing To Those At Peace)"라는 문신을 등에 새겼습니다. 알리는 어떤 어려움이 다가와도 모든 것을 평화로 이겨내는 아이였습니다.

저는 오랜 시간 연구한 것을 《행복을 풀다》라는 책으로 정리했습니다. 제가 행복에 관한 책을 쓰게 된 계기는 2014년 알리가 세상을 떠난 일이었습니다. 당시 알리는 보스턴에 있는 대학에 다녔고 우리 가족은 두바이에서 생활하고 있었습니다. 어느 날 알리는 전화를 걸어와 가족이 너무 그립다고 말했습니다. 저는 즉시 아들에게 비행기 티켓을 보내주었습니다. 알리와 만난 지 4일째 되던 날, 강한 복통을 호소하는 아이를 데리고 병원에 갔고 맹장염 진단을 받았습니다. 아시다시피 맹장 수술은 매우 간단한 수술이기 때문에 금방 끝날 것이라고 했습니다. 그러나 의사는 무려 5번이나 연속으로 실수를 저질렀습니다. 제 아들을 살리려 시도한 일이기에 의사를 비난하고 싶지는 않습니다. 하지만 그의 실수로 저는 사랑하는 아들을 잃었습니다.

알리는 갑자기 세상을 떠났고 우리 가족은 큰 충격을 받았습니다. 알리는 어쩐지 자신의 죽음을 알고 있는 것처럼 보였습니다. 아이는 떠나기 이틀 전 우리 모두를 불렀습니다.

"아빠, 이상하게 들릴지 모르겠지만 남은 삶을 다른 방식으로 살았으면 좋겠어요. 지금처럼 구글에서 일하는 모습도 보기 좋아요. 그러나 아빠가 세상을 바꾸는 일을 했으면 좋겠어요. 그 일을 머리가 아닌 마음으로 했으면 해요."

주위 사람들은 알리가 제게 한 말을 행복의 모델 공식으로 만들어보자고 했습니다. 저 역시 아들과 함께 연구한 것을 세상에 나눠

주고 싶었습니다. 천만 명이 행복해지는 방법을 알게 된다면 알리의
바람대로 세상을 바꿀 수 있지 않을까 하고 생각했기 때문입니다.

우리는 행복을 엉뚱한 곳에서
찾아 헤메고 있다

이 책을 읽고 있는 여러분은 지금 행복하다고 느끼고 있나요? 만
일 그렇지 않다면 행복하겠다는 결심을 하지 않아서인가요. 아니면
행복해지고 싶지만 그 방법을 알지 못하기 때문인가요. 항상 행복
하고 싶은데 그렇지 못하다면 분명 문제가 있는 것입니다.

저는 20대 후반에 큰 성공을 했고 원하는 모든 것을 가졌습니
다. 행복을 위해 최신 전자기기, 비싼 자동차, 호화로운 휴가 등을
마음껏 누렸습니다. 하지만 저는 행복하지 않았습니다. 오히려 시
간이 지날수록 불행하고 짜증스럽기만 했습니다. 6년간 꿈꿔온 자
동차를 샀지만 새로운 자동차에 앉은 지 2분 30초가 지나니 감흥
이 사라지고 다시 불행이 찾아왔습니다. 뭐가 잘못된 것일까요?

원인을 알 수 없던 저는 사람들에게 불행한 이유를 물었습니다.
그들은 이렇게 말했습니다.

"인생이 힘드니까."

"딸이 시험에서 A를 못 받아서."

"여자친구와 헤어져서."

이것들도 이유가 될 수 있습니다. 허나 진짜 이유는 아닙니다. 저는 우리가 불행한 흥미로운 이유를 발견했습니다. 엉뚱한 곳에서 행복을 찾아 헤매고 있기 때문입니다. 행복은 최신식 휴대전화, 비싼 자동차, 고급스러운 휴가에 있지 않습니다. 혹시 열쇠가 주머니에 있는 줄도 모르고 소파 사이나 탁자 밑을 살펴본 경험이 있나요? 아무리 열심히 둘러봐도 열쇠는 찾지 못했을 것입니다. 이미 주머니에 있으니까요. 행복도 마찬가지입니다. 행복은 우리 바깥에 있는 것이 아닙니다. 이미 우리 마음 안에 있습니다.

우리는 모두 행복하게 태어났습니다. 따라서 행복은 불행이 없는 상태이자 우리의 초기 상태입니다. 어린아이들의 모습을 본 적 있나요? 아직 말을 배우기 전이어도 아이들의 웃는 얼굴을 보면 그들이 행복하다는 것을 알 수 있습니다. 생존을 위한 기본적인 것만 제공된다면 아이들은 그저 행복해합니다. 아이들은 행복을 위해 최신식 휴대전화나 승진, 더 넓은 집, 비싼 자동차를 필요로 하지 않습니다.

휴대전화를 사본 적 있나요? 상자에서 휴대전화를 꺼내 손에 쥐고 전원을 켭니다. 완벽하게 작동하는 휴대전화는 빛나고 멋집니다. 가득 충전된 배터리를 확인하고 나면 이상하게도 우리는 집 근처의 기온이 어떠한지, 내가 오늘 몇 걸음이나 걸었는지 등을 알려주는 이상한 앱을 다운받습니다. 물론 그런 앱조차도 완벽하게 작동합니다. 그러나 배터리의 수명을 단축시킵니다.

인간이라는 기계도 비슷합니다. 우리는 행복하게 태어났지만 어느 순간부터 머리에 이상한 앱을 깔기 시작합니다. 성공해서 돈을 많이 벌어야 한다. 더 이상 놀면 안 된다. 학교에서 공부하고 온 뒤에는 과외를 받아야 한다. TV도 보지 말고 열심히 공부해야 한다. 이런 앱이 뇌에 생겨납니다. 이 앱대로 작동한다면 사람들이 흔히 성공이라고 부르는 것을 얻을 수 있습니다. 그러나 그 과정에서 운영체제는 망가져 버립니다. 제 기능을 못 하게 되고 우리를 불행하게 만듭니다. 휴대전화를 사용해본 사람이라면 우리를 다시 행복하게 만들어주거나 배터리의 수명을 처음으로 되돌리는 앱은 존재하지 않는다는 사실을 알 것입니다. 우리의 운영체제에 고급 자동차, 최신식 휴대전화, 호화로운 휴가와 같은 앱을 아무리 깔아도 행복하게 태어난 그때의 상태로 돌아갈 수는 없습니다.

그렇다면 우리는 어떻게 해야 할까요? 휴대전화를 고치는 방법은 단순합니다. 초기화하면 됩니다. 이상한 앱들을 제거하는 겁니다. 저는 지금부터 그 앱이 무엇인지 설명하고 그것들을 하나씩 없애려 합니다. 행복이란 간단히 말해 '불행이 없는 상태'입니다. 따라서 우리를 불행하게 하는 것들을 없애면 행복이 남습니다. 이는 제 연구의 큰 터닝 포인트이기도 합니다. 저는 2년 반 동안 행복해지는 방법을 연구했지만 그 이유를 찾을 수 없었습니다. 제가 정말 연구해야 하는 것은 불행해지는·이유라는 사실을 깨닫고 불행 요소를 하나씩 지워나가기 시작했습니다. 그러자 행복이 남았습니다.

그런데 과연 행복하게 태어난 인간이 불행하게 만드는 것들을 지운다고 해서 행복하다고 할 수 있는 것일까요? 행복이 정확하게 무엇인지 모르는데 어떻게 그것을 행복이라고 확신할 수 있을까요? 행복에 관한 책을 아무리 읽어도 제가 해야 할 것을 말할 뿐 행복이 무엇인지, 그리고 그것을 어떻게 찾는지 알려주지는 않았습니다. 너무도 답답했던 저는 공학자로서 행복과 불행을 가져오는 것을 정의하고 나름의 공식을 만들고 싶었습니다.

　제가 행복의 공식을 찾기 위해 한 일들은 지금 생각하면 정말 미친 짓이었습니다. 당시 저는 과학자처럼 접근했습니다. 어떤 행동을 설명하는 공식을 만들기 위해 가능한 많은 데이터를 수집한 뒤, 데이터를 표에 놓고 선을 그었습니다. 그 선을 잘 설명하는 공식이 방정식이 됩니다. 저는 살면서 행복하다고 느낀 순간을 모두 적었습니다. 전부 기억나지는 않았지만 '맛있는 커피를 매일 마실 때', '딸이 웃을 때'와 같은 92개의 행복한 순간을 뽑아냈습니다. 신기하게도 제가 행복을 느낀 순간은 매우 사소하고 쉬워서 자주 하고 있는 것들이었습니다. 노벨상을 받는 것이나 세계에서 열 손가락 안에 드는 부자가 되는 일 따위가 아닙니다. 딸이 옆에 없어도 아이의 웃는 얼굴만 생각하는 것만으로 행복하다는 사실을 깨달은 이후 저는 행복 리스트를 만드는 데 집중했습니다.

　이 책을 읽는 여러분께도 행복 리스트 만들기를 추천합니다. 나를 행복하게 만드는 것을 계속해서 추가해보세요. 그것을 보는 것만으로도 행복을 느낄 수 있습니다. 그리고 이런 행복을 간과한 채 불행한 것에만 집착해온 자신을 발견하게 될 것입니다. 더불어 세상에는 나를 행복하게 해줄 것들이 아직 많이 남아 있음을 알 수 있습니다.

비디오 게임처럼 인생을 사는 법

저는 비디오 게임을 정말 좋아합니다. 저는 알리와 함께 많은 게임을 했는데 특히 즐겨 하던 게임이 있습니다. 주인공이 외계 행성을 돌아다니며 외계인과 전투를 벌이는데, 싸우는 과정에서 레이저 총을 쏘거나 짓밟는 살벌하고 어려운 게임입니다. 우리 두 사람의 게임 스타일은 너무도 달랐습니다. 저는 전략적으로 마지막 단계를 향해 돌진하는 스타일입니다. 일단 게임을 시작하면 주위를 살핀 뒤 게임의 끝을 향해 달려갔습니다. 그런 저를 보며 알리는 "왜 게임의 끝을 향해 가야 하죠? 그러면 더 이상 게임을 즐길 수 없잖아요. 저는 게임을 즐기면서 하고 싶어요"라고 말했습니다.

알리가 떠나고 난 뒤 저는 문득 게임과 우리 삶에 공통점이 있다고 생각했습니다. 인생의 즐거움은 무언가 성취한다거나 목표가 있는 것이 아니라 그냥 사는 것입니다. 게임 역시 알리가 말한 대로 즐기면 되는 것입니다. 끝이 있다는 것도 게임과 삶의 공통점입니다.

저는 게임을 할 때마다 위험을 피하려고 했지만 알리는 연기가 나고 폭발음이 들리는 곳으로 달려갔습니다. 저는 알리에게 그건 어리석은 행동이고 거기서 죽을 수도 있다고 말했습니다. 알리는 "맞아요, 아빠. 하지만 그게 바로 게임이 재미있는 이유예요"라고 말했습니다. 그의 다음 말에 저는 큰 깨달음을 얻었습니다.

"이렇게 해야 발전하고 성장할 수 있어요. 더 나은 게이머가 될 수 있다구요."

저는 얼마 지나지 않아 알리의 말을 정확히 이해할 수 있게 되었습니다. 처음으로 혼자 게임을 하던 중 3단계에서 완전히 막혀버렸기 때문입니다. 3단계가 어려워서 그런 것이 아닙니다. 1단계의 도전 과제 중 빠르게 총을 꺼내 외계인 3마리를 차례로 맞히는 것이 있었습니다. 저는 늘 그러하듯 그 과제를 피해 다음 단계로 가버렸습니다. 3단계에서는 6마리의 외계인을 재빨리 총으로 맞히고 가야 하는데 그렇게 할 수 없었습니다. 알리는 매 단계마다 게임의 어려운 부분을 돌파하면서 그 기술을 익혔습니다. 3단계에서도 총을 꺼내 간단히 해결한 뒤 다음 단계로 넘어갔습니다.

알리의 시각에서 볼 때 인생을 사는 목적은 마지막 단계를 향해 돌진한 뒤 게임을 끝내는 것이 아니었습니다. 가능한 최고의 게이머가 되는 것이었습니다. 재미가 게임에서 큰 부분을 차지하지만 그보다는 배우고 더 발전하기 위해서 게임을 했습니다. 그에게는 인생도 게임과 마찬가지였습니다. 삶을 방해하는 어려움이 찾아와도 자신을 괴롭히는 것이라 생각하지 않고 오히려 배움의 기회로 삼아 발전했습니다. 알리는 어려운 일은 스스로를 성장하게 만든다는 것을 누구보다 잘 알고 있던 아이였습니다.

알리가 떠난 후 저는 인생을 비디오 게임처럼 사는 법을 배웠습니다. 삶은 흥미진진한 것들과 새로운 경험, 그리고 도전과 학습으로 이루어져 있음을 받아들인 것입니다. 게임의 난이도가 올라갈 때 게이머들은 어떻게 할까요? 컨트롤러를 내려놓고 불평하나요? 제작사에 이메일을 보내 게임의 난이도를 낮춰달라고 할까요? 아무도 그렇게 하지 않습니다. 그들은 직접 부딪칩니다. 친구를 불러 도움을 구하기도 하고 역경에 달려들어 한 대 맞아보기도 합니다. 하지만 괜찮습니다. 다시 일어나 도전하면 됩니다. 우리가 인생을 살아가는 방법 역시 이 같아야 합니다. 그 게임의 끝에 서면 저는 스스로를 되돌아보며 말할 것입니다.

"잘했어! 제대로 된 방법으로 게임을 즐겼고, 많은 것을 배웠으니까."

'생각'은 우리를 불행하게 만든다

행복 리스트를 통해 행복 방정식을 만들었지만 막상 적용하려고 보니 생각과는 달랐습니다. 공식은 논리적인 것처럼 보였지만 실제로 작동하지는 않은 것입니다. 저는 좋은 커피를 마실 때 행복을 느끼지만 항상 그렇지는 않습니다. 카페가 시끄럽거나 그 장소가 더우면 행복을 느끼지 못합니다. 아무리 좋아하는 것이라도 항상 행복을 가져다주는 것은 아니었습니다. 그런 상황을 하나씩 공식에 대입하며 깨달은 것이 있습니다.

생각이 우리를 불행하게 만든다는 사실입니다. 우리는 인생이 원하는 방향으로 갈 때 행복을 느낍니다. 반면 인생이 기대치를 만족시키지 못할 때는 불행을 느낍니다. 불행처럼 우리 안에 존재하는 나쁜 감정은 생존본능에 따른 것입니다. 인간의 뇌는 계속해서 주변의 모든 사건을 관찰하고 있습니다. 그러던 중 기대에 어긋나는 것을 보면 그것에 관해 신경 써야 할 이유를 찾습니다. 그러고는 무언가 잘못되었다고 경고합니다. 이때부터 우리는 잘못된 것에 관해 생각하기 시작하고 불행해집니다.

잠시 테스트를 해보겠습니다. 지금 바로 여러분을 불행하게 만드는 것을 떠올려보기 바랍니다. 어떤 것이든 좋습니다. 떠올렸다면 옆의 숫자를 모두 더해보세요.

자, 숫자를 더하는 동안 불행했나요? 슬퍼서 눈물이 나올 것 같았나요? 나쁜 기억을 떠올리다가도 생각을 멈추고 다른 문제에 뇌를 쓰면 불행에서 벗어날 수 있습니다. 우리를 불행하게 하는 것을 아무리 떠올

$$1 \quad 273 \quad 65$$
$$99 \quad 77$$
$$321$$
$$12 \quad 564 \quad 15$$
$$18 \quad 22 \quad 12$$
$$7 \quad 14 \quad 19$$

려도 현실에서 변하는 것은 아무것도 없습니다. 유일하게 달라진 것이 있다면 스스로를 불행한 생각으로 고문했다는 것입니다. 얼마나 어리석은 일입니까. 결국 불행을 만들어내는 것은 머릿속 생각입니다.

택시에 탔는데 기사가 화가 났는지 소리를 질렀습니다. 이때 '감히 내게 소리를 지르다니. 날 무시하는 거야? 정말 싫어!'라고 생각한다면 불행해질 것입니다. 하지만 '기사가 피곤한가 보다. 나는 금방 내리니까 조금만 참자'라고 생각한다면 택시에서 내려도 불행하다고 여기지 않을 것입니다.

제가 경험한 이야기를 해보겠습니다. 스스로 불행하다고 생각했던 당시 저는 자동차를 정말 좋아했습니다. 꿈에 그리던 자동차를 샀고 어느 날 제 부인이 그 자동차를 끌고 나갔다가 사고가 났습니다. 집 근처였기에 바로 현장으로 달려갔지만 자동차는 형체를 알아볼 수 없을 정도로 망가졌습니다. 다행히 안전장치가 작동한 덕분에 아내는 무사히 자동차에서 나올 수 있었습니다. 여기서 일어난 일은 제가 정말 사랑하던 자동차는 사라졌지만 아내가 안전하다는 것입니다. 위험한 사고에서 아내가 무사할 수 있어 저는 행복했습니다. 자동차에 관해 신경 쓰지 않을 수 있었습니다.

그런데 만일 아내가 자동차를 주차해두고 커피를 사러 들어간 사이 트럭이 와서 자동차를 받아 부서졌다면 어떨까요? 자동차는 부서지고 아내는 안전한 똑같은 결과임에도 저는 "어리석은 트럭

운전사가 내 차를 부숴버렸어 난 불행해"라고 여겼을 것입니다. 부정적인 생각을 긍정적인 생각으로 바꾸세요.

행복은 비타민처럼 사용하라

왜 우리는 고통스러워할까요? 왜 우리는 이런 불행한 생각을 몇 주, 몇 달, 몇 년, 심지어 평생 우리 안에 머물도록 할까요? 생존의 가장 기본적인 방법 중 하나가 고통이기 때문입니다. 인간의 뇌는 기본적으로 생존 본능으로 인해 모든 것을 의심하고 부정적으로 생각하도록 설계되어 있습니다. 우리 조상은 가혹한 환경에서 살아온 까닭에 무언가를 위협이라고 인식하고 난 뒤 그것을 헤쳐나가기보다 위협이라고 인식되기 전에 위협으로 받아들이는 게 더 안전하다고 여겨왔습니다. 그 결과 현실과 상관없이 생존을 위해 부정적인 생각을 끊임없이 생각하게 되었습니다. 이 생존 본능은 지금도 그대로 남아 우리를 괴롭힙니다.

고통은 크게 두 가지로 나눌 수 있습니다. 첫 번째는 신체적 고통입니다. 손가락을 베였을 때 느끼는 고통이 여기에 해당됩니다. 아픔을 느끼고 칼에서 손을 떼도 고통은 여전합니다. 그 이유는 뇌가 다친 부분을 보호하기 때문입니다. 상처가 악화하는 것을 막기 위해 뇌가 스스로 계속 고통을 만들어내는 것입니다. 이처럼 생존 능력은 우리를 보호해주고 살아 있도록 해줍니다. 치유가 시작되고 완전히는 아니어도 더 이상 보호가 필요하지 않게 되면 고통은 사라집니다. 두 번째는 감정적 고통입니다. 손을 베였을 때 생긴 고통은 상처가 아물면 사라지는 것과 달리 감정적 고통은 마음속에 남아 사라지지 않고 계속 이어집니다. 실제로 고통을 줄 만한 일이 일어나지 않았음에도 구석에 앉아 "의료 사고로 아들을 잃은 것에 대해 생각해보자"라며 스스로를 몇 시간이고 고문할 수 있습니다. 이런 일이 반복되면 평생 불행을 느끼게 됩니다. 계속해서 불행하다고 생각하는 것은 칼에 베인 곳을 다시 한번 베는 것과 같습니다. 얼마나 어리석은 짓인가요.

스스로를 고통스럽고 불행하게 만드는 생각을 해도 회사에 출근해 상사가 자료를 요청하거나 업무를 지시하면 뇌는 나쁜 생각을 멈추고 일에 매달리게 만듭니다. 적어도 일하는 동안에는 불행을 느끼지 않게 되는 것입니다. 책을 읽고 있는 여러분께 한 가지 부탁을 하겠습니다. 지금 바로 오른손을 들어주시기 바랍니다. 혹시 뇌가 오른손을 들고 싶지 않다며 왼발을 들었거나 그 외에 시키지도 않은 행동을 한 경우가 있나요? 결코 그런 일은 없을 것입니다. 뇌의 역할은 우리가 요청한 것을 수행하는 것입니다. 그런데 불행한 생각을 할 때만큼은 우리는 뇌에 복종합니다.

행복해지기 위해서는 뇌에게 불행하게 만드는 생각을 멈출 것을 지시해야 합니다. 알리가 떠난 이후 저는 계속해서 슬픈 생각을 했습니다. 하지만 수십 년간 슬픈 생각을 한다고 해서 알리를 다시 데

려올 수는 없습니다. 그저 불행할 뿐입니다. 그래서 저는 슬픈 생각 대신 뇌에게 다른 것을 지시합니다. 알리를 잃은 감정이 마음속에 일어나거나 너무 보고 싶을 때면 알리와 함께한 21년의 행복한 기간을 생각합니다. 알리가 제게 알려준 모든 것을 떠올리고 우리가 함께 경험한 모든 행복한 기억을 생각하며 그런 아들이 나에게 와주었다는 사실에 감사함을 느낍니다. 덕분에 21년간 함께 기쁨과 추억을 누렸으니까요.

'고통은 어리석은 선택'이라는 사실을 절대로 잊지 마시기 바랍니다. 고통은 어쩔 수 없는 것이 아니라 스스로 떨쳐낼 수 있는 것입니다. 그리고 행복은 자연스럽게 찾아오는 것이 아니라 우리가 의식적으로 찾아가야 하는 것입니다. 행복은 운동과 같습니다. 행복하겠다고 결정하고 계속해서 노력해야 합니다. 선천적으로 건강하게 태어난 것이 아니라 운동을 하기 때문에 제가 건강한 것처럼 행복도 선택에 대한 것입니다. 저는 스스로 행복하기로 결정했기 때문에 행복합니다.

인생에는 단순히 행복과 불행만 있는 것이 아닙니다. 앞서 언급했듯이 행복 방정식이나 생존 본능에 따라 삶에 사건이 생기면 뇌는 모든 일에 관해 생각합니다. 계속해서 생각을 반복하는데 긍정적인 생각은 행복을 낳고 부정적인 생각은 불행을 낳습니다. 이는 우리가 행복과 불행을 이해하는 가장 일반적인 두 단계입니다.

살면서 매사에 불행하다고 하는 사람을 본 적 있나요? 이들은 비가 오면 습해서, 비가 오지 않으면 더워서 싫다고 합니다. 반면 항상 행복한 사람도 있습니다. 음식이 늦으면 수다를 좀 더 떨 수 있어서 좋고, 음식이 일찍 나오면 배고팠는데 잘됐다며 기뻐하는 사람들 말입니다. 무슨 일이든 폴짝대며 기뻐하는 사람들은 사건에 대해 계속 생각하지 않습니다. 생각의 단계를 초월합니다. 그에 반해 부정적인 사람들은 모든 것을 필요 이상으로 생각합니다.

현대인이 행복을 찾는 데 실패하는 이유는 이 과정에 숨어 있는 하나의 단계 때문이라고 생각합니다. 바로 생각을 멈추는 '탈출' 상태가 그것입니다. 생각을 해야 행복과 불행이 결정되는데 삶이 힘들고 통제할 수 없을 만큼 불행해지면 사람들은 도망치려 합니다. 탈출은 재미라고 불리는 도구를 통해 나타납니다. 이 재미를 통해 현대사회는 행복을 상업화하여 소비자에게 제공합니다. 예능 프로그램을 보거나 술을 마시거나 클럽에 가는 등 재미있는 방법으로 어떤 일에 몰입하게 해서 뇌가 불행한 생각을 하지 못하게 합니다. 만일 여자친구로부터 헤어지자는 말을 듣고 뇌가 계속해서 그녀가 나를 싫어한다고 중얼거리면 뇌는 탈출을 통해 생각을 멈추고 노래를 듣고 춤을 추면서 고통을 잊어버립니다. 또는 러닝머신 위에서 빨리 뛰면서 잠시 이별의 고통을 잊습니다. 나를 불행하게 하는 생각을 멈추면 모든 것이 초기화된 행복 상태가 되는 것입니다. 이 때문에 탈출 상태를 감행하곤 합니다. 그러나 평생 재미에만 빠져 있는 탈출 상태로 지낼 수는 없습니다.

우리가 재미를 즐기는 방법은 크게 두 가지입니다. 하나는 '진통제'라고 부르는 방식입니다. 우리는 두통이 찾아오면 진통제를 먹습니다. 그러면 얼마 후 고통이 사라집니다. 그러나 두통을 일으킨 원인은 사라지지 않습니다. 6시간이 지나 약효가 떨어지면 고통은 고스란히 우리를 찾아옵니다. 결국 다시 진통제를 먹습니다. 재미 역시 마찬가지입니다. 아침에 기분이 좋지 않으면 친구를 만나 재미를 찾습니다. 6시간이 지나 다시 우울해지면 이번에는 영화를 보러 나갑니다. 계속해서 뇌를 방해하며 생각을 못 하게 하지만 불행의 근본적인 원인을 해결하는 것은 아닙니다. 문제는 진통제를 먹을수록 내성이 생겨 더 강한 진통제를 먹게 되는 것처럼 점점 더 강도 높은 재미를 추구한다는 것입니다. 러닝머신을 달려도 불행한 생각이 든다면 스카이다이빙 같은 익스트림 스포츠를 하거나 필름이 끊길 때까지 술을 마시기도 하고 심지어는 마약에 손을 대는 경우도 있습니다. 뇌를 바보로 만들어 더 이상 생각을 못 하게 하고 싶기 때문입니다. 하지만 이는 아무런 도움도 되지 않습니다. 두통의 원인, 즉 불행의 원인을 찾고 해결해야 합니다. 삶에서 재미를 찾고 즐기는 것은 꼭 필요한 일입니다. 그러나 반드시 불행의 원인을 해결한 이후에 즐겨야 합니다.

재미를 즐기는 다음 방법은 '비타민'이라고 부르는 것입니다. 저는 불행의 원인을 해결하고 생각을 정리한 다음 인생의 재미를 추구합니다. 하루에 한 시간은 좋아하는 음악을 듣고 대여섯 번은 운동을 합니다. 이는 고통을 멈추는 데 필요한 것이 아니라 이미 행복하지만 더 행복해지기 위한 과정입니다. 건강한 사람들이 그 상태를 유지하기 위해 비타민을 먹는 것처럼 행복한 상태를 연장하기 위해 재미를 찾습니다. 무엇을 하든 행복과 재미를 헷갈리지 않아야 합니다. 즉 행복은 진통제가 아닌 비타민처럼 사용해야 합니다.

이야기를 마치면서 두 가지 부탁을 하고 싶습니다.

첫 번째로 저 혼자서는 10억 명이든 1억 명이든 1천만 명이든 그들을 행복하게 할 수 없습니다. 그러나 같은 생각을 하는 사람이 한 명이라도 더 있다면 전 세계 모든 사람들이 행복해질 수 있습니다. 제 이야기를 가장 사랑하는 사람들에게 들려주기 바랍니다. 그리고 그들에게도 사랑하는 사람에게 같은 이야기를 해줄 것을 약속받는 것입니다. 두 번째로 알리에게 축복을 빌어주시길 부탁드립니다. 어디에서 어떻게 지내든 행복할 수 있도록 빌어주세요.

우리는 인생의 대부분을 어른으로 살아갑니다. 하지만 진정한 어른에 대해 차분히 생각해볼 기회는 많지 않습니다. 여러분은 언제 '나도 어른이 되었구나'라고 느끼나요? 저에게 어른이란 '여전히 마르지 않는 지적 호기심을 채우고 싶은 마음'입니다.

그런 의미에서 심리학, 역사, 사회, 경제, 과학, 예술 등 우리 일상을 둘러싼 각 분야의 다양한 지식을 전달해준 〈어쩌다 어른〉은 진정한 어른으로 가는 지름길과 같았습니다. 지난 1년간 여러 명사들과 함께한 인문학 탐험의 여정을 꾹꾹 눌러 담은 이 책을 통해 어른이 된 청춘들이 배운다는 것의 중요성, 살아가는 의미를 깨닫고 스스로에게 '어른'이라는 정의를 내릴 수 있는 기회가 되었기를 바랍니다.

영화 〈레옹〉에서 "어른이 되어도 여전히 사는 게 힘든가요?"라는 마틸다의 질문에 레옹은 "응, 힘들어"라고 대답합니다. 어른이 될수록 인생은 고단해진다고 합니다. 이 '고단함'이 누구나 겪어야 할 과정이라면 〈어쩌다 어른〉을 통해 조금이라도 즐겁게 받아들일 수 있었으면 합니다. 그리고 '어른'이라는 말조차 버거운 이들에게 이 책이 올바른 길잡이가 되었으면 좋겠습니다.

이 시대의 철수, 영희 여러분! 앞으로도 더욱 유익하고 재미있는 지식 콘텐츠로 찾아뵙겠습니다. 감사합니다.

〈어쩌다 어른〉 진행자이자 이 시대의 철수

도서 《OtvN 프리미엄 특강쇼 어쩌다 어른》 1편에 참여한 강연자분들의 재능기부와 독자 여러분의 관심으로 베트남, 몽골, 탄자니아 3개국 12곳의 중·고등학교에 도서 6천여 권을 기부 하였습니다. 함께 해주신 모든 분들께 감사 드립니다.

- 〈어쩌다 어른〉 제작진 일동